Knut Stang

Die blutigen Hähne

Beiträge zu Herrschaft, Legitimation und Kooperation

Dilettantenvorträge, gehalten auf der 43. Tagung der
Akademie zu Bad Meinungen an der Glaubste

Band 3

Eine neue Ära der Gewalt

Inhalt

1.   Norbert Kandereit: Einleitung dieses Teilbands

Die Entscheidung, einen dritten Tagungstag durchzuführen, fiel spontan. Umso dankbarer sind wir, dass Norbert Kandereit, eigentlich Leiter eines Sonderforschungsbereichs zur Fahrzeugsicherheit von Elektro- und Brennstoffzellenfahrzeugen, es übernommen hat, noch in der Nacht nach unserer Entscheidung einige, wie ich finde, sehr kluge Gedanken im Rahmen eines Einleitungsvortrags zu Papier zu bringen. Entsprechend geben wir diesen Beitrag wie gehalten an dieser Stelle wieder.

Auch die meisten weiteren Beiträge in diesem dritten Teilband sind erst unmittelbar vor oder sogar während der Tagung entstanden. Es sind daher Momentaufnahmen von Meinungen und Stimmungen mit möglicherweise deutlich begrenzter Halbwertzeit. Wir fanden sie aber als Beiträge zu einer unverändert lebhaften Diskussion so wichtig, dass wir sie nun auch hier wiedergeben wollen.

Meine Damen und Herren,

die Gewalt ist in die öffentliche Wahrnehmung in Europa zurückgekehrt. Sie war nie fort, werden viele jetzt sagen, und sie haben Recht. Und doch ist etwas anders geworden, und nicht nur, dass die diesjährige Tagung außerplanmäßig verlängert worden ist. Nein, wir stehen heute staunend, verwirrt, verwundert, betroffen, entsetzt, angewidert, letztlich durch und durch emotionalisiert vor dem Scherbenhaufen dessen, was man uns als die heile Welt nach dem Ende des Kalten Kriegs angekündigt hat.

Was ist da geschehen, dass die Gewalt anscheinend nie fort war, wir aber dennoch betroffen ihre Rückkehr bemerken?

Ich denke, das ist der entscheidende Begriff: Wir sind betroffen. Nein, bei uns fallen keine Bomben, rollen keine Panzer, sucht niemand

andere an irgendwelche Laternen zu hängen. Zumindest noch nicht.
Und doch betrifft uns, was wir aktuell wahrnehmen, mehr als die
meisten Gewaltexzesse der letzten Jahrzehnte das getan haben.
Die Bomben auf Indochina, auf Afghanistan und den Irak, haben sie
uns betroffen? Kaum. Aber die einstürzenden Twin Towers am
11.09.2001, das hat etwas mit uns gemacht, das hat uns betroffen
und hat daher uns betroffen gemacht. Weit weg, der Südsudan, der
Tschad, der Kongo und Niger. Aber die Ukraine, eigentlich direkt und
viel mehr noch als damals Jugoslawien vor unserer Haustür. Islamistische Messerstecher in unseren Fußgängerzonen, auch nicht schlimmer als Autobahnraser und Zigarettenverkäufer. Und trotzdem eine
neue, eine andere Form der Gewalt, die uns plötzlich alle etwas angeht. Die wir nicht wie Zigarettenqualm und getunte BMWs ignorieren
können. Oder wollen. Die angegrabschten Kinder in katholischen Jugendhäusern, in Reformschulen und profanen Sportvereinen, die von
AFD-Jüngern gehetzten Migranten – da zerbrechen Idyllen, da treten
Lügen, da tritt Gewalt offen zutage, von der wir uns frei geworden
meinten.
Damals, ich war noch jung, der Kalte Krieg war noch lang nicht überwunden, da standen Hunderttausende auf den Straßen und skandierten gegen Aufrüstung und Militär, NATO-Nachrüstung und bundesdeutsche Kriegsvorbereitung. Man trug Uniform, also Jeans und Bundeswehrparka, aber man war trotzdem Pazifist und jedenfalls fest entschlossen, sich keinesfalls durch die Militärmühle drehen zu lassen,
die alles Menschliche im Handumdrehen schreddert und nur gestaltlose Mordmaschinen und Mordmaschinenmaschinisten aus den Kasernentoren zurück in die Zivilgesellschaft entlässt.
Eine frühe LP, das gab es damals noch, meines Freundes Heinz-Rudolf
Kunze trägt den Titel „Eine Form von Gewalt". Und die Älteren werden

sich vielleicht auch noch an Johann Galtungs Unterscheidung von direkter und struktureller Gewalt erinnern.

Beide Formen der Gewalt haben uns nie verlassen, sie waren immer da. Hat die strukturelle Gewalt abgenommen? Hat sie eine ökologische Nische eröffnet, in der sich die direkte Gewalt dann entfalten konnte? Sind inzwischen fast alle Staaten in mehr oder minder großem Umfang „failed states"?

Ein Failed State ist ein Staat, der seine wesentlichen Aufgaben, also Schutz seiner Bürger nach innen und außen und allgemeine Wohlfahrt, nicht mehr wahrnehmen kann. Tatsächlich haben viele solide, stabile, wohlhabende Staaten in den letzten Jahren und Jahrzehnten teils aus Kostengründen, teils aus mangelndem Verständnis der Problemlage der direkten Gewalt immer mehr Freiräume gegeben. Dabei ist direkte Gewalt nicht immer auch physische Gewalt. Der zwei Jahrzehnte dauernde Dornröschenschlaf der meisten Regierungen gegenüber direkter Gewalt im Internet hat hier ganze Biotope von Hass und Sexismus entstehen lassen, die man jetzt kaum noch wieder zu beseitigen vermag. Der blauäugige, manchmal auch mit offenkundigen Sympathien verbundene Umgang von Polizei und Sicherheitsdiensten in vielen Staaten mit rechtsextremer Gewalt, der mangelnde Wille, Zwangsprostitution und Zwangspornografie zu bekämpfen, die Unfähigkeit, der immer komplexer werdenden Finanzkriminalität mit den immer gleichen Steuerbehörden Herr zu werden: Alles offenkundige Signale, dass der Staat sich aus wesentlichen Aufgaben zurückzieht und mithin wenigstens in diesen Themen keine Skrupel hat, zum Failed State zu werden.

Gewalt hat viele Formen. Neben Galtungs Unterscheidung zwischen direkter und struktureller Gewalt ist hier vor allem die rechtsphilosophische Differenzierung von ordnender Gewalt oder Potestas und destruktiver Gewalt oder Violentia heranzuziehen. In der Psychologie unterscheidet man aber vor allem zwischen physischer und psychischer Gewalt. Wir wollen uns hier jedoch auf eine andere Differenzierung fokussieren: Gewalt ist einerseits etwas, das jemand anwendet, um einen anderen zu veranlassen, etwas zu tun, das dieser eigentlich nicht tun will. Gewalt ist also ein Mittel, durch das Zwang ausgeübt wird. Aber Gewalt kann auch ausgeübt werden, ohne eine Verhaltensänderung des anderen zu bewirken. Jan Philipp Reemtsma hat das als autotelische Gewalt bezeichnet. Wenn ein frustrierter Hausmeister, Physiker oder Bundestagsabgeordneter seine Wut abends an seiner Frau auslässt, will er keine Verhaltensänderung erreichen. Er ist noch nicht einmal an ihrer Verzweiflung, ihren Tränen, ihren körperlichen Folgen sonderlich orientiert. Er schlägt zu, um zugeschlagen zu haben. Die Gewalt ist hier Selbstzweck, auch wenn es meist nicht gleichgültig ist, wer Opfer dieser Gewalt wird, sonst könnte man auch auf einen Sandsack einschlagen.

Schon in den 1980er Jahren hat vor allem Hermann Popitz die unausgesetzte Omnipräsenz der Gewalt als humane Konstante geschildert, dabei aber für eine strikte Begriffsbeschränkung auf physische Gewalt plädiert. Dem würde ich nicht folgen, dazu sind die Motive und Effekte vor allem bei psychischer Gewalt zu ähnlich. Aber kein Zweifel: Auch wo wir Gewalt nicht ausüben oder nicht wahrnehmen, ist sie mindestens potenziell immer präsent.

Wir sollten uns daher nicht nur fragen, wie die Gewalt so eskalieren konnte, dass sie wieder breiten Platz in unserer Wahrnehmung beansprucht. Sondern wir sollten uns auch fragen, warum wir ihre unausgesetzte Präsenz jahrzehntelang ignoriert haben.

Aber eins ist auch wichtig, und wenigstens das kann einen verhalten positiv stimmen: Es mag ja sein, dass wir jahrelang weggesehen haben. Aber wenigstens im Moment tun wir das nicht mehr, und wir sind zutiefst entrüstet und entsetzt. Können wir diese Entrüstung, dieses

Entsetzen in konkretes Handeln überführen? Kann man, und wenn ja, wie kann man der konkreten Gewalt Einhalt gebieten? In der Ukraine, im Nahen Osten, im Sudan? In unseren Fußgängerzonen, in der Nachbarwohnung, in uns selbst? Mit anderer Gewalt? Der Krieg, um alle Kriege zu beenden? Die Tracht Prügel, die dem Schläger das Prügeln ein- für allemal austreibt? Oder gibt es andere Vorstellungen, Ideen, Lösungen, die vielleicht mit dem Urvertrauen brechen, Gewalt stünde als ultima ratio immer zur Verfügung, wenn wir unsere Probleme anders nicht gelöst bekommen. Denn, und auch da bin ich wieder Kind der 1970er Jahre und zitiere Friedrich Hackers Leitsatz: „Aggression schafft die Probleme, die zu lösen sie vorgibt." Zwar sind Gewalt und Aggression nicht synonym zu verstehen, aber die eine ist nur schwer vorstellbar ohne die andere, und Hackers Satz gilt ohnehin für beide. Im privaten Bereich genau wie im Miteinander von Staaten.
Im Folgenden werden Sie mehrere Vorträge hören zur Gewalt in unseren Tagen. Lösungen haben wir allesamt nicht, aber dass wir miteinander sprechen, ist schon ein erster Schritt, die Gewalt zu überwinden. Denn zwar wissen wir, dass auch Sprache eine normative Gewalt sein kann, und es ist sicher ein Gewinn, die subtile Gewalt in unseren Sprachtraditionen zu thematisieren. Aber nicht miteinander zu sprechen beraubt uns des wichtigsten, vielleicht des einzigen Mittels, Gemeinsamkeit herzustellen. Und Gewalt ist immer auch wenigstens für den Moment das Brechen der Gemeinsamkeit. Mehr noch, vielfach, vor allem in familiärer Gewalt, ist gerade dies Brechen der Gemeinschaft ein wesentliches Element der Gewalt, das den anderen verzweifelt, einsam und auf sich geworfen zurücklässt. Deswegen steckt in unserem Wort „Kommunikation" das lateinische Wort „communis", also „gemeinsam". Ohne Kommunikation keine Gemeinsamkeit, und ohne das Wiederentdecken des Gemeinsamen, so bitter das ist, wohl auch auf lange Sicht kein Ende der Gewalt.

Ich danke Ihnen und wünsche Ihnen und uns allen einen, nun ja, vielleicht nicht schönen, aber interessanten, spannenden Tag.

2.   Ilja Kremer: Antagonismen und Kooperation

Als wir vor etlichen Jahren Ilja Kremer vorschlugen, einen Vortrag auf der damaligen Akademie-Tagung zu halten, hat er sofort abgelehnt und auf seine unzureichenden Deutschkenntnisse verwiesen. Wir haben diesen Einwand natürlich nicht gelten lassen, aber es hat doch geraume Zeit gedauert, ihn zu einem Vortrag gewinnen zu können. Umso mehr freut es uns, dass er auf der diesjährigen Tagung sein eigentliches Forschungsgebiet als Astrophysiker verlassen hat, um sich mit einer faszinierenden Frage der Politologie zu befassen, nämlich der Bedeutung von Konfrontation als Fortschrittsmotor auch in demokratischen und friedlichen Gesellschaften.

Meine lieben Zuhörer_Innen, Zuschauer_Innen, Perzipiant_Innen,
ich freue mich, Ihnen hier einige Gedanken zu unterbreiten und bitte Sie um Nachsicht, wenn in inhaltlicher oder sprachlicher Form hier Defizite zutage treten. Dafür schon im Voraus meinen Dank.

2.1.   Konflikthaftigkeit als innergesellschaftlicher Faktor

Angenommen, jeder Konflikt in einer Gesellschaft wäre mit einer Maßzahl versehen, die Einheit wäre Eris, abgekürzt E. Dann wäre z.B. der Streit um den Parkplatz vor dem Supermarkt mit 40E taxiert, der Ehekrach vielleicht mit 120E. Das mag bei Ihnen zuhause anders sein, aber es geht nur um den Durchschnitt. Eine bewaffnete Geiselnahme mit gewaltsamer Beendigung durch ein SEK läge vielleicht bei 1350E, ein Bürgerkrieg im Bereich von etlichen Mega-E.
Die Summe all dieser Konflikte innerhalb einer Gesellschaft zu einem Zeitpunkt t ließe sich mit einem Gesamtkonfliktstatus beschreiben, der z.B. für Deutschland bei vielleicht 50E pro Tag und Person läge, in Summe also ca. 4 Mrd. E oder 4 Giga-Eris bzw. 4GE.

Es fragt sich nun, welche Haltung eine Gesellschaft zu diesen Antagonismen haben soll. Anders gesagt, ist der Gesamtkonfliktstatus etwas, das gesellschaftlichen Handelns bedarf?

In der Geistesgeschichte sind hierauf unterschiedliche Antworten gegeben worden. Diese lassen sich nach ihrer Haltung zu den Antagonismen unterscheiden, also der Frage, ob man in der Summe die Antagonismen für positiv oder für negativ hält, ebenso aber auch danach, ob man den Gesamtkonfliktstatus anders als Einzelkonflikte eigentlich für steuerbar hält oder nicht.

Letztere Frage stellt sich denjenigen nicht, die derlei Konflikte insgesamt für positiv halten, weil sie in ihnen den Motor von Kreativität, Innovation und Fortschritt sehen. Drei Namen verbinden sich mit dieser Idee, Aggression sei der Motor der Weltgeschichte: Adam Smith, Thomas Robert Malthus und Charles Darwin. Natürlich lassen sich viele andere nennen, von Heraklit über Thukydides bis Hitler, aber es sind diese drei, deren Einfluss auf unser Denken bis heute führend ist.

2.2.　Das Geburtsproblem des Liberalismus

Adam Smith entwickelte die liberale Grundidee. Diese lautet: Befreie in einem Staat die wirtschaftliche Konkurrenz der Bürger von allen staatlichen oder gesetzlichen Restriktionen, so wird der Nutzen sich nicht nur für den Einzelnen, sondern auch für die Gemeinschaft optimieren.

Adam Smith stand unter dem traumatisierenden Einfluss der Konfessionskriege, die ganz Europa in bis dahin nicht für möglich gehaltenes Chaos und Leid gestürzt hatten. Er glaubt, je stärker der zivile und privatwirtschaftliche Bereich wird, um so schwächer werden die Staaten und politischen Fraktionen, die daher dann auch außerstande sein werden, erneut derlei Kriege zu entfesseln.

Damit lassen sich drei Grundintentionen des Liberalismus identifizieren:

- Maximierung des gesamtgesellschaftlichen Nutzens;
- Dynamisierung des individuellen und kollektiven Forschungs- und Entwicklerdrangs;
- Schwächung der kriegsinteressierten Mächte im Staat durch gesteigerte Bedeutung der Privatwirtschaft und den ihr zugrunde liegenden Privatinteressen.

Rawls und Nash haben aus unterschiedlichen Perspektiven heraus gezeigt, dass eine Maximierung des Gesamtnutzens auf diesem Weg nicht oder nur in seltenen Fällen möglich ist. Und dass der Entwicklerdrang in der von allen Restriktionen befreiten Privatwirtschaft besser zum Tragen kommt, darf man auch bezweifeln. An jeder drittklassigen State University in den USA, erst recht in Europa, ist die Innovationsquote deutlich höher als im vielgerühmten Silicon Valley. Denn disruptives Denken und unkonventionelle Neuerungen entstehen nicht unter Kosten- und Effizienzdruck, sondern im freien, von allen Rechenschiebern und Stoppuhren befreiten Diskurs.

Aber wie ist es mit der dritten Grundintention des Liberalismus? Kann man die Wahrscheinlichkeit verwüstender Kriege reduzieren, indem man Unternehmen von staatlichen Restriktionen radikal befreit?

Man darf Zweifel haben, ob das für das 18. Jahrhundert eine erfolgversprechende Annahme war. Aber in der Folgezeit entstand die Industriegesellschaft und mit ihr der industrialisierte Krieg. In der Vorstellung von Adam Smith waren es teils machtbesessene oder ruhmsüchtige Herrscher, teils Glaubensfanatiker, welche die Kriege zumeist entfesselten, während das privatwirtschaftliche Bestreben am Krieg kein Interesse haben kann. Das änderte sich aber in der Folgezeit, weil immer mehr Bereiche der Industriegesellschaft auch einen Nutzen aus Aufrüstung und Krieg zu ziehen versuchten. Das gilt bis heute zum einen offensichtlich für die Rüstungsindustrie. Aber auch diverse Branchen erhoffen sich von einem erfolgreichen Krieg erleichterten Zugang zu wichtigen Rohstoffen, Erschließung neuer Märkte oder Zugriff auf deutlich kostenreduzierte Arbeitskräfte. Damit aber führt eine Entfesselung der Marktkräfte nicht zu einer Reduzierung der Kriegsgefahr. In diversen benennbaren Fällen haben stattdessen Industrieunternehmen und Branchenvertreter sogar einen erheblichen Einfluss auf das Zustandekommen von Kriegen gehabt.

Die Kriegsgefahr steigt durch Liberalisierung natürlich vor allem dort, wo Politiker sich Industrieinteressen zu eigen machen. Der Grund hierfür kann sein, dass sie etwa in der Rüstungsindustrie einen wichtigen Wirtschaftszweig sehen und daher das Wohl der Rüstungsindustrie und der Allgemeinheit eng verbunden sehen. Es mag auch sein, dass jemand bestimmten Industriezweigen – oft der Rüstungsindustrie – vergleichsweise wohlwollend gegenübersteht, weil er aktuell mehr oder weniger offene Förderung, Wahlkampfhilfen, Sondervergütungen oder sogar schlichte Bestechungsgelder von dort erhält. Andere spekulieren auf eine lukrative Aufgabe in der Rüstungsindustrie, wenn ihre politische Laufbahn aus dem einen oder anderen Grund zu Ende gegangen sein sollte.

Für diese Verflechtung von Industrie, Militär und Politik hat sich spätestens seit Eisenhowers Abschiedsrede vom 17.01.1961 der Terminus „Militärisch-industrieller Komplex" eingebürgert. Eisenhower sah hier die größte Gefahr für demokratische Systeme der Gegenwart, wobei man aber sagen muss, dass sich seit seiner Präsidentschaft dieser Verflechtung um ein Vielfaches vermehrt und intensiviert hat. Aber schon nach dem Ende des Ersten Weltkriegs sprach ein – allerdings wissenschaftlich nur schlecht untermauerter – Untersuchungsbericht des gerade erst gegründeten Völkerbunds von einer Verschwörung der Rüstungskonzerne vieler Staaten. Diese hätten Einfluss auf diverse

Presse-Organe ausgeübt, um eine regelrechte Kriegserwartung anzustacheln, hätten intensiv Einfluss auf die Politik genommen, auch durch unverblümte Korruption in vielen Staaten und Preisabsprachen getroffen, um die Gewinne ihrer Verkäufe zu optimieren.

Wenn also kein unausweichlicher Interessensgegensatz zwischen Privatwirtschaft und staatlicher Kriegstreiberei besteht, wie Adam Smith noch gehofft hatte, dann ist auch die dritte Grundannahme des Liberalismus mindestens für die heutige Zeit als Wunschtraum zu bezeichnen. Es wäre eher ein Friedensgarant, wenn die Industrie, vor allem die Rüstungsindustrie, in ein Regelsystem gebracht würde, das sie von der Notwendigkeit gewinnorientierten Handelns befreit, etwa indem man alle Rüstungsunternehmen verstaatlicht. Dann könnte diese Intention des Liberalismus sogar in gewissem Umfang wirksam werden, weil die dann noch verbleibende Privatwirtschaft kein Interesse an Aufrüstung und Krieg hätte und die Politik daher nicht in diese Richtung zu beeinflussen versuchen würde.

2.3. Die Beeinflussbarkeit der gesamtgesellschaftlichen Konfliktmenge

Smith fand viele Nachfolger, welche die Grundüberlegung seiner Lehre stillschweigend unter den Tisch fallen ließen und im ungebremsten Konkurrenzkampf innerhalb einer Gesellschaft die Wurzel menschlichen Glücks und des Fortschritts in allen relevanten Themen – Wissenschaft, Technik, Kunst, Politik usw. – sahen. Die USA sind derjenige Staat, der aus diesem Geist heraus gegründet worden ist und – bei allen internen Diskursen hierzu – insgesamt unverändert auf diesem Grundkonsens beruhen und ihn auch als Maxime hinaus in die Welt tragen wollen.

Praktisch alle anderen Religionen und Ideologien sehen hingegen es als wesentliche Aufgabe an, den Gesamtkonfliktstatus einer Gesellschaft zu senken oder wenigstens zu entschärfen. Einige streben zudem auch eine Überwindung von Konflikten zwischen Gesellschaften an. Dem Christentum etwa liegt trotz seiner wechselvollen und oft genug kriegerischen Geschichte die Idee zugrunde, innerhalb des Volkes Israel, aber dann auch über dies hinaus in anderen Völkern und zwischen diesen Frieden zu stiften. Ähnliches gilt z.B. für den Buddhismus. Das ist zwar in der gelebten Praxis der entsprechenden Religionen und Ideologien häufig in den Hintergrund getreten, bildet aber dennoch den Urgrund, der etwa durch das christliche „Liebe deine Feinde!" umschrieben worden ist.

Der christlichen Haltung liegt die Idee zugrunde, dass Antagonismen insgesamt negativ und nicht gottgewollt sind. Aber die hieraus gezogenen Konsequenzen haben in der abendländischen Geschichte keinesfalls dazu beigetragen, den Gesamtkonfliktstatus zu senken. Im Gegenteil, wenn überhaupt, dann haben sie ihn eher noch erhöht.

Das Scheitern des Christentums hat, wie oben ausgeführt, Adam Smith durch eine Ablenkung der Konfliktmenge ins Private zu beantworten versucht. Hingegen verbindet sich vor allem mit Hegel und seinen Nachfolgern der Gedanke, dass der Gesamtkonfliktstatus nicht beeinflussbar ist, sondern einen historisch notwendigen Faktor darstellt. Dies entspricht im 19. Jahrhundert der von Darwin propagierten Idee eines Konkurrenzkampfes der Arten im Rahmen der Evolution. Wie Adam Smith war freilich auch Charles Darwin Opfer einer Verkürzung seiner Lehre. Er betrachtete nämlich die Überwindung genau dieses Konkurrenzkampfes als größte Errungenschaft und fortgesetzte Verpflichtung der menschlichen Gesellschaft. Aber seine Epigonen haben stattdessen den Darwinismus auch als gesellschaftliches und historisches Erklärungsmodell verwendet.

Thomas Robert Malthus endlich hat versucht zu zeigen, dass der Krieg ein notwendiges Korrektiv der Natur sei, da sonst ein bestenfalls lineares Wachstum der verfügbaren Nahrungsmittel mit einem exponentiellen Bevölkerungswachstum unausweichlich überfordert sein werde. Dass dies völliger Unsinn ist, haben zwar schon diverse Zeitgenossen von Malthus eindrucksvoll bewiesen. Trotzdem sind diesen Ideen entsprechende Ideologien und Argumente im politischen Diskurs allenthalben und bis heute anzutreffen.

Für Malthus und seine Nachfolger ist, anders als für Smith und Darwin, eine politische Steuerung von Konflikten nicht sinnvoll, aber auch nicht realisierbar. Entsprechend ging Hegel von einer Art Samsara der Konflikte in der Geschichte aus. Eine herrschende Schicht verliert über die Zeit hinweg ihre Dominanz, eine andere verdrängt sie und richtet sich in der Führungsposition ein, nur um früher oder später ebenso abgelöst zu werden. Buddhistisch gesprochen propagierte Karl Marx die Überwindung dieses Samsaras, dieses Kreislaufs der Wiedergeburten, durch die Überwindung der fortgesetzten historischen Antagonisierung. Wie der Erleuchtete am Ende den Kreislauf der Wiedergeburten hinter sich lässt, so überwindet der Kommunismus letztlich den fortgesetzten Klassenkampf durch die Klassenlose Gesellschaft. Die Herrschaft von Arbeitern und Bauern im Sozialismus ist also noch kein Kommunismus, sondern die letzte Gesellschaftsform, die noch dem Hegelschen Kreislauf der Herrschaft entspricht, aber die Basis bereiten soll für die sich aus ihr entwickelnde Klassenlose Gesellschaft.

Der Faschismus als die andere wesentlich von Hegel und Darwin beeinflusste Ideologie glaubt hingegen nicht, dass es einmal eine konfliktarme Gesellschaft christlicher oder kommunistischer Prägung geben kann, weil der Konflikt wie bei Malthus für Faschisten die wesentliche Determinante der Natur und der menschlichen Gesellschaft ist. Man kann daher die Antagonismen allenfalls lenken, aber nicht senken. Lenkung bedeutet, die innergesellschaftlichen Konflikte zu reduzieren, was etwa der italienische Faschismus als Corporativismo bezeichnet. Hier sind entsprechend z.B. Gewerkschaften nicht mehr Kampforganisationen der Arbeiter zur Erringung besserer Arbeitsbedingungen und höherer Löhne. Sondern sie führen Arbeitgeber und Arbeitnehmer zu Gemeinschaften zusammen, die insgesamt dem Gemeinwohl dienen sollen.

Damit steht der Faschismus aber vor der Frage, wohin er denn die Antagonismen lenken will, wenn er schon den Gesamtkonfliktstatus nicht für beeinflussbar hält. Hierauf gibt der Faschismus zwei Antworten. Zum einen ist es die Hinwendung auf gemeinsame Aufbauziele, was die sich bisher in Antagonismen verbrauchenden Kräfte anders zum Tragen bringen soll. Das ist die ideologische Begründung – neben der ökonomischen – für die Trockenlegung der Pontinischen Sümpfe ebenso wie für den – ursprünglich und lange vor Hitler als reine Wirtschaftsförderungsmaßnahme begonnenen – Autobahnbau in Deutschland.

Aber der Faschismus beruht vor allem auf der Idee, die gesellschaftlichen Konflikte auf ein gemeinsames Feindbild zu fokussieren. Dieser Feind wird sowohl innen als auch außen gesehen. Die Verfolgung Andersdenkender, dann auch, vor allem im NS-Staat, von als „andersrassig" definierten Menschen ist die Binnenwendung dieser Fokussierung, die sich rasch auch nach außen wendete. Der Corporativismo in Italien oder die Volksgemeinschaft der NS-Ideologie suchten sich also einen inneren wie äußeren Feind, der als Vehikel zur Definition nationaler Gruppenidentität dienen sollte. Ein Feind zudem, der von der Ideologie und der durch sie legitimierten Führung vorgegeben war.

Diese Taktik ist keine Erfindung des Faschismus, erst recht nicht der NS-Herrschaft. Eine konfliktreiche Situation im Inneren dadurch zu entschärfen, dass man die widerstreitenden inneren Kräfte auf ein gemeinsames Ziel außerhalb der Gesellschaft bündelt, bildete beispielsweise den Auslöser für den Ersten Kreuzzug 1096. Wenn es hierfür auch mehrere Anlässe gab, so war ein wesentliches Motiv, den verzankten französischen Adligen und vor allem ihren perspektivlosen nachgeborenen Söhnen ein Ventil zu geben, indem man sie zur Rückeroberung des Heiligen Lands aufrief. In ganz ähnlicher Weise versuchte das Zweite Deutsche Kaiserreich, den – wohl zu Unrecht befürchteten – umfassenden Arbeiteraufstand dadurch zu entschärfen, dass man dem Volk mit der Flottenrüstung und dem Schlagwort vom „Platz an der Sonne" ein, wie man meinte, attraktives gemeinsames Ziel gab. Vor allem wollte der wesentliche Vordenker dieses Aufrüstungsvorhabens, Alfred Tirpitz, damit eine befürchtete Entfremdung der bisher staatstragenden Kräfte – Militärs, Industrielle und Agrarier – und eine Demokratisierung der Gesellschaft verhindern. Emotionale Flotteneuphorie sollte sich paaren mit nüchterner Besitzgier, da man versprach, mit Hilfe der so errichteten Flotte auch Deutschlands Kolonialbesitz massiv auszubauen. Aber auch dieses – verglichen mit den meisten europäischen Mächten spät einsetzende – Streben nach Kolonien wurde rasch ideologisch überhöht und als Vehikel einer nationalen Euphorisierung genutzt. Geibels Gedicht von 1861, „Deutschlands Beruf", lieferte hierfür das wichtigste Schlagwort: „Am deutschen Wesen soll die Welt genesen." Geibel hatte das eigentlich anders gemeint. Er forderte auf, Deutschland erneut zu vereinen, das Papsttum aus der Politik auszugrenzen und trotz scheinbarer Dominanz von Russland und Frankreich zu Gleichberechtigung im europäischen Miteinander zu finden. Entsprechend schrieb er noch „mag", nicht „soll". Nun aber propagierte man einen Sendungsauftrag, die Welt in einen anderen Ort zu verwandeln. Obwohl Geibel eine Überwindung der europäischen Antagonismen propagiert hatte, wurde er nun als Agitator einer deutschnationalen Antagonisierung zwischen den europäischen Staaten herangezogen. Entsprechend rasch wurde auch Bismarcks Versuch auf der Kongokonferenz von 1884 belächelt oder offen kritisiert, einen drohenden gesamteuropäischen Krieg abzuwenden, wenn auch mit kalter Gleichgültigkeit gegenüber den Interessen der afrikanischen Völker. Dadurch geriet der Kongo in die Klauen Leopolds II., der im Nachgang das Menschenmögliche unternahm, als schlimmster Massenmörder aller Zeiten in die Weltgeschichte einzugehen – ein Ehrentitel, den erst Hitler, Stalin und Hirohito ihm erfolgreich streitig machen konnten.

2.4.   Der persistente Konflikt

Hitler war der prominenteste Vertreter einer Persistenz des Antagonismus als wesentlicher Determinante jedweder menschlichen Gesellschaft. Auch bei Stalin finden sich vergleichbare Vorstellungen. Während Stalin sich damit eindeutig gegen Marx stellte und eher Hegels Interpretation der Geschichte folgte, kann man Hitlers Idee, der Konflikt sei der Urzustand allen Seins und könne nicht dauerhaft überwunden werden, mit verschiedenen Quellen in Zusammenhang bringen. Das wurde natürlich von Hitlers sehr geringem Bildungsstand erleichtert. Fragile Theoriegebäude lassen sich nun einmal umso leichter errichten, je weniger eine allzu detailversessene Überprüfung die stolzen Mauern ins Wanken bringt. Daher bezog sich Hitler auf darwinistische und sozialdarwinistische Ideen genauso wie auf Hegel und seine nationalistischen Nachfolger. Mal berief er sich in pseudoreligiöser Weise auf einen diffus an Hegel angelehnten Weltgeist, mal auf den Überlebenskampf der Arten im biologischen System. Aber – auch wenn explizite Bezüge hierauf in den überlieferten Quellen und Berichten fehlen – letztlich war er wie viele seiner Zeitgenossen geprägt von der militaristisch-darwinistischen Auslegung des kurzen von Heraklit überlieferten Fragments, wonach der Streit, im weiteren Sinne der Krieg der Vater aller Dinge sei. Hitler übernahm diesen Gedanken von Nietzsche, der freilich selber Heraklit nicht einmal ansatzweise verstanden hatte.

2.5. Konflikt, Kooperation und Moderation

Für jede Gesellschaft stellt sich damit die Frage, ob sie es als ihre wesentliche Aufgabe ansieht, jede Art Konflikt zu moderieren zu einem möglichst großen Gemeinnutzen hin. Dies ist die Idee aller liberalistischen Staatsentwürfe, wie sie sich etwa in den USA besonders erfolgreich manifestieren. Oder ist es die Aufgabe einer Gesellschaft, die angebliche Unausweichlichkeit der Antagonismen nicht ohne weiteres zu akzeptieren? Sondern sie zu lösen, um dem kooperativen Prinzip den Vorrang zu geben?

Historisch sind Kooperation und Ausgleich erheblich bedeutender als Konflikt, Konkurrenz und Antagonismus. Anders als Hegel dies formuliert hat, ist die Weltgeschichte im Wesentlichen die Geschichte eines erfolgreichen Miteinanders unter der unausgesetzten Bedrohung und gelegentlichen Konkretisierung eines Gegeneinander. Und man darf wohl gegen Darwin und seine Nachfolger sogar in der Naturgeschichte den Erfolg von Kooperation und Miteinander nicht unterschätzen. So hätte etwa Hitler, hätten aber auch viele seines Geistes den Löwen als Krönung der Evolution im Tierreich bezeichnet. Aber in der Realität sind Löwen, Leoparden, Tiger und ähnliche Tiere jammervolle Randexistenzen der Evolution. Zum Vergleich: Es ist sicher nicht fair, Löwe und Rind zu vergleichen. Letzteres existiert auf der ganzen Welt und erfreut sich starker Begünstigung seitens des Käse und Steaks erheischenden Homo Sapiens. Aber wie der Löwe auf den afrikanischen Lebensraum beschränkt und daselbst auch nicht domestiziert ist das Gnu. Vergleicht man beide, so fragt sich, woran der Erfolg einer Spezies sich bemisst. So gibt es aktuell 1,5 Mio. Gnus, aber nur etwa 50.000 Löwen, also ca. 3,3% der Gnus. Veranschlagt man die von der Spezies agglomerierte Biomasse, fällt der Vergleich noch ungünstiger aus. Gnus sind ca. 10% schwerer als Löwen, daher beträgt die Biomasse der Löwen nur ca. 3% der Biomasse der Gnus. Zudem leben Gnus viel länger, nämlich im Schnitt 20 Jahre, das sind 165% der Lebenszeit eines Löwen. Und außerdem: Löwen sind als Spezies so erfolglos, dass sie mit ihrer geringen Energiezufuhr nur überleben können, indem sie 75% des Tages verschlafen, sodass sie so wenig Energie wie möglich verbrauchen. Hingegen sind Gnus fast den ganzen Tag aktiv. Ihnen reichen meist vier Stunden Schlaf pro Nacht.

Anhänger der Idee einer von Konflikten getriebenen Entwicklung der Welt würden jetzt einwenden, der Löwe sei bekannt dafür, recht oft das eine oder andere Gnu zu erbeuten, was umgekehrt selbst in extremen Ausnahmefällen nicht vorkomme. Das ist natürlich völlig korrekt. Aber der obige Vergleich der beiden Arten zeigt eben, dass es den Löwen wenig Nutzen gebracht hat, ein Gnu erschlagen zu können. Und man würde wohl kaum Metzger, Jäger oder Berufskiller als die führende Elite einer innerstaatlichen Gemeinschaft bezeichnen wollen. Auch innerhalb der afrikanischen Tierwelt wäre dann bekanntermaßen nicht der Löwe König der Tiere. Denn ab und an wird schon mal ein Löwe von einem verärgerten Nashorn, einem übellaunigen Elefanten oder einer verstimmten Mamba getötet.

Natürlich können die USA unendlich stolz sein, einen übermächtigen Feind wie Grenada oder Panama in einem gewaltigen Kraftakt ganz allein in die Knie gezwungen zu haben. Aber grundsätzlich gilt: Staaten, die zur Lösung ihrer Schwierigkeiten oder als Aufbruch zu neuen Ufern Gewalt für ein probates Mittel halten, scheitern in aller Regel. Und wer allein gegen eine Gemeinschaft antritt, hat sowieso keine Chance. Das musste Athen im Peloponnesischen Krieg ebenso lernen wie Napoleon oder Hitler. Die auf Kooperation beruhenden Ansätze sind immer auf lange Sicht stärker als alles, was auf Alleingang und

Heldentum hinausläuft. Deswegen gibt es auch nur selten einen Konflikt, wo eine Diktatur sich gegen eine Demokratie durchsetzt. Demokratische Strukturen sind so viel stärker als autokratische Systeme, dass es schon eines sehr großen Ungleichgewichts an Territorium, Wirtschaftsmacht, Bevölkerungszahl usw. bedarf, um eine Niederlage der Demokratie zu ermöglichen. Oder eines singulären Faktors wie der Pest-Epidemie zwischen 430 und 426 v.u.Z., welche die Niederlage Athens im Peloponnesischen Krieg herbeiführte.

2.6.　Ziviler Ungehorsam und militärischer Widerstand

Wenn man sich die Geschichte der USA und der NATO nach dem Zweiten Weltkrieg anschaut, findet man eigentlich von Korea über Vietnam, Libanon, Somalia, Afghanistan, Irak, Libyen, Mali usw. nur eine muntere Folge von Debakeln ernsthaften Bemühens, mit Militäreinsatz die Welt besser zu machen. Selbst die Idee, wenigstens einen monetären oder wirtschaftlichen Vorteil zu erringen, ist allenthalben fehlgeschlagen, auch wenn im selben Geist aktuell wieder Begehrlichkeiten der USA hinsichtlich Panama oder Grönland von einigen Anhängern des früheren Präsidenten propagiert werden.

Es ist noch gar nicht so lang her, dass zwei Befürworterinnen militärischer Lösungen von politischen Problemen, Erica Chenoweth und Maria J. Stephan, statistisch die These zu untermauern versucht haben, dass Gewalt das beste Mittel zum Erfolg sei. Also für das 20. Jahrhundert zu bestätigen, dass in gewaltdurchsetzten Unterdrückungssituationen praktisch jedes nennenswerte Problem militärisch gelöst werden musste, weil Proteste der Zivilgesellschaft anderer Nationen, aber auch ziviler Ungehorsam und Widerstand der ursprünglich Betroffenen hier nur in ganz seltenen Fällen von Erfolg gekrönt waren. Sie müssen recht überrascht gewesen sein, als ihre Eingangsthese sich nicht bestätigen ließ. Jedenfalls im 20. Jahrhundert konnten demzufolge gewaltfreie Widerstandsbewegungen in ca. 52% aller untersuchten Fälle ihre Ziele umsetzen, während gewaltorientierte Bewegungen nur zu ca. 23% erfolgreich waren.

Ein Blick auf die Ökonomie der Industriegesellschaften bestätigt dieses Bild. Hier, wo angeblich ein gnadenloser Kampf jeder gegen jeden herrscht, ist die arbeitsteilige Produktion, also Kooperation, die Daseinsbedingung des Industrialismus. Fast alles in der Wirtschaft ist Kooperation. Zwischen Unternehmen, innerhalb von Unternehmen, zwischen Mitarbeitern und Management, mit Gewerkschaften, mit Zulieferern, mit politischen Entscheidungsträgern, Parteien, übernationalen Institutionen. Nur ganz selten, ganz punktuell kommt es auch hier zu Konfrontation und Konflikt. Aber auch hier ist immer derjenige erfolgreich, dem es entweder gelingt, den Konflikt in Kooperation zu verwandeln. Oder der seine Konfliktposition in eine deutlich stärkere Kooperationsstruktur einbetten kann.

Wenn aber Gewaltfreiheit und Kooperation so viel erfolgreicher sind als Konfrontation, woher rührt dann die allgegenwärtige Glorifizierung von Konflikt und Antagonismus? Warum glauben so viele Menschen, in einem Raubtiergehege überleben zu müssen, wo das Prinzip „Jeder gegen jeden!" alles dominiere und jeder, der nicht ausschließlich auf seinen eigenen Vorteil bedacht sei, am Ende als der Dumme dastehe? Um das zu verstehen, lohnt ein weiterer Blick auf Heraklit, Hegel, Darwin und Nietzsche. Allerdings weiß man wenig über Heraklit. Aber seinen drei Nachfolgern ist eins gemeinsam: Jeder hatte früh die Erfahrung von Niedergang, Zerfall, Zerstörung machen müssen. Dies galt in biografischer wie politischer Hinsicht. Alle drei betrachteten diese katastrophischen, gewalthaften Endphasen biografischer, historischer oder entwicklungsgeschichtlicher Episoden als unausweichlich. Sie versuchten jedoch, diesen Katastrophen etwas Positives abzugewinnen. Hegel, geprägt von furchtbaren Kriegen, die mit dem

Siebenjährigen Krieg als dem eigentlichen Ersten Weltkrieg begannen und bei Waterloo endeten, schuf eine verhalten positive Perspektive mit der Aussage, dass jeder Untergang einer herrschenden Klasse einer anderen, moderneren, fortschrittlicheren den Weg zur Herrschaft freimachen werde. Darwin gewann wie viele seiner Zeitgenossen die sich Mitte des 19. Jahrhunderts immer mehr durchsetzende Einsicht, dass die meisten Arten, die jemals den Planeten bevölkert hatten, ausgestorben waren. Er wollte zeigen, dass kaum eine Art wirklich ausstirbt, sondern sich weiterentwickelt in eine besser angepasste, höher entwickelte. Und Nietzsche schließlich definierte das fortgesetzte Zerstören und Aufbauen und erneute Zerstören als den Sturm des Dionysischen, in dem die Menschen leben müssten, wollten sie sich nicht der würgenden Erstarrung in einem vernunftversklavten Leben anheim geben.

Alle drei Autoren gelangten aus biografischen Motiven zu falschen Schlüssen. Aber viele Menschen, die – meist weniger elegant und elaboriert – ähnliche Ansichten vertreten, haben irgendwann eine ähnliche irreführende Episode durchleben müssen.

Der Erste Weltkrieg markiert für die meisten der sich auf Smith, Malthus, Hegel, Darwin und Nietzsche berufenden Gesellschaftslehren eigentlich das absolute Scheitern, unabhängig davon, wie stark sie die ursprünglichen Ideen verkürzt, verdreht oder angereichert haben. Eigentlich, denn was stattdessen geschah, war, dass alle diese Lehren in geradezu grotesker Form fortgeschrieben wurden, um sie gegen die vernichtende Realität von Verdun und auch gegen den Albtraum der direkt folgenden Spanischen Grippe irgendwie zu retten. So fußte der Stalinismus auf einer bizarren Variante der Hegelschen Lehren, führte ein radikalisierter Liberalismus zu Hardings und Hoovers Laissez-faire in den USA und damit zum Schwarzen Freitag von 1929, berief sich die modernistische Richtung in der NS-Ideologie auf Darwin und

Nietzsche – auch wenn beiden bei diesem Gedanken wahrscheinlich übel geworden wäre.

Die Dominanz des Konflikts in allen Lebensbereichen kann man damit als fächerübergreifendes Paradigma des 19., aber auch noch des 20. Jahrhunderts begreifen, das mit Robert Koch noch in die Medizin, mit der verbreiteten Fehlinterpretation des Begriffs vom Urknall in die populäre Rezeption der Astronomie Einzug gehalten hat. Das 21. Jahrhundert steht vor der fundamentalen Herausforderung, die eigentlich immens größere Bedeutung von Kooperation wieder in den Vordergrund zu heben. Und das darf man sogar ökologisch verstehen. Unser raubtierhaftes Ausplündern der Erde, Verbrennen fossiler Rohstoffe als Lieferant von Energie, Ermorden als tragende Säule unserer Ernährung sind Irrwege, die wir hinter uns lassen müssen. Oder es wird irgendwann nicht mehr Menschen geben, als heute Löwen in Afrika leben. Bestenfalls.

Vielen Dank für Ihre Aufmerksamkeit.

3. Walther Heckes: Slave New World und Game of Drones: Thesen zu Digitalisierung und Autonomisierung

Walther Heckes ist Siedlungsarchäologe, der wesentliche Beiträge vor allem zur Erforschung der frühmittelalterlichen Erschließung bis dahin dünn besiedelter Regionen im Elsass und in der Nordschweiz geleistet hat. Dass er aber sich intensiv auch mit Fragen der näheren Zukunft in Deutschland und in der Welt befasst, zeigt sein Tagungsbeitrag, den wir in der gehaltenen Form wiedergeben. Lediglich der ebenso kraftvolle wie altmodische Tafelanschrieb mit quietschender Kreide jeder These dieses Beitrags ist aus technischen Gründen hier leider profaner Druckerschwärze gewichen.

Meine sehr geehrten Damen und Herren, Herr Präsident, liebe Kollegen,

Ich habe vor ein paar Tagen mit Colleen Sondershjölm sprechen können, die Ihnen später am Tag noch etwas zum aktuellen Stand der Klimakrisenforschung berichten wird. Da habe ich mich dann schon gefragt: Ist das eigentlich noch relevant, was ich Ihnen heute erzählen will? Die Zukunft der Technik? Der Informationstechnik? Von Robotern in der Industriegesellschaft? Wo doch anscheinend – und nicht zuletzt wegen dieser Industriegesellschaft – schon sehr bald kein Land der Erde mehr über die Rohstoffe, die Infrastruktur, die Energie verfügen wird, um weiterhin diese Industriegesellschaft auf dem jetzigen oder womöglich noch höheren Technisierungsgrad zu betreiben. Weil die Klimasituation in nicht mal fünfzig Jahren von heute für die dann vielleicht noch zwei Milliarden Menschen auf Erden die Agrarwirtschaft des Frühmittelalters mit wenigen urbanen Enklaven bereits eine traumhafte Idylle sein wird.

Aber für den Fall, dass es aus noch unbekannten Gründen nicht zum globalen Kataklysmus der Menschheit und von Millionen weiterer Arten kommen wird: Kann man heute eigentlich grundsätzliche Entwicklungstendenzen der Technisierung identifizieren? Und haben diese Tendenzen möglicherweise nicht nur eine technische, sondern auch eine soziale oder politische Dimension? Dazu folgend einige Thesen mit knapper Erläuterung.

3.1. Automatisierung war gestern, Digitalisierung ist heute, die Zukunft ist Autonomisierung

Man hält gemeinhin die französischen Manufakturen des Merkantilismus, wie sie vor allem durch Gustave Colbert unter Louis XIV. gegründet wurden, für den Startschuss zum industriellen Zeitalter, welches mit Macht dann Anfang des 19. Jahrhunderts einsetzte. Die Mechanisierung der Landwirtschaft und das infolge des medizinischen Fortschritts rasche Anwachsen der Bevölkerung schufen eine neue Schicht vor allem in den Städten, die zunächst die nötigen Arbeitskräfte offerierte, über kurz oder lang dann auch wesentliche Abnehmer von Industrieprodukten darstellte. Zugleich sorgten neue Anbaumethoden, andere Feldfrüchte, vor allem die Kartoffel, und die wachsende Bedeutung von Dünger dafür, dass auch die für diese Bevölkerung notwendige Nahrung in der Regel zur Verfügung stand.

Damit begann eine wirtschaftsgeschichtliche Entwicklung, die bis heute bei weitem nicht abgeschlossen ist. Eine wichtige Epoche verbindet sich dabei mit dem Begriff der Automatisierung, also der Einführung maschinengestützter, stark serieller Fertigung, am typischsten in der Fließbandfertigung, der Henry Fords Erfolg zum Durchbruch verhalf und die ihrerseits erst das Auto zu einer Massenware werden lassen konnte.

Wiewohl diese Phase nicht abgeschlossen ist, wird sie seit etwa einem halben Jahrhundert überlagert von der Phase der Digitalisierung, also des Transfers analoger, materieller Datenhaltung und -bearbeitung auf digitale Datenträger. Was zunächst nur papiergebundene, dann auch andere analoge durch digitale Prozesse abzulösen sich anschickte, durchzieht inzwischen alle Lebensbereiche mindestens in den Industriegesellschaften, zunehmend aber auch in allen anderen Ländern der Erde. Zudem werden hiervon immer mehr gesellschaftliche Gruppen innerhalb der nationalen Gesellschaften erfasst.

Die technische und die damit verbundene gesellschaftliche Entwicklung durchläuft mit der Digitalisierung der Lebens- und Arbeitswelt aber nur eine Zwischenstufe. Der eigentliche Schritt wird die wachsende Autonomisierung technischer Systeme sein. Dabei muss man nicht in Science-Fiction-Szenarien denken wie „I, Robot" oder „Terminator". Vielmehr erlebt jedermann bereits die wachsende Autonomisierung traditioneller Hilfsgeräte. Im Haushalt, wo der Waschvollautomat der 1960er Jahre durch den Staubsaugroboter oder den autonomen Rasenmäher ergänzt wird. Im Straßenverkehr, wo Brems- und Parkassistenten nur die Vorstufe zu autonom operierenden Fahrzeugen sind. Bis hin zu scheinbaren Domänen des Menschen, also vor allem dem kreativen Sektor, wo mindestens für eher triviale Texte bereits Textgeneratoren Journalisten und Texter zu verdrängen begonnen haben. Wo Hunderte Übersetzungsbüros ihre Geschäfte eingestellt haben, weil sie von den wenigen Übersetzungen für Verträge und Rechtsvorfälle nicht leben können. Denn für die Alltagsübersetzungen des täglichen Arbeitslebens sind die Defizite von Übersetzungen mit Google Translate oder DeepL unproblematisch, vor allem gemessen an der Zeit- und Kostenersparnis.

Dank Deep Fake gibt es auch Schritte zum maschinengenerierten Schauspieler. Es ist also nur noch eine Frage der Zeit, bis wir einen

Star Wars sehen mit Marylin Monroe als Prinzessin Leia und John Wayne als Luke Skywalker. Oder Louis de Funès als Darth Vader.

Letztlich bilden sich allenthalben autonome Systeme und Supersysteme von Maschinen, die untereinander, ohne Beteiligung eines Menschen, eng vernetzt ein gemeinsames Ziel erreichen, etwa wenn im heimischen Bereich der Ladeautomat des Fahrzeugs, der Saugroboter und der Wäschetrockner vereinbaren, wer wann auf das Netz zugreift, damit sie einerseits günstigen Nachtstrom nutzen, andererseits aber nicht plötzlich alle Steckdosen in Flammen stehen.

3.2. Maschinen werden autonom. Sie steuern sich selbst, andere Maschinen und Menschen.

So richtig klar ist dabei nicht, was mit „Autonomisierung" gemeint ist. In Maschinenbau und Informatik bezeichnet man als autonome Maschinen oder Systeme zumeist Maschinen, welche in der Umsetzung von menschbestimmten Zielen über die richtige Umsetzung selbst entscheiden können, sofern sie dabei vorgegebene Regeln nicht verletzen. Dies entspricht aber nicht der Verwendung in Politologie und Soziologie bzw., in der Nachfolge von Immanuel Kant, in der Philosophie. Hier versteht man unter Autonomie das Handeln auf Basis selbstgesetzter Ziele, und zwar nicht nur im Rahmen von Teil- oder Subzielen, sondern in der generellen Zielsetzung des eigenen Seins und Handelns. Menschliche Autonomie ist daher sehr weitgehend, sie wird fast nur durch die menschliche Sterblichkeit und die damit zusammenhängenden Erfordernisse der Lebenserhaltung, durch die Grenzen der eigenen physischen, intellektuellen und materiellen Leistungspotenziale und mit einer gewissen Varianz durch die gesetzlichen und sittlichen Gegebenheiten, Traditionen und Rituale bestimmt und limitiert. Aber bekanntermaßen kann man vor allem die Grenzen der Leistungspotenziale durch Maschinen verschieben. Sterblichkeit und

Lebenserhaltung wiederum gehören zu den Dingen, die man mitunter zu ignorieren bereit sein darf, ohne dass das unausweichlich zu einem betrüblichen Ausgang führen muss. Dennoch sind gerade diese beiden letztlich von einer durch keine Automatisierung überwindbaren Unerbittlichkeit, mindestens, solange wir uns nicht insgesamt in IT-Systeme übertragen können, deren schlimmste Bedrohung dann ein Ausfall der Energieversorgung wäre.

Autonomisierung von Maschinen ist mithin die Zuweisung einer immer größeren Zielsetzungskompetenz an Maschinen. Wenn auch die Letztbestimmung der Maschine, also die Sinnstiftung ihres unmittelbaren Daseins, vielleicht noch auf geraume Zeit dem Menschen überlassen bleiben wird, so ist doch eine zunehmende Zahl von Maschinen frei in der Wahl der Zwischenziele, die zur Verwirklichung dieser Sinnstiftung notwendig sind oder ihnen – nicht uns – als am ehesten geeignet erscheinen.

Autonomisierung von Maschinen berührt aber, anders als beim Menschen, auch die Entwicklung von Maschinen, die sich zum einen selbst steuern, zum anderen aber auch andere Maschinen steuern. Dies betrifft die bedarfsgerechte Produktion in vollautonomen Fertigungsanlagen, aber auch Systeme ohne steuernden Hauptknoten, die auf kooperativer Basis eine Gesamtsteuerung erreichen, etwa in der Vereinbarung reibungsloser Verkehrsflüsse durch Car2Car-Kommunikation.

3.3.   Entwicklungs- und Fertigungsketten „Mensch zu Mensch" werden zu Verknüpfungen „Mensch zu Maschine", „Maschine zu Mensch", „Maschine zu Maschine".

Das Manufakturwesen war geprägt von Fertigungsketten, die wesentlich von Mensch zu Mensch gingen, wenn auch unter Verwendung von manuell zu verwendenden Werkzeugen. Diese Ketten wurden mit der

Industrialisierung abgelöst von Mensch-Maschine-Mensch-Ketten, wobei aber die hier involvierten Maschinen noch nicht autonom agierten, sondern lediglich als mit Eigenantrieb versehene Werkzeuge.

Im industriellen Bereich treten inzwischen aber zunehmend Maschinen involvierende Kooperationen auf, in denen die Maschinen in erheblichem Umfang autonom operieren. Sie verarbeiten keine Abfolge von Handlungsanweisungen, sondern versuchen ein gesetztes Ziel zu erreichen. In der Kommunikation zwischen zwei menschlichen Partnern stellt seit langen die Kommunikation „Mensch zu Maschine zu Maschine zu Mensch", also profanes Telefonieren, eine wichtige Kommunikationsform dar. Und kaum jemand, der sich wie selbstverständlich dieser Kommunikationsketten bedient, macht sich zwei Dinge klar: Zum einen, dass er durchaus nicht mit einem Menschen redet, sondern mit einer Maschine. Zum anderen, dass er überhaupt keine Ahnung hat, wie diese Verkettung funktioniert oder auch nur sagen könnte, welche Maschinen neben dem Telefon in seiner Hand noch an dieser Verkettung beteiligt sind.

Neben diese gewohnte Form verketteter Kommunikation tritt zunehmend die normalsprachliche Kommunikation mit der Maschine, also Siri, Alexa, Bots im Auto, um das Navi zu steuern. Hinzu kommt die Kommunikation der Maschinen untereinander. Noch weniger als Menschen in einer Mensch-Maschine-Kommunikation können in der Regel Teilnehmer einer Maschine-Maschine-Kommunikation den Prozess dieser Kommunikation, seine Regeln und Formen erläutern oder gar hinterfragen.

Aber schon in der fast allgegenwärtigen Kommunikation zwischen Mensch und Maschine wissen die beteiligten Menschen meist nicht, wie die hier operierenden Maschinen funktionieren. Was bewegt Siri, auf die Frage nach einer schönen Musik zum Abend Chopin vorzuschlagen und nicht Marilyn Manson? Warum hält Alexa eine

Raumtemperatur von 21° C für angemessen, wenn man eine „angenehme Zimmertemperatur" verlangt hat? Warum nicht 20° C? Oder 32° C? Und wäre Siri zum selben Ergebnis gekommen?

Viele dieser Mechanismen kann man mit einem Begriff von Sarah Spiekermann und Frank Pallas als „Technologiepaternalismus" bezeichnen, also als eine quasi-patriarchale Reduktion menschlicher Verantwortung und Entscheidungsfreiheit zugunsten von Handlungen, die im allgemeinen Konsens als dem Einzelnen nützlich angesehen werden können. Die Software im Auto, die permanent piept, bis man die Geschwindigkeit auf ein vernünftiges, also sicheres Level zurückgenommen hat. Die Smartphone-App, die mir Nachtruhe anrät oder mich genau jetzt auf eine Wanderung zu begeben oder meine Tante zum Geburtstag anzurufen. Zwar üben diese Systeme meist keinen unmittelbaren Zwang aus, aber mit ihrer subtilen Indoktrination sind sie trotzdem ein Fremdkörper in einem grundlegend auf die Freiheit des Individuums ausgelegten Gesellschaft.

Zudem zeigt sich, dass die Modellierung und Vereinbarung erfolgreicher Kommunikationsverfahren von Maschine zu Maschine mindestens so schwierig und mühsam sein kann wie vor hundert Jahren die Einigung auf Standards beim Telefonieren. Die Dimension dieser intermaschinellen Kommunikation wird umso relevanter, je mehr Teilnehmer der Kommunikationskette Maschinen, womöglich heterogene Maschinen sind, also Maschinen ganz unterschiedlicher Art, Aufgabe oder Intelligenz. Erst recht natürlich, wenn an Anfang oder Ende dieser Kette keine menschlichen Teilnehmer mehr stehen.

Dabei gilt für Maschinen, was für Menschen auch gilt: Jede Perzeption löst einen Übersetzungsvorgang aus. Selbst wenn ein Zwilling seinem Gegenpart etwas mittelt, wird die aurale Perzeption zunächst in ein Beziehungsgeflecht im Gehirn des Rezipienten übersetzt, bevor der eigentliche Akt des Verstehens einsetzen kann. Das bedeutet aber, dass es kein vollkommen kongruentes Verstehen geben kann. Je heterogener Menschen sind, desto größer sind die Verluste beim Übersetzen vom Gesprochenen ins Perzipierte und von dort ins Verstandene, was insbesondere natürlich für interkulturelle Kommunikation gilt.

Die Maschine-Maschine-Verkettungen werden immer länger, die Zahl der in sie integrierten Menschen nimmt kontinuierlich ab. So werden etwa in autonomen Fabriken der nahen Zukunft alle Prozesse von heterogenen Maschinen gesteuert und umgesetzt werden, wogegen Menschen allenfalls noch als Nutznießer der hierdurch erzeugten Produkte in Erscheinung treten werden. Aber innerhalb der Fabrik wird die Kommunikation ausschließlich zwischen Maschinen durchgeführt werden – auf Basis von Kommunikationsstandards, die nicht mehr von Menschen, sondern evolutionär von Maschinen festgelegt worden sind.

3.4. Knappe, präzise Formulierungen in Fachsprache werden durch voluminöse, unpräzise Formulierungen in Allgemeinsprache verdrängt

Die meisten Menschen fragen sich zumindest von Zeit zu Zeit: Wer bin ich? Die Antwort auf diese Frage liegt in einem permanenten Prozess der Selbstdefinition gegenüber äußeren Versuchen, einer Person zu sagen, wer sie ist oder sein muss.

Ein wichtiger Aspekt der Selbstdefinition und damit der Identität ist die individuelle Sprache. Ich bin, wer ich bin, weil ich so spreche, wie ich spreche. Dies gilt für Menschen ebenso wie für jede Organisation, jedes Team, jede Geschäftseinheit. Jeder Beruf hat seine eigene Sprache, sein Sprachderivat, das andere nur in begrenztem Umfang verstehen können.

Komplexere Aussagen, aber auch Romane oder Theaterstücke verbinden ihren Inhalt über verbale Token oder Schlüsselwörter, die spezifisch für den Kontext sind, in dem der Text erstellt wird. Daher ist es für Menschen und Teams von entscheidender Bedeutung, diese spezifische Sprache und die besondere Bedeutung verschiedener Begriffe in diesem Kontext zu speichern.

Ein linguistischer Ansatz in der KI erfordert Lernen auf der Grundlage einer großen Menge an Quellen. Doch je spezifischer und spezieller das lokale Sprachderivat ist, desto geringer ist die Materialversorgung für den KI-Lernprozess. Daher lernt die KI zu einem großen Teil auf der Grundlage allgemeinsprachlicher Quellen. Mit der Zeit wird sie in der Lage sein, die meisten Texte – in einer schwachen Interpretation des Begriffs – zu „verstehen", selbst wenn ein höher spezialisiertes Sprachderivat angewendet wurde. Wenn sie jedoch einen Text erstellt, ist sie standardmäßig nicht in der Lage, sich auf dieses Sprachderivat zu beschränken. Das Ergebnis wird ein in Allgemeinsprache abgefasster Text sein.

Der Vorteil eines solchen allgemeinsprachlichen Texts besteht natürlich darin, dass Menschen, die nicht in der jeweils spezialisierten Sprache geschult sind, den Text dennoch verstehen können. Aber:

- Das Sprachderivat ist nicht nur ein Weg zur schnelleren, spezialisierten Kommunikation innerhalb der jeweiligen Gruppe. Es ist entscheidend für die Verbindung der Bedeutungselemente eines Texts. Diese Klammer geht in Allgemeinsprache möglicherweise verloren.
- Spezialisierte Sprache ist auch eine Säule bei der Konstruktion individueller und sozialer Identität. Eine zunehmende Anzahl KI-generierter, also allgemeinsprachlicher Texte beraubt Menschen und Gruppen dieses wichtigen Teils ihrer Identitätsdefinition. Das schwächt sowohl Menschen als auch Gruppen und Organisationen.
- Der Grund, spezialisierte Sprachen einzuführen, ist nicht immer, soziale Abschottung über Spracherwerb sicherzustellen.

In vielen Fällen ließen sich Aussagen der jeweiligen Disziplin, also etwa in der Mathematik, auch in Allgemeinsprache formulieren. Viele Menschen werfen der Mathematik sogar vor, ihre Verstehbarkeit durch die hohe Formalisierung ihres Sprachderivats unnötig zu erschweren. Indes, die spezialisierte Sprache lässt sich erlernen. Mathematische Theorien in Allgemeinsprache zu formulieren, würde umfangreiche Texte erzeugen, die zum einen deutlich mehr Interpretationsspielraum böten, zum anderen aber für fast jeden Leser praktisch unverstehbar wären, schlicht aufgrund ihres Volumens

Es wird daher für linguistische Ansätze in der KI eine entscheidende Aufgabe sein, die lokalen Sprachableitungen trotz der begrenzten Menge verfügbarer Quellen für das Lernen beizubehalten und zu verwenden. Tatsächlich gibt es verschiedene erste Ansätze, einem zunächst normalsprachlich trainierten Large Language Model mit Hilfe von Review Augmented Generation (RAG) zumindest ein passives Verständnis auch von fachsprachlichen Texten zu ermöglichen. Wie weit die KI auf dieser Basis aber auch zur Erzeugung entsprechender Texte gelangen kann, bleibt vorerst abzuwarten. Im Moment ist die Gefährdung der Spezialsprachen durch KI und Digitalisierung eines der größten Risiken dieser Entwicklung, das heute bei weitem nicht hinreichend diskutiert wird.

3.5.   Die Grenzen zwischen Privat und Beruf, zwischen Mensch und Maschine, zwischen Intern und Partnerfirma lösen sich zunehmend auf.

Sucht man für die europäische Gesellschaft der Antike ein grundlegendes Element, anhand dessen Geschichte sich die gesamtgesellschaftliche Entwicklung überzeugend darlegen und begreifen lässt, so ist dies zweifellos der materielle Besitz, vor allem der Besitz an Boden. Bereits am ersten Tag unserer diesjährigen Zusammenkunft hat Ihnen

Frau Bregnitz dargelegt, wie materieller Besitz, Geld und Information als eigenständig werthaltige Faktoren korrelieren. Man kann demzufolge die Gesellschaft vor allem der Neuzeit entlang der Geschichte des Geldes und der Währungen beschreiben. Diese tritt neben die materielle Austauschgeschichte und schiebt sie mitunter auch deutlich in den Hintergrund. Aber dies markiert auch den allerersten Übergang von einer am materiellen Sein und Werden orientierten Gesamtgeschichte zu einer informationsbasierten Geschichte, die sich weniger am So Sein von Ländern, Gesellschaften, Kontinenten usw. orientiert, sondern eher daran, was Menschen zu welchem Zeitpunkt wovon wussten und wie dieses Wissen weitergegeben wurde – oder auch nicht.

Die informationsgeschichtliche Interpretation der Geschichte ist also nicht neu. Ihre Bedeutung wächst aber mit Blick auf die letzten zwei Jahrhunderte. Sie gewinnt aber auch deshalb immer mehr an Bedeutung, weil die Bedeutung von Information im historischen Prozess, aber auch in der öffentlichen Wahrnehmung immer mehr zunimmt. Entsprechend kann man auch die heutige Gesellschaft weiter wie frühere gesellschaftliche Zustände als die Gesamtheit der in ihr stattfindenden Materialflüsse sehen. Sie wird aber zunehmend besser darstellbar, wenn man sie als Agglomerat der in ihr stattfindenden Informationsflüsse begreift. Und das gilt nicht nur für die Gesellschaft insgesamt, sondern auch für alle ihre Teile, also für einzelne Personen und kleine Gruppen, aber auch für Organisationen beliebiger Größe, lokal ebenso wie national oder international. Umgekehrt wird das Erlangen, das Halten und Steuern von Informationen neben dem Erlangen, Halten und Steuern von materiellen oder monetären Werten eine dritte Säule, auf der gesellschaftliche und ökonomische Prozesse und Machtstrukturen basieren.

Die wachsende Bedeutung der Information als autonomem Wert reduziert die Bedeutung der Abgegrenztheit aller, die an der Kommunikation teilnehmen. Dies hat bereits Meinhard Miegel, noch ohne Blick auf die Bedeutung der IT, als Übergang von der Industrie- zur Wissenskultur dargestellt. Geprägt hat den Begriff der Informationsgesellschaft aber vor allem Tadao Umesao, der 1988 mit seiner Zivilisationstheorie der Information die wesentliche Grundlage geschaffen hat, eine kulturelle, wirtschaftliche und soziale Korrelation von Grundbesitz, Geld und Information als historischen Faktor zu begreifen. Demzufolge wird im Zuge wachsender Kommunikation das materielle Miteinander an Bedeutung verlieren. Menschen definieren zukünftig sich primär über ihre Zugehörigkeit zu Kommunikationskontexten, beginnend heute mit den diversen Social Networks, Chatgroups, Blogs und Meeting Apps. Allerdings kollidiert natürlich die Bildung sozialer Gruppen durch gruppenspezifische Kommunikation mit der eben angeführten Auflösung gruppenspezifischer, identitätsstiftender Spezialsprachen. Eine Gruppenzugehörigkeit, die für die Selbstdefinition relevant ist, verliert naturgemäß an Wert, wenn man nicht sicher sein kann, wie viele der virtuellen Gesprächspartner KI-gesteuerte Bots und Trolle sind.

Aber vor allem materielle Grenzen treten zunehmend in die zweite Reihe zurück, weil ihnen keine entsprechenden Abgrenzungen in den jeweiligen Kommunikationskontexten entsprechen. Demzufolge wird die Unterscheidung von Mensch zu Mensch, zwischen Organisationen und natürlich auch von Unternehmen zu ihren Partnern und Zulieferern an Bedeutung verlieren. Umgekehrt wächst die Notwendigkeit, erfolgreiche Kommunikationsnetzwerke zu errichten. Der 2022 begonnene Krieg Russlands gegen die Ukraine zeigt die große Stärke, die eine nahtlose Kommunikation zwischen Organisationseinheiten, hier zwischen Armee-Einheiten, zutage fördern kann. Aber schon länger wird dies zwischen Unternehmen auf nationaler und internationaler Basis verfolgt. Zwar versuchen diverse Gruppen, dies wieder zurückzudrängen und bekämpfen daher ökonomische Entschrankungen wie Arbeitnehmerüberlassung und Mensch-Maschine-Verschränkungen. Aber das sind Rückzugsgefechte obsoleter Konzepte von fixierten Grenzen zwischen Menschen, Firmen und Institutionen. Dem Kampf für eine starke, selbstbestimmte Arbeitnehmerschaft sind solche antiquierten Meinungen jedenfalls nicht zuträglich.

Auch die materielle Grenze von Besitz, also z.B. eines Fahrzeugs, eines Hauses oder von Wertgegenständen als Besitzstandobjekt und -symbol, wird weniger Bedeutung haben, weil das materielle Objekt zunehmend zum Werkzeug in einem vor allem als Informationsfluss verstandenen Miteinander gesehen werden wird. Und in einer zunehmend als Informationsrepräsentation verstandenen Welt kann sich vielleicht schon bald die große Mehrheit eine Rolex, einen Rolls-Royce oder einen Rembrandt leisten, weil diese nicht mehr als materielle Werte in einer realen Welt, sondern nur noch als Informationsagglomerate in einer virtuellen Welt benötigt werden.

3.6. KI denkt nicht, sie zählt

Wenn Information der wesentliche neue Werteträger in einer zunehmend digitalisierten Welt ist, dann ist auf den ersten Blick die Generierung von Informationen durch KI ein ganz wesentlicher Wertetreiber. Doch sind hier mehrere Aspekte zu berücksichtigen, durch welche diese euphorische Sicht auf die KI wahrscheinlich ein wenig relativiert wird.

- Erstens: Wie wird die Information generiert? Wir haben alle eine diffuse Vorstellung, wie Menschen, nicht nur Wissenschaftler, neue Informationen gewinnen. Spielen, Ausprobieren, Forschung, Experiment, Nachdenken, Überprüfen,

Überprüfung durch andere. In diesem Zusammenhang denken wir uns also sogar neue Verfahren, Methoden, Gerätschaften aus, um Wissen zu gewinnen. Und sind uns trotzdem meist der Tatsache bewusst, dass, wie Karl Raimund Popper formuliert hat, alles Wissen nur Vermutung ist, fehlbar, zeitverhaftet. Einer KI hingegen sind, jedenfalls heute, diese Wege allesamt versperrt. Aktuell ist KI daher angewiesen auf die ihr zur Verfügung gestellte Information. Damit ist sie unausweichlich im Kontext des Bekannten gefangen, während ein Aufbruch in neue Welten ihr schon aus methodischer Sicht unmöglich ist.

- Zweitens: Welche Inhalte bestimmen die KI? Die Stärke heutiger KI liegt darin, einen Vorrat vorhandener Informationen zu filtern und neu zu kombinieren. Dabei können erstaunliche Erkenntnisse zutage treten. Beziehungen zwischen Informationen etwa, die dem menschlichen Wissenschaftler schlicht aufgrund der Menge der Informationen vielleicht nie aufgefallen wären. Aber: Hier entsteht nichts Neues, es wird nur Bekanntes aufbereitet. Und: KI zählt. Wenn eine große Mehrheit der verfügbaren Informationen eine bestimmte Ansicht nahelegt, wird die KI in der Regel diese Ansicht als Wahrheit präsentieren. Wenn aber diese Eingangsinformationen bereits einer bestimmten Weltsicht unterliegen, wird die KI diese reproduzieren. Wir alle hinterfragen gern mal, was alte weiße Männer behaupten. Aber selten kommen uns Zweifel, wenn die KI Ansichten generiert, die auf dem ihre Datenbasis bestimmenden Meinungsvorrat alter weißer Männer beruhen. Damit sind wir nicht nur selbst in die Vorurteile und Meinungen unserer Kultur oder eher sogar nur eines dominanten Teils dieser Kultur eingepfercht. Sondern die sehr kostspielige Herstellung von Large Language Models zwingt auch Angehörige anderer

Kulturen, diese LLMs zu adaptieren. Sie übernehmen damit ungefragt auch die Wertvorstellungen und Weltbilder, die in diese Modelle eingeflossen sind, aber mit ihren eigenen Vorstellungen vielleicht nicht völlig kongruent sind. Da mag man es ja vielleicht sogar begrüßen, dass weltweit Staaten nur Zugriff auf KI haben können, wenn sie durch die Hintertür die Gleichwertigkeit von Frauen und Männern akzeptieren. Aber letztlich ist das nur eine neue Variante von Kulturimperialismus, der nicht geeignet ist, die Antagonismen in der Welt zu überwinden. Die im Wesentlichen westlichen, vor allem US-amerikanischen Eigentumsrechte an der Information und den Zugriffsinstrumenten – Google, Bing, ChatGPT, OpenAI usw. – geben denen, welche wiederum Eigner dieser Instrumente sind, auch die Möglichkeit, eine Art Zensur einzuführen, also eine Selektion, welche Informationen weitergegeben werden sollen, oder auch eine Manipulation dieser Informationen. Man stelle sich einmal vor, wie das aussähe, wenn die genannten Werkzeuge der iranischen Regierung gehörten. Oder Nordkorea. Donald Trump. Boris Johnson. Dem Vatikan. Heute schon haben alle KI-basierten Chat Clients Zensurmechanismen. Fragen mit potenziell sexueller oder terroristischer Dimension werden meist gar nicht erst beantwortet. Aber diese Mechanismen lassen sich auch verwenden, um andere missliebige Ergebnisse einer Internet-Recherche zu unterdrücken. Auch deshalb forcieren China und Russland den Aufbau einer eigenen Internet-Blase: Um entscheiden zu können, was als Ergebnis der Recherche nach kritischen Themen dem Nutzer präsentiert wird, aber natürlich auch, um diesen Nutzer dann auf eine Liste verdächtiger Personen zu setzen.

- Drittens: Wie heterogen ist die Datenbasis, aus der die KI lernt? Wissenschaftler, aber letztlich alle Menschen verarbeiten bei der Erlangung von Wissen heterogene Informationen. Hierzu gehört das gesprochene Wort in all seinen sprachlichen, kulturellen und individuellen Nuancen. Hierzu gehören visuelle Eindrücke, aber auch konservierte Bilder in Form von Fotos, Filmen, Gemälden, Zeichnungen. Hierzu gehören non-verbale Ton-Informationen, vom Vogelzwitschern bis zum Tropfgeräusch schneller abtauender Gletscher. Hierzu gehören taktile Reize, Gerüche, Temperaturwahrnehmungen, bis hin zum Wind auf unserer Haut und dem Sand unter unseren nackten Füßen. KI hingegen kennt dies alles nur in vermittelter Form, nämlich als Bild- oder Textinformation. Wir wissen aber alle, wie viel Information verloren geht, wenn wir nur Bilder und Texte unserer Wissensgewinnung zugrunde legen.

- Viertens: Wem gehört die KI-generierte Information? Wenn Information ein Werteträger von wachsender Bedeutung ist, dann ist der Zugriff hierauf auch eine Machtfrage. Demokratische Gesellschaften beruhen auf einer gleichberechtigten Partizipation aller an wesentlichen Teilen der für den gesellschaftlichen Diskurs relevanten Informationen. Die Bündelung des Wissens der Menschheit in der Hand weniger mächtiger Staaten und meist mit diesen eng verbundener Konzerne stellt eine Gefahr für die Demokratie dar, erst recht, wenn dieses Eigentumsrecht an der Information auch mit einer hier gesteuerten Zuteilung dieses Wissens an die Menschen verbunden ist. Und da kann man gern diskutieren, was einen besorgter stimmt: die Zuteilung nach Maßstäben gesellschaftlicher Konformität oder nach der Bereitschaft, für dieses Wissen zu bezahlen. In jedem Fall wird der pluralistische Diskurs als eine der wesentlichen Voraussetzungen demokratischer Prozesse viel stärker monopolisiert, als dass der gesamten Regenbogenpresse oder den Großschriftgazetten jemals gelungen ist.

Insgesamt muss man eins sagen: Die heutige Zeit benötigt dringend neue Ideen, Lösungen, unkonventionelle Theorien. Aber die KI ist aus den oben genannten Gründen alles andere als innovativ: Disruptiver Fortschritt des Wissen ist der KI – jedenfalls aktuell – kaum möglich. Und damit wird das zunehmend vom Internet geprägte Denken in allen Industriegesellschaften immer konservativer, wo doch eigentlich innovativer und unkonventioneller das Gebot der Stunde wäre. Denn die KI suggeriert, über das Chaos ungeordneten Wissens eine zweite Schicht von Chaos, nämlich Kreativität zu legen. In Wirklichkeit ist sie in ihrer heutigen Form – das muss ja nicht so bleiben – ein Ziehkind ordnungsfanatischer Ingenieure, statt Phantasmagorie anarchischer Künstler. Aber die disruptiven Ideen, welcher die Menschheit dringend bedarf, werden nur im Chaos der Kunst, nicht in Struktur, Ordnung und Logik der Ingenieure und Alltagsphysiker entstehen.

3.7. Die Abschaffung der Sklaverei im 19. Jahrhundert wird aufgehoben durch den massenhaften Einsatz menschenähnlicher Arbeitssklaven

Die wachsende Autonomisierung bedeutet, dass nur die Zweckbestimmung dieser Maschinen noch Menschen vorbehalten ist. Das heißt dann aber auch, dass alle Industriegesellschaften sich mit wachsender Autonomisierung der Maschinen auf einen Zustand zubewegen, der die Errungenschaften von Demokratisierung und Aufklärung radikal zur Disposition stellt.

Es war ein großer Fortschritt für die Menschheit, dass in vielen Weltregionen die Sklaverei, die Leibeigenschaft und ähnliche Formen der Herrschaft eines freien über einen weitgehend unfreien Menschen beendet wurden. Dies gelang nirgendwo vollständig. Vielerorts traten neue Formen an die Stelle der überwundenen Unterdrückung, an anderen unternahm man, z.T. bis heute, allenfalls halbherzige Versuche, die Sklaverei zu überwinden. Das eine betrifft diverse Formen extremer Abhängigkeit von Lohnarbeitern, die vielerorts nie verschwunden, andernorts zurückgekehrt ist. Das andere meint vor allem die Zwangsprostitution, wo vorwiegend Frauen bis auf den heutigen Tag zumeist noch deutlich schlechter gestellt sind, als es die meisten Sklaven des 18. und 19. Jahrhunderts waren.

Dennoch ist es gelungen, die Leibeigenschaft von Bauern in ganz Europa, die Sklaverei auf britischen, dann auch US-amerikanischen Plantagen, den transatlantischen Sklavenhandel usw. zu überwinden. Aber diese überwundenen Formen der Unfreiheit drohen inzwischen zurückzukehren. Und die oben genannten Formen, die man nie überwunden hat, geraten durch KI-basierte Maschinen in eine neue Dimension.

Man kann hier z.B. das Verschwinden der Sklaverei aus der US-amerikanischen Agrarwirtschaft anführen. Mähroboter von gigantischen Dimension prägen bereits heute die Weizenernte im Mittleren Westen der USA. Das Ernten rund um die Uhr ist dadurch Normalzustand geworden und wird entsprechend auch menschlichen Helfern abverlangt. Der Platz des Menschen in diesem Mensch-Maschine-Agglomerat ist also in solchen Fällen nicht der vielbeschworene Spitzenplatz als Aufsicht, als Ideengeber usw., sondern der als letztes Glied der Wirkungskette, für den nur noch Tätigkeiten bleiben, für die der Einsatz von Maschinen zu teuer wäre.

Das zwingt Arbeiter in eine Rechtlosigkeit, die der von Sklaven nur wenig nachsteht. Aber sie sind nicht die einzigen Rechtlosen in diesem System. In einer Welt, in der Maschinen intelligent genug sind, um ein rudimentäres Ich-Bewusstsein aufzuweisen, in denen sie also um ihre eigene Verletzbarkeit und Zerstörbarkeit wissen, fragt sich, ob ihnen nicht die gleichen Rechte wie Säugetieren zugestanden werden müssen. Und das ist nicht nur aus Sicht der Maschinen relevant: Wollen wir in einer Welt leben, wo man autonom handelnde Wesen quälen, verletzen und vernichten darf, dies aber allenfalls als Sachbeschädigung angesehen wird, weil es sich ja um Maschinen handelt? Auch dann, wenn zum Zeitpunkt der Beschädigung der Maschine nicht klar sein konnte oder der Betreffende mindestens in diesem Moment vergessen oder verdrängt hatte, dass es sich um eine Maschine handelt? Anders gesagt, wollen wir im Arbeits- und allgemein im gesellschaftlichen Umfeld akzeptieren, dass wir uns mit autonomen Wesen umgeben, die allenfalls den Status von Sklaven einnehmen? Wir laufen dann Gefahr, dass alles in Frage steht, was hinsichtlich Humanisierung der Gesellschaft und der Arbeitswelt bisher erreicht worden ist. Und zwar schon deshalb, weil der menschliche, mit Rechten ausgestattete Arbeiter sich in Konkurrenz zu einer ähnlich leistungsfähigen, aber ohne alle Rechte daherkommenden Maschine wiederfindet.

Um das noch mal klar zu sagen: Wenn zukünftig leidenschaftliche Hundehasser sich Hunderoboter kaufen dürfen, die winseln und jaulen, sobald man ein Messer in sie rammt, muss einem das nicht nur wegen möglicher Rechte der Maschinen problematisch erscheinen. Viel spannender ist die Frage, was es für die Gesellschaft bedeutet, wenn so etwas ohne Weiteres möglich ist. Und wenn man sagt, dass dadurch einer Verrohung der Gesellschaft Vorschub geleistet wird, sind dann entsprechende Verbote, eine Ausweitung des Tierschutzes o.ä. eine sinnvolle Antwort?

Umgekehrt fragt sich aber auch, ob wir hochgradig intelligente Wesen in unserer Mitte zulassen wollen, deren Handeln ausschließlich von Nützlichkeitserwägungen oder – schlimmer noch – von den privaten Nützlichkeitserwägungen ihrer jeweiligen Eigentümer gesteuert ist. Zunächst muss man festhalten, dass der Moralkodex einer Maschine sich deutlich leichter manipulieren lässt als der Kindern mehr oder weniger dezent eingetrichterte Moralkonsens unserer Gesellschaft. Zudem aber ist unser gesellschaftlicher Moralkonsens ja nicht entstanden, um Kinder zu ärgern, sondern weil man zu der Ansicht gelangt ist, dass ohne allgemein gültige Normen die menschliche Gesellschaft sich rasch zu einem eher unerfreulichen Zustand entwickelt. Dies gilt umso mehr, je weniger die Einhaltung gesellschaftlicher Normen auf judikativem Wege erzwungen wird. Wenn brutale Gewaltakte sofortige drastische Sanktionen mit sich bringen, braucht man vielleicht gar keine Moral; Gesetze und Verordnungen übernähmen dann ihre Aufgabe. Aber erstens ist die Welt zu kompliziert für Gesetze, die jede moralisch relevante Eventualität abdecken sollen. Zweitens ist es geradezu das Grundprinzip jeder aufgeklärten Gesellschaft, dem Einzelnen maximale Freiheit in der Bestimmung seines Verhaltens einzuräumen. Hinsichtlich Künstlicher Intelligenz steht man dann vor der Wahl, das gesamte Verhalten über strafbewehrte Regeln festzulegen, oder der Maschine einen Moralkodex mitzugeben, dessen Anwendung aber ein weitgehend freies Wesen erfordert.

Die Entscheidung, welche von mehreren Möglichkeiten des Handelns wir ergreifen, fußt meist auf einer Anzahl heterogener Ziele. Diese sind mitunter widersprüchlich, manchmal in Konkurrenz, viel häufiger aber einander wesensfremd. Wer überlegt, sein Kind zu verprügeln, mag auch von monetären Aspekten wie Zahnarzt- oder Krankenhauskosten motiviert sein, darauf zu verzichten. Aber die wesentlichen Gründe sind bewusst oder unbewusst, emotional oder Bestandteil einer gesellschaftlich vereinbarten Moralordnung. Jedenfalls sind sie nur sehr selten monetär.

Hingegen muss man davon ausgehen, dass der vorgegebene Moralkodex einer Maschine deutlich stärker, vielleicht ausschließlich über monetäre Aspekte gestaltet wird. Selbst da, wo die Maschine in einzelnen Situationen moralische Regeln anpassen und weiterentwickeln kann, wird sie dieses Grundprinzip ihres Handelns nicht adjustieren können.

Aber wie wird eine Gesellschaft beschaffen sein, in der eine Fülle von Akteuren lediglich aus monetärer Zweckrationalität heraus überhaupt handelt, vor allem aber sich für eine von mehreren möglichen Handlungsoption entscheidet? Wollen wir alle in so einer Gesellschaft leben? Und haben wir überhaupt noch die Wahl, ob wir das wollen oder nicht? Oder ist der Weg dahin aufgrund der kapitalistischen Grundstruktur der Informatik und vor allem ihrer Industrialisierung längst unumkehrbar geworden?

Das führt zur Grundfrage, wie weit ein Handeln ohne rationalisierte Normen sinnvoll ist. Denn diese scheinen weitgehend eine Besonderheit der menschlichen Gesellschaft zu sein. In der Natur handeln die meisten Lebewesen anscheinend ohne einen diskursiv gestalteten, rationalisierten Moralkodex, stattdessen aus ihren Instinkten heraus. Amöben oder Elefanten scheinen deswegen aber weder in traumatische Gewissensfragen noch in unüberwindbare Konflikte innerhalb ihrer Sozialsysteme zu geraten.

Auch Menschen handeln meist nicht aufgrund wie auch immer gearteter moralischer Regeln. Das eigene Handeln wird durch das Individuum oft genug gar nicht, in anderen Fällen erst im Nachhinein moralisch bewertet und dann mehr schlecht als recht legitimiert. Handlungen entstammen aber immer einem vorangegangenen Impuls. Warum also legen wir diesem – anders als Amöben und Elefanten – ein Regelkorsett an, dazu noch eines, das sich oft als fragwürdig, rissig, kaum Halt gebend erweist? Und warum wollen wir dieses Korsett dann auch der KI überstreifen? Oder ist das etwas, was gar nicht so neu ist, weil wir dieses Korsett nur halbherzig uns selbst, aber umso freudevoller jedem anderen überstreifen wollen?

Der klassische Liberalismus in Nachfolge von Adam Smith behauptet bekanntermaßen, es liefe für alle am besten, wenn jeder Einzelne nur stur den eigenen Nutzen zu optimieren versucht. Aber wie John Nash schon 1950 gezeigt hat, wohnt dieser Idee ein mathematischer Fehler inne, sodass wirtschaftsliberale und die darauf beruhenden traditionellen utilitaristischen Ansätze getrost als Unfug bezeichnet werden dürfen. Fast alle realen Situationen zeigen, dass der Gesamtnutzen deutlich besser ausfällt, wenn die Interessen anderer Mitspieler ebenfalls, wenn auch in unterschiedlicher Stärke, berücksichtigt werden und zudem das Spiel nach allgemeinen, transparenten Regeln gespielt wird.

3.9.   Die Moralisierung einer KI scheitert entweder am Maimonides-Problem der Unverwendbarkeit der entstehenden Regelkataloge oder am Problem moralischer Indifferenz bei fehlender Leidensfähigkeit.

Aber warum soll KI überhaupt eine auf Leidens- und Empathie-Fähigkeit basierende moralische Dimension in den eigenen Handlungskalkül übernehmen? Schließlich verfügen Menschen bis auf wenige pathologische Ausnahmen ebenfalls über diese Befähigung, was sie aber offensichtlich nicht in allen Fällen von amoralischen Handlungen abhält. Und wenn schon Moral, warum dann nicht einfach Regeln

mitgeben, statt viel schwieriger zu implementierende Prozesse moralischen Denkens zu etablieren?

Zunächst zum zweiten Aspekt, weil das hilft, das erste, übergeordnete
Thema besser zu verstehen.

Die offensichtlich notwendigen Normen für das Alltagsgeschäft jedweder KI können, das zeigt die Diskussion in der Philosophie seit Jahrhunderten, nicht ausschließlich durch explizite Regeln gewährleistet
werden. Denn daraus entstünde ein Regelkompendium, welches rie-
sengroß wäre und trotzdem nicht für jeden Fall die richtige Antwort
parat hätte.

Dieses Problem ist nicht neu. Moses Maimonides, eigentlich Moshe
ben Maimon, war ein jüdischer Religionsphilosoph des 12. Jahrhunderts. Er befasste sich u.a. mit dem Problem, dass in der jüdischen
Geschichte der Regelkanon der Thora, also des Alten Testaments, im
Sinne einer vollständigen Abdeckung aller moralischen Konfliktfälle,
religiösen Fallregelungen usw. mit immer mehr Detaillierungen und
Sonderregeln angereichert worden war. Diese Sammlung zusätzlicher
Regelungen war natürlich nur ein Heftchen gegenüber den Erläute-
rungen, Ausführungsvorschriften etc., welche den ohnehin schon riesigen Kanon von Gesetzen jedes modernen Staats flankieren. Aber anders als moderne Gesetze mit ihren Ausführungsregelungen und Er-
läuterungen wurde vom Talmud vorausgesetzt, dass jeder Gläubige
ihn kennt und jederzeit zu seiner Handlungsmaxime macht. Das war
bei einem Werk dieses Umfangs faktisch unmöglich. Maimonides versuchte daher in der Mishne Tora von 1180, diese Regeln zu ordnen,
zu strukturieren und zu vereinfachen. Aber faktisch blieb das Problem
ungelöst, dass ein Regelsystem, das jeder Frage gerecht werden soll,
rasch ein gigantisches Volumen annimmt und trotzdem jederzeit Son-
derfälle gefunden werden können, die hier nicht berücksichtigt sind.

Richard M. Hare hat dies Anfang der 1960er Jahre dadurch zu lösen versucht, dass moralische Fragen häufig auf der Kollision zweier Regeln oder auf der unzureichenden Reichweite und Detaillierung der aktuellen Regeln beruhen. In diesen Fällen, so Hare, fällt das Denken auf den Status der Regelfreiheit zurück und versucht, durch Nachdenken, Vernunft, Analyse usw. eine für genau diesen einen Fall gültige Lösung zu finden, nicht selten durch Rückgriff auf ein anderes, höheres Gut. Wird unter Zeitdruck eine Entscheidung erforderlich, greift das Denken auf Daumenregeln zurück. Es greift diese Situation aber später, in einem ruhigen Moment, in Gedanken noch einmal auf, um jetzt die Gelegenheit zu nutzen, auch für mögliche Folgeereignisse eine vernunftbegründete Entscheidung zu finden.

Maschinen, die autonom oder doch teilautonom zu handeln verstehen, müssen daher im Sinne des von Hare beschriebenen Moral Thinking zu einem kritischen Umgang mit ethischen Fragen befähigt werden. Anders gesagt, sie müssen lernen, auf Basis moralischer Regeln Übertragleistungen auf bis dahin nicht spezifizierte moralische Fragestellungen zu meistern. Das erweitert aber die Anforderungen an die technisch-künstliche Intelligenz bzw. arrondiert eigentlich ihr Setting und macht sie der menschlichen Intelligenz unausweichlich immer ähnlicher. Es macht aber auch ihre Implementierung immer schwieriger und in Entwicklung und Betrieb auch immer aufwändiger.

Eine Künstliche Intelligenz, die moralisch entscheiden soll, müsste also nicht nur mit moralischen Regeln ausgestattet sein, sondern in moralischen Konflikten auch auf diese Vernunftebene wechseln können, um einen menschlichen Entscheidungsprozessen in moralischen Fragen ähnliche Entscheidungsfindung zu realisieren. Dieses Niveau von Intelligenz ist der aktuellen KI verschlossen und wird ihr wohl auch noch für geraume Zeit unzugänglich bleiben.

Es gibt aber noch eine andere Art der Entscheidungsfindung, die ihre ethische Begründung nicht aus einer kritischen Analyse herleiten könnte, aber dennoch nicht nur auf rationalen Entscheidungsprozessen beruht. Sie resultiert vielmehr aus der Fähigkeit des menschlichen Denkens, sich das Leiden eines anderen Wesens als eigenes Leiden vorzustellen und aufgrund dieser Reproduktion zu Leidensabwägungen zu gelangen. Diese Entscheidungen halten häufig einer ethischen Prüfung nicht bis ins Letzte stand. So ist die Niedlichkeit eines leidensfähigen Wesens, also etwa einer jungen Sattelrobbe, eigentlich kein Argument, was sich gegen den Wattwurm wenden sollte. Trotzdem haben seinerzeit Millionen Menschen weltweit für ein Ende der Jagd auf Sattelrobben gekämpft. Aber der für uns ungleich wichtigere Wattwurm hat sich in seinem verzweifelten Überlebenskampf bis heute nicht einmal eines Bruchteils einer derartigen Unterstützerkohorte erfreuen dürfen.

Fremdes Leiden nachzuempfinden oder sogar zu antizipieren, wird bei den meisten Menschen ermöglicht durch eigene Leidensfähigkeit und die Fähigkeit, sich eigenes Leiden, wo es weder vorliegt noch jemals in dieser Weise gegeben war, hinreichend vorzustellen. Wahrscheinlich sind hieran Spiegelneuronen im Gehirn beteiligt, die eine Art Resonanz auf die Erlebenswelt eines anderen abbilden. Allerdings suggeriert der Begriff eine 1:1-Abbildung fremder Zustände, wie ein Spiegel einen Menschen direkt wiedergibt. Aber die Vorgänge im Gehirn scheinen doch deutlich komplexer zu sein, als anfangs vermutet. Jedenfalls aber verfügen diverse Schwerstkriminelle über diese Fähigkeit nicht oder nur in geringem Umfang. Computern oder einer aktuellen Form von KI ist sie hingegen rundweg abzusprechen.

Was, wenn eine KI eine gegen einen anderen gerichtete Handlung nur dann ausführen könnte, wenn sie denselben Vorgang emulieren könnte, nur diesmal mit sich selbst als Objekt der jeweiligen

Handlung. Vielleicht müsste man – Menschen machen das auch – gewisse Abschläge oder Relevanzreduktionen einführen. Aber dann müsste der in der Emulation entstehende Schaden wenigstens akzeptabel sein, sonst könnte die KI die betreffende Handlung nicht ausführen.

Das wäre natürlich das Ende jeglichen militärischen Einsatzes von KI. Militärs auf der ganzen Welt liebäugeln ja gerade deswegen mit KI-basierten autonomen Systemen, weil ihnen derlei moralische Vorbehalte fremd sind. Und daher ist es auch nur wenig wahrscheinlich, dass die EU, die USA oder China demnächst entsprechende Vorgaben für KI auf den Weg bringen.

Damit ist auch auf lange Sicht nicht zu erwarten, dass KI moralisch begründete Entscheidungen treffen wird. Das ist unerfreulich für Transportroboter, seien es nun Autos, Schiffe, Züge oder Flugzeuge. Autonom fahrende Autos, die entscheiden müssen, ob sie das Leben der Oma oder des Kleinkinds retten, sind dabei nur ein Aspekt des Problems. Da KI auf aktuellem Entwicklungsstand und wahrscheinlich noch für lange Zeit moralfrei entscheidet, wächst mit wachsendem Einfluss von KI auf wirtschaftliche, soziale und politische Entscheidungsprozesse der Anteil von moralfrei getroffenen, mithin nur zweckrationalen Entscheidungen. Denn eine KI hat keine Moral. Was also bleibt, ist eine Entscheidungsfindung einzig zum Ziele einer unbedingten – allenfalls noch langfristig und nachhaltig orientierten – Gewinnmaximierung. Und ein von hier ausgehender schleichender Rückzug auch von immer mehr Menschen aus entsprechenden, offensichtlich obsoleten Methoden und Prozessen der Entscheidungsfindung.

3.10.   Die Intransparenz der Gesellschaft wird durch die massive Zu-
         nahme intermaschineller Kommunikation deutlich anwachsen

Transparenz ist eine wesentliche Voraussetzung demokratischer Strukturen. Daher hat die Aufklärung von Anfang an die Abschaffung von Geheimkabinetten, Geheimverträgen zwischen Staaten usw. gefordert. Auch die hinter verschlossenen Türen stattfindenden Tagungen von Geheimausschüssen, aber auch von Aufsichtsräten, von deren Entscheidungen vielleicht das Schicksal tausender und hunderttausender Menschen abhängt, wird traditionell als sehr heikel angesehen. Überall dort, wo die Kommunikation eine normative Dimension gewinnt, erhebt sich daher die Forderung nach Transparenz, Dokumentation und Nachvollziehbarkeit.

Schon heute muss man es als bedenklich bezeichnen, wenn selbst Regierungskreise sich keiner traditionellen Kommunikationsmittel mehr bedienen, sondern Messengerdienste wie X oder Signal benutzen. Denn die hier ablaufenden Kommunikationsprozesse finden sich später in keinem Archiv und sind damit einem juristischen oder historiographischen Zugriff entzogen.

Die Kommunikation zwischen Maschinen in mehrstufigen Ketten entzieht aber ohnehin zukünftig wesentliche Teile der innergesellschaftlichen Informationsflüsse dem menschlichen Zugriff, ja ließe sich selbst im Bedarfsfall nur mit erheblichem Aufwand so weit aufbereiten, dass Menschen sie verstehen könnten – wenn überhaupt. Hierbei handelt es sich aber nicht nur um maschinenrelevante Informationen. Wenn demnächst die Steuereinheit einer autonomen Fabrik beschließt, die Spannungslage zwischen Kostendruck und Umweltauflagen zuungunsten der Umwelt auszureizen, dann würde man das vielleicht gern in den Folgejahren im Kontext von Schadensersatzforderungen auch dann dokumentieren können, wenn an der gesamten Informations- und Entscheidungskette Menschen nicht beteiligt waren. Eine

Archivierungspflicht für zwischen Maschinen stattfindende Informationsflüsse besteht aktuell jedoch nicht und lässt sich bei komplexeren KI-basierten Entscheidungen auch nicht ohne Weiteres herstellen.

Transparenz der Informationsflüsse ist aber nicht nur Voraussetzung einer demokratisch unabdingbaren Autonomie des Individuums. Intransparenz öffnet auch jeder Art von Spekulation Tür und Tor. Das zeigt das fröhliche Wuchern von Fake News und vor allem der jeweils der anderen Seite gebetsmühlenartig gemachte Vorwurf, Fake News zu verbreiten. Das Schaffen immer größerer weißer Flecken auf der Landkarte der gesellschaftlichen Diskurse im Zuge wachsender Autonomisierung der Maschinen ist daher ein unmittelbares Risiko für jede demokratische Gesellschaft, ja für jede Gesellschaft überhaupt.

Dies wird weiter verschärft durch die deutlich größeren Herausforderungen, in einer von einem breiten KI-Instrumentarium durchzogenen Welt nicht nur die Korrektheit, sondern zunächst einmal die Authentizität der verfügbaren Informationen zu prüfen. Wo man früher mit großem Aufwand Fotos fälschen musste, genügen heute ein paar Klicks, um eine authentische Stimme, authentische Filmaufnahmen zu generieren. Die Schwierigkeit zu entscheiden, was man noch glauben soll, wird also zur Frage, wem man eigentlich noch glauben soll, wenn man doch nie wissen kann, ob der, den man in den diversen Medien gerade wahrnimmt, eigentlich wirklich der ist, der er zu sein scheint.

3.11. Es gibt immer mehr, was wir vielleicht wissen müssten, aber nicht wissen

Auch jenseits politischer Prozesse stellt der Bereich dessen, was wir nicht wissen, ein besonders interessantes Forschungsgebiet dar. Die Menge der Dinge, welche Menschen wissen, ist bekanntermaßen seit der Steinzeit invariant. Wir wissen zwar heute andere Dinge als

Menschen im Mittelalter, aber eben nicht mehr. Doch zugleich wächst das Wissen der Menschheit mit großer Geschwindigkeit. Natürlich ist sowas schwierig zu messen ist, zumal wir uns gar nicht so ganz einig sind, was wir eigentlich meinen, wenn wir von „Wissen" sprechen. Dennoch geht man meist von einer Verdopplung des Wissens der Menschheit alle zehn Jahre aus. Dadurch wird der Bereich dessen, was wir wissen, relativ zu dem, was wir nicht wissen, immer kleiner. Das wäre nicht so schlimm, aber unter dem, was wir nicht wissen, gibt es zwar sehr viel, davon wir sicher sind, dass es für uns nicht relevant ist. Hier fühlen wir keine wirkliche Not, dies zu wissen. Aber anderes wäre vielleicht wichtig, wir müssten es also eigentlich wissen, aber wir wissen dies trotzdem nicht. Mehr noch, wir wissen oft zwar von einigem, was wir wissen müssten, dass es in diesem Reich auf uns wartet. Aber wir vermuten auch, dass es dort Wissenswertes gibt, davon wir noch nicht einmal wissen, dass es existiert, sodass wir gar nicht die Not fühlen, es uns vielleicht doch irgendwann einmal anzueignen.

Die Folge ist Verunsicherung, ist dann aber auch Wissens- und Kulturfeindlichkeit, weil man das Gefühl hat, die ganze eigene Welt wäre zunehmend mit Black Boxes vollgestellt. Black Boxes zudem, in die andere ganz selbstverständlich hineinsehen können oder schon hineingesehen haben, während unsereinem dies vorenthalten bleibt. Obwohl der Inhalt der Kiste vielleicht, aber eben nur vielleicht, extrem relevant für uns ist.

Die Verwendung von KI, genauer gesagt von mehrschichtigen Neuronalen Netzen eskaliert dieses Problem. Denn es wird zukünftig immer mehr Felder geben, wo niemand mehr seriös beantworten kann, wie eine KI zu ihren Entscheidungen, Einschätzungen, Produkten gekommen ist. Man kann das Ergebnis des KI-basierten Prozesses sichtbar machen, auch seine Eingangsparameter. Aber alles dazwischen ist unausweichlich intransparent. Mehr noch, diese Artificial Intelligence

Black Boxes werden nicht nur Entscheidungen intransparent generieren, sie werden auch Wissen horten und sogar neues Wissen erschließen, ohne dass wir, ja ohne dass irgendein Mensch dieses Wissen teilen würde oder auch nur von seiner Existenz wüsste. Noch sind wir beruhigt, dass es zu jedem Wissen in der Welt wenigstens hier und da Menschen gibt, die dieses Wissens teilhaftig sind oder wenigstens kurzfristig darauf zugreifen können. Aber immer mehr Wissen wird nicht mehr oder nur unter großen Mühen von der wissensbesitzenden Black Box einem Menschen zugeleitet werden können. Und damit ist dann nicht mehr der Mensch Eigner des Menschheitswissens. Sondern die ihm zugehörenden Maschinen.

3.12.   Der reaktionsschwache und moralisch gesteuerte Mensch wird als Nadelöhr kommunikativer Prozesse zunehmend übersteuert oder eliminiert werden.

Viele Wirtschaftstheoretiker, Ökonomen, Manager, aber zunehmend auch Politiker und sogar Sozialverbände halten verkürzte Entscheidungswege für das wesentliche Kriterium einer effizienten, modernen Gesellschaft. Ob es dabei um die Bewilligung von Sozialleistungen geht, die Genehmigung von Bauvorhaben oder die Umstellung von Produktionsprozessen. Um Produktpaletten, Fertigungsstandorte, den Beistand gegenüber anderen Nationen in Kriegszeiten oder im Fall von Naturkatastrophen: Stets wird die Langsamkeit, ja Trägheit dieser Prozesse in Kommentaren thematisiert und gern auch in Vergleich zu anderen Ländern gesetzt, wo das angeblich alles viel schneller, unbürokratischer, effizienter läuft.

Nun ist der Verweis auf die andere, zum Vorbild deklarierte Kultur nicht neu. Tacitus hat in der Germania den Römern die germanischen Tugenden zum Vorbild machen wollen – das war immerhin schon am Ende des ersten Jahrhunderts. Seitdem haben immer wieder andere

Völker als Vorbild herhalten müssen – Hauptsache weit genug weg, dass man die Behauptungen nicht ernsthaft prüfen konnte. Bekannt und einflussreich waren da etwa Rousseaus „Edle Wilde", zu denen er 1755 die nordamerikanischen Stämme verklären wollte, oder in jüngerer Zeit die wirklichkeitsfernen Schriften Margaret Meads über diverse Völker und Kulturen im Südpazifik.

Die einseitige Begeisterung für eine fortschreitende Verkürzung von Entscheidungsprozessen macht natürlich alle Kontexte empfänglich für die diesbezüglichen Versprechungen der Künstlichen Intelligenz bzw. ihrer Befürworter. Zwar ist der Katzenjammer meist groß, wo wesentliche Entscheidungen mit hoher Geschwindigkeit getroffen worden sind. Aber das hält alle gesellschaftlichen Kreise nur wenig davon ab, an diesem Ziel weiter festzuhalten.

Für die Strukturierung sozialer, wirtschaftlicher, politischer oder auch militärischer Entscheidungsprozesse bedeutet das, dass man den Menschen so weit wie möglich aus diesen Prozessen eliminieren und durch die angeblich schnellere, zugleich weniger fehleranfällige und emotionslose KI ersetzen möchte. Die Rolle des Menschen beschränkt sich – jedenfalls vorerst noch – auf die des Initiators. Und über kurz oder lang wird er – beginnend mit militärischen Entscheidungsprozessen – auch diese Kompetenz weitgehend verlieren oder sich wenigstens sich auf die allerhöchsten Ebenen zurückgedrängt finden. Dann darf z.B. die politische Führung zwar noch entscheiden, ob man dem Vorschlag der KI entspricht, gegen die Nation XY Krieg zu führen. Aber da die Entscheidungsprozesse der KI komplex und unausweichlich intransparent sind, kann man ihr nur blind vertrauen und ihre Vorschläge abnicken. Man müsste ja sonst zugeben, dass man Millionen und Milliarden in ein System investiert hat, auf dessen Ratschläge zu hören man am Ende dann doch nicht willens ist. Und kaum hat der zuständige Minister, Kanzler, Präsident genickt, fällt die gesamte

Entscheidungskompetenz wieder an die KI zurück, werden Rüstungsstrategien, Aufmarschpläne, Operationale Steuerung und Umsetzung im Gefechtsfeld samt und sonders von der KI vorgenommen, die das ja angeblich so viel besser und vor allem schneller kann als die zaudernden, wankelmütigen, jedenfalls stets nur höchst unzureichend informierten Menschen.

In der Wirtschaft wird das ähnlich ablaufen. Schon heute werden große Teile der internationalen Geldströme – vor allem auf den Aktienmärkten und im Valutahandel – fast ausschließlich durch IT-Systeme auf KI-Basis gesteuert. Das Argument hierfür ist, dass nur solche Systeme reaktionsstark genug sind, um etwa eine 0,5%-Diskrepanz des Werts einer Aktie an den Börsen von Tokio und New York auszunutzen, indem man z.B. in New York für eine Milliarde Dollar Aktien kauft, um sie dann praktisch sofort in Tokio wieder zu verkaufen – mit einem Gewinn von 5 Mio. Dollar, was angesichts der Geschwindigkeit solcher Transaktionen einen recht passablen Stundenlohn ergibt.

Aber die schlechten Reaktionszeiten des Menschen – womöglich noch limitiert durch Arbeitszeiten, Urlaub, Krankenstände oder biologische Pausen – sind nur ein Grund, ihn aus allen Entscheidungsprozessen auszugrenzen. Der andere ist, dass, wie oben ausgeführt, KI grundsätzlich unfähig zu moralischem Handeln ist. Man kann ihr keine umfassenden Regelkataloge zur Verfügung stellen, und es fehlt ihr an der eigenen Leidensfähigkeit als Voraussetzung eines moralischen Handelns auf Basis eigener Mitleidensfähigkeit. Damit ist KI genau das, was sich die jeweils nächsthöhere Führungsebene schon immer erträumt hat. Niemand will, dass die eigenen Anweisungen von den entsprechend Beauftragten aufgrund moralischer Vorbehalte oder emotionaler Anwandlungen hinterfragt, womöglich nicht ausgeführt werden. Der Präsident, der auf den großen roten Knopf gedrückt hat, will nicht, dass ganz viele kleine rote Knöpfe aus solchen Gründen ungedrückt bleiben. Der Minenbesitzer, der seinen Tagebau in ein Trinkwassergebiet der indigenen Bevölkerung vortreiben will und dafür von der Regierung – vielleicht gegen ein geringfügiges monetäres Kompliment – eine Genehmigung erhalten hat, will nicht, dass seine Führungskräfte und Arbeiter vor Ort auch nur anfangen, über alternative Lösungen nachzudenken. Die Liste lässt sich fortsetzen. Aber ihre Konsequenz ist offensichtlich: In allen genannten Kontexten wird der Mensch oder werden wenigstens einige Menschen Nutznießer der genannten Prozesse bleiben. Mehr nicht. Steuerung und Umsetzung dieser Prozesse wird zunehmend entmenscht und digitalisiert werden. Künstliche Intelligenz macht das möglich, der zwanghafte Drang nach Prozessverkürzung eine Nutzung dieser Möglichkeiten unausweichlich.

3.13.   In Betrieben sind damit herkömmliche Mitbestimmungsmodelle ebenso obsolet wie demokratische Strukturen in der Politik.

Was macht Unternehmen stark? Was bewirkt also ihren Erfolg? Nachhaltig, weltweit?

Was macht Staaten stark? Wirtschaftlich, militärisch, sozial?

Die Antworten auf diese Fragen liegen erstaunlich nah beisammen. Und sie entsprechen kaum dem, was die meisten Menschen hier spontan antworten würden.

Um starke Unternehmen zu schaffen und über Jahrzehnte, womöglich noch viel länger, im Geschäft zu halten, gibt es viele Wege. Aber es ist auffällig, dass auf jeder Wirtschaftsstufe – vom lokalen Gemüsehändler bis zum weltweit operierenden Großkonzern – man sehr viele erfolgreiche Eigentümer-Unternehmen findet. Die also nicht einer gestaltlosen Masse von Privatanlegern, Fonds, Staaten, anderen Unternehmen gehören. In diesen Unternehmen findet man sehr häufig eine hohe Identifikation der Arbeitnehmer mit dem Unternehmen. Mit der

Grundnatur der Firma. Der Mission. Dem Kolleg_Innenkreis. Den Produkten. Der Firmengeschichte. Manchmal sogar mit dem Firmenlogo. Erfolgreiche Staaten haben in der Regel ähnliche Eigenschaften. Hohe Identifikation der Bürger mit dem Staat, seiner Geschichte, seiner aktuellen Politik, seinem Volk. Dies erreichen Staaten am ehesten über eine demokratische Grundlegung des Gemeinwesens. Deswegen sind bekanntermaßen auch nur sehr wenige Fälle der Geschichte bekannt, wo eine Diktatur, ein autokratisch geführter Staat es geschafft hätte, eine Demokratie militärisch zu besiegen.

Diese entscheidenden Merkmale starker Unternehmen und starker Staaten, wahrscheinlich auch diverser sonstiger sozialer Organisationen, geraten durch die wachsende Bedeutung von Künstlicher Intelligenz massiv unter Druck. Denn Partizipation als Voraussetzung von Identifikation hat zwei Voraussetzungen: Relevanz und Transparenz. Wer nicht relevant ist, wird kaum an Entscheidungsprozessen partizipieren dürfen und hat auch selten die Macht, diese Partizipation einzufordern. Und wem diese Prozesse nicht transparent sind, kann in ihnen nicht einmal dann gestalterisch wirken, wenn ihm grundsätzlich die Partizipation an den relevanten Entscheidungsprozessen zugestanden worden ist.

Die Aufklärung hat wesentliche Fortschritte für das So Sein des Menschen in einem staatlichen Gemeinwesen erbracht, nämlich Transparenz, Mündigkeit und eine weitgehende Autonomie des Individuums, mindestens dort, wo von der Umsetzung seiner Interessen die Interessen anderer nicht berührt sind. Die Demokratisierung hat zudem eng damit verbundene, oft hierauf aufbauende Errungenschaften zu verbuchen, nämlich vor allem eine weitgehende Transparenz aller Entscheidungsprozesse in Politik, Militär und Wirtschaft und eine darauf aufbauende umfangreiche Partizipation des Bürgers in diesen Prozessen. Eine wachsende Übernahme von Entscheidungsprozessen durch

KI-basierte IT-Systeme eliminiert diese Errungenschaften der Aufklärung und der Demokratisierung jedoch aus immer mehr Bereichen des täglichen Lebens. Dabei kennt jeder allein aus der jüngeren Geschichte zahlreiche Beispiele, wo genau diese Transparenz und Partizipation systemimmanente Fehlentwicklungen ans Licht geholt und wenigstens teilweise aufgehoben hat. Wäre der Einbruch im Juni 1972 ins Hauptquartier der Demokratischen Partei im Watergate Complex durch Regierungskräfte in einer hochgradig KI-bestimmten Welt erfolgt, hätte es keine Berichterstattung hierüber gegeben, weil eine KI nicht in Dissens mit sich selber sein kann. Die Rolle der Washington Post wäre daher nicht mehr vorstellbar. In einer noch weiter der KI überantworteten Politik wäre allerdings auch der Einbruch sinnlos geworden, da dieser der Schädigung einer Opposition dienen sollte, die es dann gar nicht mehr geben würde.

Grundsätzlich basiert jeder politische oder wirtschaftliche Entscheidungsprozess auf der sokratischen Idee der Dialektik. Man weiß, dass alle Beteiligten unausgesetzt Gefahr laufen, falsche Ansichten zu haben und auf deren Basis falsche Entscheidungen zu treffen. Das damit verbundene Risiko soll durch iterative Diskurse reduziert werden. Das funktioniert aber nicht mehr, wenn nur noch ein System – mit mindestens einer ähnlichen Fehlerwahrscheinlichkeit – Entscheidungen trifft, die dann nicht mehr hinterfragt werden können, weil das System per definitionem unfehlbar ist und weil das Zustandekommen der jeweiligen Entscheidung nicht offengelegt werden soll – und in vielen KI-basierten Entscheidungssystemen auch gar nicht mehr offengelegt werden kann.

Hierzu kommt, dass es in den meisten Staaten Fehlerbehandlungsmechanismen gibt, die Fehler vermeiden und typische Fehler in ihren Folgen abmildern oder sogar ganz aufheben sollen. Aber diese Mechanismen sind für Fehler gemacht, die typisch sind für von Menschen dominierte Prozesse. Dabei sind die vielleicht wichtigsten Fehlerbehandlungsmechanismen Justiz und Sozialarbeit. Beide werden zukünftig mit immer mehr KI-basierten Fehlern konfrontiert sein, die nicht in ihr bisheriges Fehlermuster passen und für die daher auch kaum brauchbare Vorgehensweisen entwickelt und eingeübt sind.

3.14. Fazit: Was heißt das für die KI?

Künstliche Intelligenz war zunächst nur ein Werkzeug von vielen. Aber inzwischen drohen von ihr kaum steuerbare, vor allem aber nicht ohne Weiteres umkehrbare Effekte auszugehen. Indes, ein neues Werkzeug zu tabuisieren, ist weder ökonomisch sinnvoll noch durchsetzbar – das zeigt die Geschichte ähnlicher Entwicklungen seit der Antike. Also was dann?

Ist ein Hund bissig, wird aber dringend gebraucht, werden Herrchen oder Frauchen mit Regeln, Verordnungen, Kontrollen usw. überschüttet. Die EU geht hier gerade mit dem Artificial Intelligence Act einen mutigen Schritt voran. Aber solche Regelungen können, selbst im unwahrscheinlichen Fall, dass insbesondere China, Russland und die USA ähnliche Regeln erlassen, nur wenige Bereiche der KI transparenter machen. KI braucht letztlich Regulative wie bissige Hunde, die allerdings angesichts ihrer Komplexität nicht mehr beherrschbar wären und damit nur eine weitere Stufe von Intransparenz hinzufügen würden. Umso wichtiger ist es, dass KI aus diversen Bereichen konsequent ausgegrenzt wird, vor allem dort, wo sie demokratische Prozesse und Kontrollmechanismen auszuhebeln droht. Nur leider wären dies nicht nur eigentlich politische Prozesse, sondern auch alle strategischen Entscheidungsabläufe von Industrie-Unternehmen und Banken. Genau hier bestehen allerdings die größten Ambitionen, ein immer größeres Maß von Entscheidungskompetenz der KI zu überantworten.

An der systembedingten Intransparenz KI-basierter Prozesse ändert ein wie auch immer gearteter Regelkanon nichts. Es gibt zwar Ansätze, die Entscheidungsprozesse von KI nachvollziehbar und transparent zu machen. Aber einerseits sind auch unsere menschlichen Entscheidungen häufig deutlich weniger begründet und nachvollziehbar, als wir von uns selbst erwarten. Andererseits wird in vielen Fällen Intransparenz technisch unvermeidbar und evtl. auch durchaus gewollt und willkommen sein.

Daher muss, nur ein Beispiel, die immanente Gefährdung der betrieblichen Mitbestimmung als tragende Säule des wirtschaftlichen Erfolgs der meisten europäischen Firmen zunächst von der Arbeiterschaft und dem Management gemeinsam verteidigt werden – auch wenn letzteres sich vielerorts schwertut zu begreifen, wie wichtig Partizipation für den Unternehmenserfolg in der Vergangenheit gewesen ist. Gleiches gilt für das Zusammenwirken von Parteien, Verbänden, NGOs, aber auch Einzelpersonen in sozialen und politischen Kontexten.

Indes, hier wie dort kann der Staat sich nicht aus der Verantwortung stehlen. Der Gedanke mag auf den ersten Blick bizarr erscheinen, aber von der technischen Weiterentwicklung der Künstlichen Intelligenz und ihrer Anwendung geht mittelfristig eine Gefahr für Verfassung, Staatsorganisation und politische Freiheit, aber auch für die Stärke und Macht eines Staats aus. Daher müssen die mit dem Schutz dieser Dinge beauftragten staatlichen Institutionen sich entsprechend interessieren und hinsichtlich ihrer technischen Kompetenz hierfür langfristig aufstellen. Anders gesagt, der Verfassungsschutz sollte damit beginnen, einen Bereich für die Beobachtung von KI-Forschung und -Anwendung aufzubauen. Denn auf die Dauer gefährden autonome, intransparente Systeme auf KI-Basis die Demokratie mindestens so sehr wie jede Splittergruppe von Wirrköpfen und Ewiggestrigen, die heute bereits unter Beobachtung stehen.

Man muss das ja nicht mit Stasi-Methoden machen. Aber aktuell kann man keinerlei Interesse der Sicherheitsorgane auf der ganzen Welt an diesen Fragestellungen vermelden. Im Gegenteil, vielerorts sind es gerade diese Organe, die den Ausbau KI-basierter, intransparenter Überwachungsmethoden weiter forcieren. Verbrechensprävention und Strafverfolgung verlassen sich weltweit zunehmend auf Ergebnisse, die entsprechende Systeme aus z.T. gigantischen Datenmengen generieren, und sind kaum noch imstande, das Zustandekommen dieser Ergebnisse darzulegen, geschweige denn dieselben kritisch zu überprüfen.

Das verlagert den Handlungsbedarf naturgemäß auf die Kontrollorgane der entsprechenden Exekutiven, also in die Parlamente. Soweit diese eine solche Kontrolle überhaupt wahrnehmen dürfen: Man übersieht gern, in wie vielen Staaten eine parlamentarische Kontrolle von Geheimdiensten, Verfassungsschutzorganen und sogar profaner Polizeibehörden bestenfalls ein Wunschtraum ist. Umso wichtiger ist es aber, dass mindestens mal in den westlichen Industrienationen diese Kontrollmechanismen jetzt aufgebaut und eingeübt werden. Jetzt, solange man noch Regularien erzwingen kann. Nicht erst, wenn das Kind einmal mehr metertief in den Brunnen gefallen ist.

Ich danke Ihnen für Ihre Aufmerksamkeit und freue mich auf die Diskussion nach einer kurzen Kaffeepause.

4.   Shelley Burnside, Karsten Ahldner: Momentaufnahme, oder: Krieg vor unserer Haustür

Shelley Burnside kennen einige sicher aus ihren Veröffentlichungen zur Siedlungsgeschichte Norddeutschlands, auch wegen ihrer aufsehenerregenden Erkenntnisse zu bronzezeitlichen Handelsbeziehungen in dieser Region. Zugleich ist sie aber auch Angehörige der Bremer Bürgerschaft und dort wie auch in ihrer sonstigen politischen Arbeit mit unserer aktuellen Situation mitten in Europa beschäftigt.

Shelley Burnside hat sich für ihren kurzen Vortrag mit Karsten Ahldner zusammengetan, der bereits am zweiten Tag u.a. seine Sicht der Beziehungen zwischen Litauen-Polen, der Ukraine und Russland im 18. Jahrhundert dargelegt hat.

Im Folgenden geben wir wieder, was beide Autoren zum Krieg in der Ukraine vorgetragen haben. Ich war vor dem Vortrag vor allem gespannt, ob sie eine Idee vorlegen können, Europa aus diesem Dilemma zwischen Dauerkrieg und kaum erkennbaren Friedensoptionen herauszuführen. Die dann anschließende Diskussion hat gezeigt, wie wenig dieser Krieg vor unserer Haustür die große Mehrheit der Menschen kalt lässt, aber auch, wie frustriert viele sind, dass auf diese neuartige Herausforderung nur antiquierte Lösungskonzepte wieder und wieder aus verstaubten Schubladen geholt werden.

Meine verehrten Damen und Herren,

Während wir hier noch einmal zusammengekommen sind, ist der Krieg als Normalität in den europäischen Alltag zurückgekehrt. Natürlich kann man an dieser Stelle darauf verweisen, dass mit dem Freiheitskampf in Nordirland und den diversen Konflikten nach dem Zerfall Jugoslawiens der Traum eines paneuropäischen Friedens nach dem Ende des Zweiten Weltkriegs längst schwere Blessuren empfangen hatte. Man kann auch auf entsprechende Schrammen verweisen, die aus den Kriegen rühren, welche europäische Staaten in anderen Teilen der Welt immer wieder geführt haben nach 1945: in Vietnam, in Indonesien, Algerien, Afghanistan, in Mosambique und Angola, im Irak und im Kongo, um nur einmal die bekanntesten zu nennen. Aber das waren vielleicht wirklich nur Kratzer, vielleicht auch vereinzelt schwere Dellen. Aber im Februar 2022 ist dieses Bild – und ich fürchte, auf Dauer – in die Brüche gegangen. In jenen Tagen eskalierte der bereits mit der Annexion der Krim 2014 begonnene Eroberungskrieg der Russischen Föderation gegen die Ukraine. Und während wir hier sitzen, steht der ohnehin brüchige Frieden im Nahen Osten offenkundig auch bereits in lodernden Flammen.

4.1. Februar 2022: Der russische Überfall auf die Ukraine

Sprechen wir also über den Krieg um die Ukraine. Das möchten wir sehr bewusst so formulieren: Es ist dies seit der Annexion der Krim kein Krieg um Donezk oder gegen eine Einkreisung Russlands durch die NATO. Die russische Strategie und politische Planung führt diesen Krieg ganz offensichtlich auch, um der Ukraine ihr Existenzrecht grundlegend streitig zu machen. Schon deshalb gilt unzweifelhaft, dass der ukrainische Widerstand zu jedem Zeitpunkt völkerrechtlich und moralisch legitim war und ist. Dies gilt erst recht seit dem Februar 2022, also seit Russland diesen Konflikt noch einmal deutlich hat eskalieren lassen.

Für diese Einschätzung ist die Vorgeschichte des Konflikts belanglos. Es spielt auch keine Rolle, welche Agenda die NATO, die USA oder die EU und ihre Mitglieder verfolgt haben oder verfolgen. Es ist zudem irrelevant, welche politischen Kreise in Kiew das Sagen haben. Selbst wenn dort, was eindeutig nicht der Fall ist, ein rechtsradikales Regime an der Macht wäre, ist dies keine Legitimation für einen militärischen Überfall.

Russland hat im Zuge der Eskalation dieses Kriegs die Ukraine 2022 militärisch überfallen, mit nicht mal mehr als fadenscheinig zu bezeichnenden Ausflüchten hinsichtlich eines drohenden Genozids an der russischen Bevölkerung der Ukraine durch eine Nazi-Regierung in Kiew. Das ist schon deswegen Unsinn, weil man nicht einerseits sagen kann, die Ukraine habe kein eigenes Volk, da es sich um Russen handele, andererseits aber von einer für einen Genozid unabdingbaren Zwei-Völker-Lage redet. Das Völkerrecht lässt zwar eine militärische Aktion zur Verhinderung eines Genozids zu. Aber das muss dann von der UNO initiiert werden und umfasst nicht das Recht auf Annexionen, Umsiedlungen und Vertreibungen, wie sie aktuell in der Ukraine an der Tagesordnung sind. Aber vor allem: Es gibt überhaupt kein Argument, von einem unmittelbar drohenden oder gar bereits stattfindenden Genozid am russischen Bevölkerungsteil der Ukraine auszugehen. Nicht in Donezk, nicht auf der Krim, nirgendwo.

Dieser aktuelle Krieg ist zudem die Fortsetzung eines deutlich längeren Konflikts um die - ebenfalls völkerrechtswidrigen - Segregationsbestrebungen auf der Krim und in der östlichen Ukraine. Selbst wenn es sich hier um ein eigenes Volk in einem Zwei-Völker-Staat handelte, gibt es völkerrechtlich kein Segregationsrecht, solange nicht die physische oder kulturelle Vernichtung des Volks droht. Ein Segregationsrecht hätte heute also vielleicht die tibetische Bevölkerung, ähnlich die tschetschenische Bevölkerung. Vielleicht. Hingegen muss die Abspaltung der Krim, des Donbas oder irgendwann vielleicht der gesamten Ukraine bis ans Ufer des Dnipro als völkerrechtswidrige Straftat bezeichnet werden, nicht anders als die Zergliederung Jugoslawiens, die Abspaltung des Kosovo, der Krieg im Jemen oder, wie gestern erst gelernt, die Gründung der USA.

4.1.1. Die Ukraine als Staat

Ein kurzer Blick in die jüngere Geschichte der Ukraine: Getreu der modernen Strategie des Whataboutism wird immer wieder auf die Gründung der Ukraine 1991 oder den Sturz der gewählten Regierung unter Wiktor Janukowytsch durch den Majdan-Aufstand 2014 verwiesen. Aber letzteres war eine – vielleicht antidemokratische, stark rechtslastige, von einigen Oligarchen, vor allem Rinat Achmetov, unterstützte – innere, und das ist wichtig, innere Angelegenheit der Ukraine. Und nach dem Sturz der gewählten Regierung greift völkerrechtlich ohnehin das Effektivitätsprinzip, das es anderen Ländern erlaubt, mit jeweils derjenigen Regierung völkerrechtlich relevante Beziehungen zu unterhalten, welche über die tatsächliche Regierungsgewalt im jeweiligen Staat verfügt, unabhängig von der Art, wie sie an diese Macht gekommen ist.

Die Gründung der Ukraine hingegen als eigenständiger Staat im Dezember 1991 war weder ein Akt gegen geltendes nationales Recht, sie war auch nicht völkerrechtswidrig. Denn die zerfallende UdSSR war nach ihrer eigenen Verfassung ein Bund eigenständiger Staaten, die somit wieder zu unabhängigen Einzelstaaten wurden und das in einem einvernehmlichen, geregelten Prozess absolvierten.

Aber sind Begriffe des Völkerrechts hier überhaupt anwendbar? Handelt es sich also bei der Ukraine um einen Staat im eigentlichen Sinne, der durch die Vorgaben des Völkerrechts entsprechenden Schutz genießt oder jedenfalls genießen sollte? Oder war die Staatsgründung nur die Fortschreibung einer Scharade der UdSSR, die – vor allem mit Blick auf einen zweiten Sitz in der UNO – den eigenstaatlichen Charakter der Ukraine bis zuletzt propagierte?

Ein Staat ist eine Organisationsform von Menschen, welche zumeist demselben Volk angehören. Es gibt zahlreiche Staaten, in denen

Angehörige mehrerer Völker zusammen leben, und es gibt Völker, deren Angehörige in mehreren Staaten leben.

Ob die Bewohner der Ukraine als ein eigenständiges Volk anzusehen sind, ist daher nur bedingt relevant. Für die Gegenthese, die Ukrainer seien Teil des russischen Volks, gibt es jedenfalls gute Argumente. Damit nämlich das Völkerrecht von einem eigenständigen Volk spricht, bedarf es verschiedener Indikatoren, zu denen u.a. eine eigenständige Sprache, eine nationalstaatliche Tradition, eine eigenständige Kultur und eine eigenständige Religion gehören können. Keiner dieser Indikatoren kann von der Ukraine bei strenger Prüfung nachgewiesen werden.

Dennoch handelt es sich bei der Ukraine aufgrund ihrer historischen Entstehung um einen eigenen Staat, wenn auch um einen sehr jungen. Er beginnt faktisch erst nach dem Ende der UdSSR, auch wenn es in den Wirren gegen Ende des Ersten Weltkriegs mit Unterstützung des Deutschen Reichs bereits einen kurzlebigen Versuch einer ukrainischen Staatsgründung gegeben hat. Aber diese als historischen Ursprung heranzuziehen, ist nur wenig plausibler als die gelegentlichen Bezüge auf die zeitweilig autonomen Kosakenrepubliken oder – noch weiter zurück – das Reich der Waräger, also der Rus, welches nach Meinung der meisten Autoren Namensgeber eben nicht für die heutige Ukraine, sondern für Russland geworden sind.

Unzweifelhaft ist aber die Ukraine qua internationaler Verträge heute ein eigenständiger, entsprechend vom Völkerrecht geschützter Staat. Das hat auch die Russische Föderation anerkannt. Dass in diesem Staat Ukraine Angehörige mehrerer Nationen leben, wie Russland behauptet, tut dem Staatscharakter der Ukraine keinen Abbruch. Es legitimiert völkerrechtlich auch, wie schon angeführt, keine Segregation von Teilen der Ukraine, also insbesondere des sich selbst als Russen definierenden, im Osten der Ukraine wohnenden Teils des ukrainischen Staatsvolks.

4.1.2. Der Krieg vor dem Krieg: Der ukrainisch-russische Konflikt seit 2014

Die russische Regierung verwendet eine etwas unkonventionelle Definition, wann von einem Krieg zu sprechen ist. Ignoriert man das, muss man davon sprechen, dass sich seit zehn Jahren die Ukraine in einem Bürgerkrieg mit massiver ausländischer Beteiligung befindet.

Ausgelöst wurde dieser Konflikt 2013 durch den meist als „Euromaidan" bezeichneten Umsturz in der Ukraine, mit dem eine westlich orientierte Minderheit, unterstützt von starken und gewaltbereiten neofaschistischen Gruppen, die gewählte Regierung unter Wiktor Janukowytsch stürzte und diesen zur Flucht nach Russland zwang.[1] Die Kräfte, die jetzt die Führung in Kiew übernahmen, hatten 2010 bei der letzten Präsidentenwahl auf ihren gemeinsamen Kandidaten Wiktor Juschtschenko gerade mal 5,45% der Stimmen vereinen können. Auch wenn sich die Stimmung bis 2013 verschoben hatte, fehlte es ihnen an Rückhalt in der Bevölkerung, insbesondere in der östlichen Ukraine und auf der Krim, wo es große Bevölkerungsteile gab, die sich unverändert als Russen empfanden und die in der Ukraine, deren Bürger sie jetzt waren, eher einen Betriebsunfall der Geschichte sahen, ohne historische Wurzeln und wohl auch ohne nennenswerte Zukunft.

Es bildeten sich militante Separatistengruppen vor allem im Großraum Donezk, die eine Abspaltung der Ostukraine forderten, also eine Rückkehr zur Situation vor dem Ersten Weltkrieg. Als am 27.02.2014 eine neue Regierung in Kiew antrat, der jede demokratische Legitimation fehlte, annektierte Russland die Krim. Zugleich forcierten die

---

[1]   Detailliert Stang: Prinzip, S. 460-472.

separatistischen Kräfte im Osten ihre Aktivitäten, was faktisch den Putsch in Kiew in einen separatistischen Bürgerkrieg verwandelte.

Bereits die Annexion der Krim stellte einen militärischen Raubzug dar wie etwa die Annexion Schlesiens durch Friedrich II. oder von Texas durch die USA. Die russische Regierung, vor allem Putin selbst, hatte bereits mehrfach die Grenzen der Ukraine als einen eklatanten Fehler der seinerzeitigen Regierung der UdSSR bezeichnet. Die ca. 8 Mio. russisch sprechenden Ukrainer der Ostukraine, welche sich eher als Russen denn als Ukrainer verstanden, sollten daher wieder Teil Russlands werden, wie dies vor 1918 der Fall gewesen war. Putin befand sich damit in der Tradition irredentistischer Sammlungsbewegungen, die für Russland vor allem vom Panslawismus formuliert worden waren. Hiernach sollten alle Slawen, aber mindestens alle Russen in einem gemeinsamen Staat leben. Und natürlich stellten solche Ideen auch den Bezug zu Ivan III. her, der mit dem Begriff der „Sammlung der Russischen Erde" (собирание Русской земли) ab 1462 die Einigung und Expansion des Großfürstentums Moskau weit voran gebracht hatte. Zugleich wurden Theorien des 19. Jahrhunderts und des Stalinismus wieder stärker verbreitet, wonach das russischen Volk aus drei untrennbaren Nationen bestünde, den Alt-Russen, den Ukrainern und den Belarussen. Ihre erneute Zusammenführung sei damit die wesentliche Aufgabe der russischen Führung im 21. Jahrhundert, womit eine historische Brücke zu Peter I., Katharina II. und Stalin geschlagen wurde.[2]

Abgesehen davon, dass die von russischer Seite herangezogenen historischen und ethnologischen Theorien mindestens zweifelhaft sind,

---

[2] Putin selbst machte sich neben dem Patriarchen von Moskau zum wichtigsten Fürsprecher dieser Idee; Menkiszak: Putin Doctrine, S. 5-6.

kann völkerrechtlich nichts davon irgendeine Art Okkupation legitimieren, erst recht aber nicht die Unterstützung einer Bürgerkriegspartei oder gar ein eigenes militärisches Engagement.[3]

Die Separatisten wurden von russischen Offiziellen ab dem Februar 2014 aufgefordert, gewaltsame Aktionen gegen die ukrainische Administration zu beginnen. Zugleich wurde ihnen militärische Unterstützung zugesagt.[4] Daraufhin führten die Separatisten erste Aktionen durch, so die Eroberung des Polizeiquartiers in Kramatorsk am 13.04.2014. Die Ukraine mobilisierte daraufhin ihre eigentlich völlig desolate und vor allem durch Korruption und Unterschlagungen in den Beschaffungsprozessen auch sehr schlecht ausgestattete Armee, um die als Terroristen bezeichneten Separatisten zu eliminieren. Dies gelang nur mithilfe von Freiwilligenverbänden, die sich vorwiegend aus dem äußersten rechten Spektrum rekrutierten und hier auch Zulauf von entsprechenden Gesinnungsgenossen aus Westeuropa und Polen erhielten. Anfang Mai war die Kramatorsk rückerobert, doch mussten die Ukrainer sich erneut zurückziehen, ehe sie am 05.07. die Stadt wieder in Besitz nehmen konnten.

Ebenfalls am 13.04.2014 begannen die Kämpfe um Mariupol. Auch hier dauerte es bis zum 13.06.2014, bis die ukrainischen Truppen und Milizeinheiten die Kontrolle über die Stadt zurückerlangen konnten. Aber am 24.08.2014 wurden ukrainische Einheiten im Grenzgebiet zwischen Mariupol und Russland bei Nowoasosk beschossen. Die ukrainische Seite behauptete, dieser Angriff sei aus russischem

---

[3]   Kappeler: Ukraine, S. 479-480.

[4]   Der wesentliche Beleg hierfür sind Telefonmitschnitte, welche durch eine ukrainische Hackergruppe beschafft wurden. Die Echtheit dieser Aufnahmen war lange strittig, gilt aber inzwischen als einigermaßen sicher; Kramer: Ukrainian Hackers, passim.

Territorium und unter Einsatz von regulären russischen Einheiten erfolgt. Schon zuvor hatte es Hinweise auf russische Soldaten gegeben, die als Zivilisten getarnt auf Seiten der Separatisten in die Kämpfe verwickelt gewesen waren. Danach erfolgte ein erneuter Vorstoß der Separatisten Richtung Mariupol, wobei es bei Shyrokyne am Asowschen Meer zu einem Stillstand kam, der etwa ein Jahr anhielt. Danach konnte die Ukraine zwar das Dorf zurückerobern, doch ist dies seitdem unbewohnbar.

Inzwischen hatte es zahlreiche politische Bemühungen gegeben, den Konflikt zu beenden oder wenigstens einzudämmen. Dies wurde jedoch durch die unklare Lage im Osten der Ukraine erschwert. Mittlerweile hatten sich nämlich zwei Regionen, Donezk und Luhansk, zu unabhängigen Volksrepubliken erklärt. Am 24.05.2014 erfolgte die Vereinigung beider zu „Neu-Russland", ein Name, der Putins irredentistischer Ideologie entnommen war und im Grunde schon die Intention zu einer Vereinigung mit Russland andeutete.[5]

Beide Republiken wurden durch pseudodemokratische Inszenierungen mehr schlecht als recht legitimiert. Sie waren von Beginn an von drakonischen Zwangsmaßnahmen seitens der neuen Herrscher, Massenexekutionen, sexueller Gewalt und einer Unterdrückung aller ukrainischen Aktivitäten, darunter dem Unterricht der ukrainischen Sprache an den Schulen gekennzeichnet. Die Kommandos der

---

[5] Anscheinend folgten die Separatisten bei der Namensgebung einer direkten Anregung Putins, der in einem Interview vom 14.04.2014 die östliche Ukraine bereits als Teil der ursprünglichen russischen Provinz Novorossiya bezeichnet hatte; vgl. https://web.archive.org/web/20150208080747/http://www.wa shington-post.com/world/transcript-vladimir-putins-april-17-qanda/2014/04/1 7/ff77b4a2-c635-11e3-8b9a-8e0977a24aeb_story.html

Separatisten, welche sich selbst als Volksmilizen bezeichneten, konnten aber auf Rückhalt oder wenigstens Duldung seitens der russischsprachigen Bevölkerungsmehrheit zählen. Trotzdem waren sie zu jedem Zeitpunkt auf russische Unterstützung angewiesen. Russland lieferte Geld und Waffen, unterstützte beide Volksrepubliken auf dem internationalen Parkett und operierte wohl auch mindestens in der Grenzregion zur Ukraine bereits mit regulären Truppen, um hier zu unterstützen. In jedem Fall verbrachten russische Soldaten nach offizieller Version ihren Urlaub in Donezk oder Luhansk, um auf Seiten der Separatisten zu kämpfen.[6]

Ein erster Versuch, diese unübersichtliche Situation mit der Frage der Ukraine, den beiden Volksrepubliken und der Annexion der Krim zu klären, war das Minsker Abkommen vom 05.09.2014, dem unter Vermittlung des belarussischen Staatspräsidenten Lukashenko Kontakte zwischen Putin und dem ukrainischen Präsidenten Petro Poroschenko vorausgegangen waren. Das Minsker Abkommen proklamierte einen Waffenstillstand und diverse flankierende Maßnahmen, welche von der OSZE beaufsichtigt werden sollten. Verhandelt und unterzeichnet wurde das Protokoll allerdings lediglich vom ehemaligen ukrainischen Präsidenten Leonid Kutschma, von Alexander Sachartschenko und Igor Plotnizki als Vertreter der zu Neu-Russland vereinigten Volksrepubliken, vom russischen Botschafter in der Ukraine, Michail

---

[6]   Solche Aktivitäten sind in den meisten Ländern illegal. In Russland regelt dies §359 des russischen Strafgesetzbuchs, wonach die militärische Unterstützung eines fremden Staats durch russische Staatsbürger mit 7 bis 15 Jahren Gefängnis geahndet werden kann. Entsprechende Verfahren wurden allerdings, wenig überraschend, nie eröffnet; vgl. https://base.garant.ru/10108000/e7c1be4
f9a7b6e490a1055b431333bb6/#block_359

Surabow, und für die OSZE von deren Ukraine-Beauftragten Heidi Tagliavini.

Schon die Zusammensetzung der Verhandlungsgruppe zeigt, dass ein allzu hoher Stellenwert lediglich seitens der OSZE dem Abkommen beigemessen wurde. Kurz darauf verbreitete die neu-russische Führung, ihre Vertreter hätten durch die Unterschrift lediglich die Existenz, nicht aber die Verbindlichkeit des Abkommens bestätigt. Mithin flammten die Kämpfe schon am 28.09.2014 wieder auf, als erneut eine Schlacht um den Besitz des eigentlich weitgehend zerstörten Flughafens von Donezk begann. Diesen hatten ukrainische Truppen zunächst am 27.05.2014 von den Aufständischen zurückerobert und bis zum Beginn des Abkommens gehalten. Aber am 28.09.2014 begannen Truppen der Separatisten einen neuen Versuch, den Flughafen einzunehmen, was am 22.01.2015 letztlich erfolgreich abgeschlossen wurde.

Vor allem die deutsche Bundeskanzlerin Angela Merkel und der französische Präsident François Hollande erreichten in der Folge eine Neuauflage des Minsker Abkommens, das meist als Minsk II bezeichnet wird. Der für die entsprechenden Verhandlungen getriebene Aufwand war erheblich. Nicht nur verhandelten die vier Staatschefs Hollande, Merkel, Poroschenko und Putin direkt miteinander, auch die entsprechenden Außenminister – der französische Außenminister Laurent Fabius, der ukrainische Außenminister Pawlo Klimkin, der russische Außenminister Sergei Lawrow sowie der deutsche Außenminister Frank-Walter Steinmeier – waren direkt an den Konsultationen beteiligt. Und Barack Obama setzte sich telefonisch mindestens mit Putin, wahrscheinlich auch mit Angela Merkel und François Hollande in Verbindung, um den amerikanischen Einfluss zugunsten eines dauerhaften Waffenstillstands geltend zu machen.

Genutzt hat das allerdings wenig. Am 10.02.2015 wurde das Abkommen unterzeichnet. Zu dieser Zeit waren die Separatisten gerade dabei, Debalzewe zu erobern, was ursprünglich nicht zu den beiden Volksrepubliken gehört hatte. Hier siegten die Separatisten, unterstützt von starken Kräften aus Russland, sodass ihr Gebiet entgegen der Festlegungen des Abkommens erweitert wurde und zudem die beiden Teile Neu-Russlands nun durch eine durchgehende Bahnlinie verbunden waren.

Es war erst der beginnende Bürgerkrieg in Syrien, der Russland veranlasste, sein Augenmerk aus der Ostukraine zu verlagern, was zu einem Abflauen, aber keinem Ende der Kämpfe zwischen den Separatisten und der Ukraine führte. Der Westen aber war mehr als bereit, sich mit diesem unspektakulären Zustand abzufinden und nun auch die eigene Aufmerksamkeit insbesondere nach Syrien zu richten. Es war dies jedoch eine Haltung, die spätestens im Februar 2022 sich als verhängnisvoll kurzsichtig erwies. Die Kämpfe in Syrien gingen zu Ende, der von Russland unterstützte Präsident Assad hatte sich scheinbar gegen die islamistischen Rebellen durchgesetzt. Putin gewann dadurch erneut die Ressourcen, den Krieg gegen die Ukraine zu eskalieren, worauf der Westen nicht einmal ansatzweise vorbereitet gewesen war: politisch nicht, diplomatisch nicht, schon gleich gar nicht militärisch.

4.1.3. Der Krieg gegen die Ukraine aus militärwissenschaftlicher Sicht

Der russische Angriff im Februar 2022 stellte also nicht den Beginn des Kriegs dar, wohl aber eine massive Eskalation eines scheinbar in Teilen schon eingeschlafenen Dauerkonflikts. Die Ukraine wie auch der Westen waren in der Situation, die eigene Strategie angesichts der neuen Lage grundlegend zu überprüfen. Das freilich ist in weiten Teilen nicht erfolgt.

Wenn man kein Anhänger der Idee des Totalen Kriegs ist, muss jede politische und jede militärische Führung einer kriegführenden Nation berücksichtigen, dass es Restriktionen gibt, welche der militärischen Entfaltung Grenzen setzen. Hierzu gehören neben vielem anderen natürlich wirtschaftliche, gesellschaftliche und politische Machbarkeitserwägungen, aber auch rechtliche Vorgaben, insbesondere das nationale Recht, das internationale Kriegs- und Völkerrecht sowie diverse bi- und multilaterale internationale Abkommen. Aber die Ukraine sah sich 2022 weiteren Hemmnissen unterworfen, die eine sinnvolle Kriegführung bis heute mindestens deutlich erschweren. Es ist dies zum einen das hohe Maß an Korruption und Kriminalität in der Zivilgesellschaft der Ukraine, aber auch in den Streitkräften. Dadurch steigen nicht nur die Kosten jeder militärischen Handlung erheblich, sondern Operationen sind auch viel schlechter planbar, wenn man nicht weiß, ob angeblich beschaffte Waffen tatsächlich gekauft worden sind, ob Soldaten, für die monatlich Sold überwiesen wird, mehr sind als Kontonummern und gefälschte Personalakten und ob nicht der eine oder andere, von einfachen Rängen bis in oberste Führungspositionen, heimlich auch Gelder aus Moskau empfängt.

Die zweite ungewöhnliche Einschränkung, welcher die Ukraine unterliegt, ist die Beschränkung des Gefechtsraums. Spätestens seit Scipios Siegen auf den Großen Feldern 203 v. Chr. und bei Zama im folgenden Jahr gilt es als eine wichtige Option, als Angegriffener den Krieg ins Land des Feindes zu tragen. Dies kann die Ukraine trotz gelegentlicher Angriffe im grenznahen Bereich nicht tun. Zum einen fehlt es ihr an den Mitteln für einen großangelegten Vorstoß nach Russland. Aber auch Methoden der asymmetrischen Kriegführung fallen hier weitgehend weg, weil zum einen die NATO-Staaten deutlich gegen solche Operationen votieren, zweitens dann Russland möglicherweise auch vor dem Einsatz mindestens taktischer Kernwaffen nicht zurückschrecken würde. Es ist also durchaus sinnvoll, solche Operationen nicht zu führen, aber daraus resultiert eine erhebliche Einschränkung der ukrainischen Strategieplanung.

Es lohnt sich, einen Blick auf die ukrainischen Optionen im Februar 2022 zu richten. Es besteht bekanntermaßen ein Unterschied zwischen legal, legitim und sinnvoll. Darüber hinaus kann sich, was militärisch sinnvoll ist, in gesamtpolitischer Sicht als schädlich erweisen. Ein Angegriffener, sei es eine Einzelperson, sei es eine Gruppe oder ein Staat, muss sich immer zwischen drei Alternativen entscheiden: Flucht, Widerstand, Akzeptanz.

a. Flucht

Emigration scheint im Fall von Staaten keine Option zu sein. Aber ein Staat kann seine wesentlichen Institutionen, Regierung, Militär, Verwaltung usw. mehr oder weniger geschlossen dem feindlichen Zugriff entziehen, indem man sie ins Ausland verlagert. Dies ist heutzutage infolge erhöhter Mobilität und der relativ einfachen Verlagerung aller wesentlichen Datenbestände durchaus eine erwägenswerte Alternative, auch wenn der Exodus eines gesamten Volks wohl auch heute nur eine theoretische Option darstellt. Aber außer dem biblischen Weggang Israels aus Ägypten gibt es weitere Beispiele umfangreicher Emigrationen, die, auch wenn sie nicht das ganze Volk umfassten, doch wesentliche Teile der Bevölkerung dem Zugriff der Eroberer entzog. So flohen 1944 etwa 12% der litauischen Bevölkerung vor der Roten Armee.[7] Der gleiche Anteil Tibeter emigrierte zu Beginn der chinesischen Okkupation.[8] In beiden Fällen gibt es keine Hinweise, dass die

---

[7]   Laukaitytė: Monate, S. 60.

[8]   Schalk: Tibet, S. 263-266. Zu diesen ca. 150.000 Geflüchteten kamen rund 80.000 zivile Opfer des chinesischen Einmarschs,

Emigration das zurückgelassene Land destabilisiert oder gar für die Eroberer unattraktiv gemacht hätte. Im Gegenteil, es entstanden Freiräume, die hier die UdSSR, da China mit eigener Bevölkerung auffüllen konnten. Und für eine systemkritische Emigration, also wahrscheinlich mehr als 50% der Bevölkerung, fehlt es an historischen Beispielen.[9] Wäre aber nur die Regierung ins Ausland geflohen, wäre sie wohl in der Bedeutungslosigkeit verschwunden. Hierfür gibt es leider viel zu viele Beispiele aus den letzten zwei Jahrhunderten. Allerdings muss man z.B. die Flucht der niederländischen Königin Wilhelmina im Mai 1940 und des norwegischen Königs Haakons VII. Anfang Juni desselben Jahres als symbolträchtige, somit letztlich hilfreiche Widerstandshandlungen gegen die deutschen Aggressoren betrachten. Dies aber war nur dadurch möglich, dass sie auf breiten Rückhalt in der heimischen Bevölkerung zählen konnten und zudem ihre Verbündeten, vor allem Großbritannien, selbst längst in diesen Konflikt involviert waren.

b. Widerstand

Eine Entscheidung zum Widerstand ist immer eine Entscheidung, dem fremdbestimmten Zwang mit eigenbestimmten Zwang zu begegnen. Doch Widerstand manifestiert sich nicht notwendig in Form konventioneller Kriegführung mit Panzern, Kriegsschiffen und Bomberverbänden. Vielmehr kann Widerstand heute drei unterschiedliche Formen annehmen:

---

    sodass fast ein Sechstel der tibetischen Bevölkerung in diesen wenigen Wochen verschwand.

[9]   In der Pestepidemie von 1347-1353 starben ca. 20% der europäischen Bevölkerung, aber in einigen Regionen bis zu 80%. Da es auch an Nachrückern aus anderen Regionen fehlte, kam es hier tatsächlich zu einem Kulturbruch, der bis heute nachwirkt.

- Symmetrische Kriegführung: Beide Seiten verwenden, auch bei nicht umfassender Stärkegleichheit, traditionelle Waffensysteme, Strategien, Vorgehensweisen im Kampfraum, aber auch in der Zivilgesellschaft, die entsprechend in erheblichem Umfang auf die Kriegswirtschaft umgestellt wird und daher auch propagandistisch immer wieder motiviert werden muss, den Kriegsgedanken fortdauernd zu unterstützen.

- Asymmetrische Kriegführung: Vor allem im Fall eines deutlichen materiellen Ungleichgewichts an Soldaten, Waffen, Wirtschaftskraft usw. kann die schwächere Partei auf Kleinkriegsformen zurückgreifen, also auf Guerilla, klandestine Operationen, Terrorismus usw., ohne dass hierbei unausweichlich eine Verletzung des Völkerrechts zu erwarten wäre. Beteiligung und Veränderung der Zivilgesellschaft fällt hier zwar geringer aus, ist aber dennoch erheblich. Ohne diese Unterstützung aus der Zivilgesellschaft heraus lässt sich auch asymmetrische Kriegführung nicht realisieren.

- Ziviler Widerstand: Diese häufig, wenn auch irreführenderweise, als passiver Widerstand bezeichnete Form zielt darauf, ohne Verwendung von physischer Gewalt dem Gegner die Realisierung seiner Kriegsziele unmöglich zu machen, etwa durch Streiks, Demonstrationen, Sabotage, Verweigerung. Sie erfordert stärker noch als die beiden zuvor genannten Formen eine Einbindung breiter Kreise der Zivilgesellschaft. Und sie ist, anders als die beiden zuerst genannten Formen, essenziell auf öffentliche Wahrnehmbarkeit ihrer Handlungen angewiesen. Dies involviert idealerweise auch ausländische Informationsverbreitung, um hier eine Solidarisierung der Öffentlichkeit zu erreichen. Dies bewirkt dann mitunter eine materielle

Unterstützung des zivilen Widerstands, nicht selten aber auch internationalen Druck auf die Okkupationsmacht.

Schon 2011 haben Erica Chenoweth und Maria J. Stephan gezeigt, dass nach dem Zweiten Weltkrieg passiver Widerstand, gewaltfreier Protest und ziviler Ungehorsam die deutlich besseren Chancen haben, einen Aggressor oder auch ein Unrechtsregime zu überwinden. Nach 1945 ist gewaltfreier Widerstand zu 52% erfolgreich, gewaltsamer Widerstand hingegen nur zu 23%. Zudem produziert er bei Erfolg wie Misserfolg deutlich weniger Tote.[10]

Zudem: Gewaltfreier Widerstand ist die deutlich bessere Basis für die Zeit danach. Schon Clausewitz weist darauf hin, dass die Handlungsoptionen im Krieg unter anderem dadurch beschränkt werden, dass man mit dem Kriegsgegner im Nachgang – egal, ob man gewonnen oder verloren hat – wieder zu einem halbwegs passablen Miteinander gelangen muss.[11] Passiver Widerstand reißt auf beiden Seiten viel weniger Gräben auf, die nach Kriegsende zu überwinden in vielen Fällen große Mühen und Jahrzehnte geduldiger Versöhnungsarbeit erfordert hat.

c. Akzeptanz

Auch widerstandsloses Akzeptieren einer Okkupation ist eine Option für angegriffene Völker. Um dies zurückzuweisen, muss man die Frage beantworten, warum ein Volk eigentlich – in welcher Form auch immer – einer Okkupation entgegentreten oder sich derselben durch Flucht entziehen soll. Anders gesagt, welcher Schaden ist von einer widerstandslosen Okkupation zu erwarten, der schwerer wiegt als die negativen Folgen von Widerstand oder Flucht?

---

[10]   Chenoweth/Stephan: Why Civil Resistance, S. 41.

[11]   Clausewitz: Vom Kriege, S. 710-713.

Man muss zunächst genozidale und materielle von immateriellen Schäden trennen. Und dann ist jede Pflicht letztlich eine moralische Forderung an Individuen, welche dieser Pflicht entsprechend handeln sollen.

Genozidale Schäden sind alle, die durch entsprechende Maßnahmen entstehen. Das muss nicht notwendig die Ermordung eines gesamten Volks sein. Ein Genozid droht auch, wenn die kulturelle, sprachliche oder soziale Identität des besiegten Volks auf Dauer vernichtet zu werden droht. Genozidale Schäden sind zudem vorhanden, wenn durch eine Besatzung ein großer Teil der lokalen Bevölkerung von Mordaktionen bedroht ist.

Materielle Schäden einer Besatzung können Ausplünderungen der nationalen Ressourcen sein, Demontagen der vorhandenen Industrie, Enteignungen, vor allem der wohlhabenden Schichten, Abführung wesentlicher Nahrungsmittel, aber auch Einschränkungen der medizinischen Versorgung, niedrigere Löhne bis hin zur Zwangsarbeit und ähnliche Vorgehensweisen von Besatzungsmächten. Allen gemeinsam ist, dass sich die Angehörigen der okkupierten Nation als beraubt oder bestohlen empfinden. Andererseits geht nicht jede Besatzungsmacht so vor, sodass von Fall zu Fall zu erwägen ist, ob es im Gefolge einer widerstandslosen Eroberung zu einer solchen Beraubung kommen wird. Nur wenn dies der Fall ist und die Beraubung wenigstens mittelfristig den materiellen Schaden einer Widerstandsoption übersteigt, kann sie als Rechtfertigung hierfür herangezogen werden. Dabei ist aber zu berücksichtigen, dass der hierbei entstehende Schaden zum Beraubungsschaden hinzutritt, wenn die Entscheidung zum Widerstand nicht von Erfolg gekrönt war.

Immaterielle Schäden sind schwerer zu definieren, zumal sie sich auch von Mensch zu Mensch deutlich unterscheiden können. Eine durch eine Besatzungsmacht entstehende Rechtsunsicherheit, allgemeiner das Leben in fortgesetzter Beunruhigung oder gar Angst ist zwar nicht materiell, womöglich in Geldwerten beschreibbar, bildet aber trotzdem für praktisch jeden Menschen eine erhebliche Beeinträchtigung. Gleiches gilt für Beleidigungen, Zurücksetzungen, insgesamt das Gefühl, bestenfalls ein Bürger 2. Klasse zu sein oder einer minderwertigen Rasse, Volksgruppe, Religion usw. anzugehören. Einen nur eingeschränkten Zugang zu Bildung zu haben, ist möglicherweise auch als materieller Schaden zu werten, stellt aber zudem einen erheblichen immateriellen Verlust dar. Ähnliches gilt für einen Rückfall hinter bereits verwirklichten gesellschaftlichen Fortschritt, also wenn z.B. durch eine Eroberung eine veraltete Rolle von Frauen wieder erzwungen wird oder die Emanzipation von Minderheiten, von Behinderten oder Menschen mit alternativen Lebensentwürfen zurückgedreht wird. Auch seiner Pflicht gegenüber Gott nicht nachgekommen zu sein, die Andersgläubigen nicht besiegt zu haben, wird von vielen religiösen Menschen nicht nur als immaterieller, sondern mindestens potenziell, nämlich nach dem Tod, auch materiell zu wertender Schaden angesehen. Und natürlich wird von vielen Menschen als immaterieller, dennoch gravierender Schaden empfunden, dass die eigene Nation, die Heimat, das Vaterland besiegt worden ist oder womöglich nicht mehr oder nur noch als Verwaltungsbezirk im Verband des siegreichen Lands existiert. Die Nation ist zwar weit weniger wirkungsmächtig, als Nationalisten und Fahnenschwenker dies glauben oder den Menschen einreden wollen. Aber gänzlich wirkungslos ist auch dieses Motiv bei weitem nicht.

Selten wird nur eins dieser Momente den Einzelnen veranlassen, in eine Armee einzutreten. Es ist fast immer eine Kombination aus mehreren Faktoren, deren Gewichtung der Einzelne nicht einmal für sich selbst diagnostizieren, sondern bestenfalls raten kann. Und natürlich kommt bei vielen über kurz oder lang auch der Zwang der Uniform hinzu. Viele Soldaten sind zwangsverpflichtet, und alle, wenn sie erst einmal Teil der Armee sind, bleiben auf Jahre hinaus hier gebunden – im Krieg und in aller Regel emotional, biografisch, physisch, psychisch auch weit über diesen hinaus.

Wenn der Soldat – Mann oder Frau – nicht zwangspflichtet wird, muss die entsprechende Entscheidung, im Falle eines Angriffs auf das eigene Land sich rekrutieren zu lassen, auf obige Aspekte zurückgreifen. Aber auch im Fall einer Zwangsrekrutierung muss sich der Mensch entscheiden, dieser nachzukommen oder zu desertieren, eingedenk der zusätzlichen Risiken, die dies für ihn, zudem in vielen Fällen auch für seine Angehörigen birgt.

Aber gibt es darüber hinaus eine moralische Pflicht als solche, im Fall eines feindlichen Angriffs entsprechend Widerstand zu leisten?

Viele Philosophen haben in der Nachfolge von John Locke und Thomas Hobbes den Staat als Ausformung eines virtuellen Gemeinschaftsvertrags definiert. Der Einzelne ist Teil des Staats, weil ihm dies nützt. Ist der Schaden größer als der Nutzen, hat der Gesellschaftsvertrag seinen Zweck verfehlt. Und insbesondere Hobbes betont, dass diese Pflichtbindung darauf basiert, dass der Einzelne am Leben ist. Wo die Einordnung in den Staat mit großer Sicherheit seinen Tod bedeuten würde, ist demnach der Einzelne an den Gesellschaftsvertrag nicht mehr gebunden.[12]

Man kann aber auch argumentieren, dass jeder Staat eine Gemeinschaft zum Ziel wechselseitigen Nutzens ist. Wer von dieser Gemeinschaft bisher profitiert hat, wäre daher moralisch verpflichtet, auch seinen Teil des Vertrags zu erfüllen, wenn es zum Krieg kommt. Mindestens wenn dies nicht mit anderen Werten kollidiert. Führt der

---

[12]   Hobbes: Leviathan, II.xxi, S. 268-269. Zur Einordnung Hoye: Obligation, S. 42.

eigene Staat nämlich einen völkerrechtswidrigen Angriffskrieg, sind Werte in Mitleidenschaft gezogen, die ursprünglich hier nicht einschlägig gewesen wären: Rechtstreue, Moral, nicht weiter differenziertes Schamgefühl.

War eine solche Situation der unbedingten Verteidigungspflicht im Februar 2022 für die Ukraine gegeben? Um das zu verstehen, lohnt ein Blick in die ukrainische Geschichte.

4.1.4. Die Ukraine als eigenständiger Staat

Die russisch-ukrainische Geschichte beginnt lange vor der Existenz eines ukrainischen Staats. Das liegt daran, dass der gemeinhin als Ukraine bezeichnete Siedlungsraum immer wieder zum Zankapfel der umliegenden Nationen wurde, über wechselnde Perioden auch als weitgehend herrschaftsfreier Raum erschien, in dem lokale Machthaber teils eine Chance witterten, teils aber auch die Notwendigkeit einer Ordnungsmacht sahen und daher diese Aufgabe für sich beanspruchten.

Aus heutiger Sicht erscheint Russland als die dominierende Macht der gesamten Region. Aber das war nicht immer so. Chasaren, Magyaren, die Goldene Horde und die Nogaier Horde einschließlich der Krim-Tataren, das Osmanische Reich, Litauen bzw. Polen-Litauen, Österreich, Deutschland – die Liste von Staaten ist lang, welche Teile der Region zu okkupieren trachteten oder sich wenigstens in Teilen, mitunter für Jahrhunderte, einverleibten.

Russland, Belarus und die Ukraine berufen sich bis heute auf eine Staatstradition, die bis zur Kiewer Rus zurückreicht. Also zum Großreich der Rurikiden, das in seiner größten Ausdehnung vom Ladoga-See bis Belgorod und von der Weichsel bis Nishni-Novgorod reichte. Dessen Zerbrechen im 12. Jahrhundert erlaubte den mongolischen Invasoren ab 1223 ein rasches Vorstoßen, als sie den Verteidigern in

der Schlacht an der Kalka trotz starker Unterlegenheit eine vernichtende Niederlage zufügten. Nachdem sie sich anschließend für mehrere Jahre wieder zurückgezogen hatten, besiegten sie die auf dem Boden des einzigen Kiewer Großreichs entstandenen Fürstentümer endgültig 1235 in der Schlacht am Sit. 1242 entstand dann das Khanat
der Goldenen Horde, welches bis zum Ende des 15. Jahrhunderts die
Region dominierte.

In der Folgezeit war das entsprechende Gebiet Gegenstand fortgesetzter Eroberungsbestrebungen aller umliegenden Mächte. Es entstand
eine instabile Region, die zunehmend entvölkerte, aber andererseits
auch immer wieder entflohenen Leibeigene und Deserteuren der kon-
kurrierenden Anrainerstaaten Zuflucht bot. Daher entstand für diese
Region der Name „Descht-i-Kiptschak", was „Herrenloses Land" bedeutet, aber meist als „Wildes Feld" übersetzt wird. Die Geflohenen
organisierten sich in losen Verbänden, für die sich der Begriff „Kosaken" einbürgerte.

Die ständige Bedrohung durch die nächsten Nachbarn als auch durch
plündernde und marodierende Soldaten der Anrainerstaaten machte
den Kosaken ein traditionelles Bauernleben weitgehend unmöglich.
Stattdessen lebten sie vorwiegend in befestigten Plätzen, von denen sie
im Sommer als wehrhafte Reitertrupps ins Umland aufbrachen, teils
um ihrerseits zu plündern, aber auch, um in der Steppe zu jagen, zu
fischen und Bienenstöcke zu betreiben.

Die Kosaken gründeten mehrere Siedlungen, von denen angesichts
der weitgehenden Herrschaftslosigkeit dieser Region einige, darunter
vor allem die Saporoger Sitsch, die im 16. Jahrhundert entstand, eine
quasi-staatliche Tradition begründeten.

Formal war jedoch auch das Descht-i-Kiptschak staatlich gebunden.
1321 eroberte Litauen mit der Schlacht am Irpen große Teile der heutigen Ukraine. Die Vereinigung mit Polen in der Lubliner Union führte

dies Gebiet mit dem Territorium zusammen, welches Polen bereits in der Ukraine besetzt hielt. Hierdurch änderte sich auch die Innenpolitik, vor allem in Wirtschafts- und in Konfessionsfragen. Zum einen versuchte der litauisch-polnische Staat die Führungsgruppen der Kosaken in die eigene Adelsstruktur einzubinden, was aber nur begrenzt gelang. Aber man etablierte Steuern und Handelsabgaben, was für die ohnehin am Existenzminimum lebende Bevölkerung eine erhebliche Belastung darstellte. Zudem waren die Kosaken zwar keiner einheitlichen Konfession zuzurechnen; es gab neben Orthodoxen über lange Zeit auch Katholiken, Moslems und Juden in ihren Reihen. Die orthodoxe Bevölkerungsmehrheit fand sich jetzt aber erheblichem Druck von katholischer Seite ausgesetzt, was zum einen eine Hinwendung zu Russland begünstigte, aber auch Bestrebungen zur Gründung eines eigenen Kosakenstaats hervorrief.

Nur einmal, 1648, gelang es jedoch, mit dem Aufstand unter Bohdan Chmelnyzkyj diese Bestrebungen wenigstens einigermaßen und für kurze Zeit zu verwirklichen. Das Scheitern dieses Aufstands 1651 führte zu einer Übereinkunft zwischen Polen-Litauen und Russland, dass der Dnipro die Grenze beider Staaten bildeten sollte.

Mit der Zerteilung Polen-Litauens in den Polnischen Teilungen fielen auch die bisher zu Polen-Litauen gehörenden Teile der heutigen Ukraine an die Okkupanten, hier also vor allem Ostgalizien an Österreich, der größte Teil aber an Russland. Russland gelang es auch, den Süden und Südosten der heutigen Ukraine vom Osmanischen Reich zu erobern. Es entstand als Teil des Russischen Reichs das Gouvernement Neurussland, das einen breiten Küstenstreifen im Süden Russlands entlang der Küste des Schwarzen und des Asowschen Meers einnahm, wobei der Name bereits in früherer Zeit als Oberbegriff für diese Region verwendet worden war.

Die folgenden Entwicklungsanstrengungen Russlands in diesem neu gewonnenen Territorium sind bis heute prägend für die gesamte Region. Insbesondere entstanden zahlreiche Städte, darunter Odessa und Sewastopol. Zudem gab Russland den Kosaken eine zentrale Rolle in der russischen Expansion nach Osten, was insgesamt die Bindung an die neue Herrschaftsmacht deutlich verstärkte.

Dies änderte sich ausgehend von der Westukraine erst im 19. Jahrhundert. Das Aufkommen nationalistischer Ideologien fand auch in der Ukraine fruchtbaren Boden, sodass man erstmals die Idee einer ukrainischen Nation propagierte und eine kulturelle und historische Eigenständigkeit in der Nachfolge der Kiewer Rus sehen wollte. Dies rührte auch aus der Idee, dass aufgrund der Teilung Polens die westliche Ukraine als Galizien unter österreichischer, der Großteil aber unter russischer Herrschaft stehe. Man forderte also analog zu entsprechenden Sammlungs- und Nationalisierungsbewegungen des 19. Jahrhunderts die Vereinigung beider Regionen zu einem ukrainischen Gesamtstaat. Formuliert wurden diese Ideen von verschiedenen Intellektuellenkreisen, darunter die Gruppe um Nikolai Iwanowitsch Kostomarow. Dieser forderte erstmals, die russische Geschichte auch als eine Geschichte der unteren Gesellschaftsschichten und ihres Einflusses auf die Entwicklung der Gesellschaft zu verstehen. Ihm ging es also weniger darum, eine nationale Identität der Ukrainer zu stiften, als um eine Vervollständigung der Wahrnehmung historisch relevanter Gruppen der russischen Geschichte. Für die britische und US-amerikanische Geschichte war das zu seinen Lebzeiten bereits Konsens. Ähnliche Ansätze wurden spätestens ab der Mitte des 19. Jahrhunderts auch in der kontinentaleuropäischen Geschichtsforschung verfolgt. Aber die russische Geschichte wurde bis dahin weitgehend als von den Herrschenden gestaltete Entwicklung gesehen. Die unteren Bevölkerungsschichten erschienen hier lediglich als

Vollzugsgehilfen bzw. in der sich gerade erst entwickelnden sowjetischen Geschichtsschreibung als Leidtragende und Opfer einer auktorialen Entwicklung.[13]

Kostomarows einflussreichster Nachfolger wurde Mychajlo Hruschewskyj, der eine ukrainische Tradition bis zu den Skythen behauptete. Er schätzte die Bedeutung der Waräger, also der Wikinger, für die Geschichte der Kiewer Rus gering ein und sah in den Kosaken das Paradebeispiel einer proto-proletarischen Volksbewegung mit egalitär-demokratischen Prinzipien. Ihre Kultur sah er vorwiegend als Autonomisierung der Schattenkultur russischer Leibeigener, nicht als Spiegelung der Sitten und Gebräuche mongolischer und türkischer Reitersoldaten.

Auch wenn die in dieser Zeit entstehende Sicht auf die ukrainische Geschichte heute als methodisch zweifelhaft, romantisierend und zweckgebunden erscheint, genießt dennoch vor allem Hruschewskyj bis heute in der Ukraine und in der ukrainischen Exilkultur vor allem in Nordamerika Kultstatus, sind seine Lehren beinah sakrosankt. Hierbei wird er allerdings vorwiegend nationalistisch interpretiert, während seine sozialistischen und seine radikaldemokratischen Lehren weitgehend ignoriert werden.

Diese falsche Sicht auf Hruschewskyjs Lehre wirkt sich auch auf die Wahrnehmung der ersten, kurzlebigen Ukrainischen Republik aus, deren Präsident Hruschewskyj 1917 wurde. Deren Entstehung war vor allem eine Folge der russischen Schwäche in der Endphase des

---

13 Die Hinwendung von Intellektuellen zu diesen Bevölkerungsschichten einschließlich der noch omnipräsenten Leibeigenen beschränkte sich nicht auf Litauen, sondern wurde auch in Russland selbst sehr populär, nicht zuletzt wegen ihrer wichtigsten Stimme, Leo Tolstoi.

Ersten Weltkriegs und der beginnenden Oktoberrevolution. Dies führte hinsichtlich der Ukraine sowohl zu einer innen- als auch außenpolitisch ganz neuen Lage.

In der Innenpolitik war mit der Februarrevolution in Petrograd und Moskau auch die russische Herrschaft in der Ukraine faktisch beendet. Das führte zu vier fast gleichzeitigen Staatsgründungen:

- Die konservativen Kräfte bildeten in Kiew am 17.03.1917 eine Art Honoratiorenparlament, die Zentralna Rada, die eine provisorische Regierung unter Hruschewskyjs Führung benannte. Als erste Forderung wurde die autonome Teilnahme der Ukraine an Friedensverhandlungen gefordert, wobei allerdings eine Unabhängigkeit von Russland zunächst nicht verlangt wurde. Eine entsprechende Proklamation vom 20.11.1917 ging entsprechend von der Ukraine als Teil eines föderativen Russlands aus. Die Unabhängigkeit als Ukrainische Volksrepublik erklärte die Zentralna Rada angesichts der Entwicklung in Russland erst am 22.01.1918.

- Die sozialistischen Kräfte waren zwar auch in der Zentralna Rada vertreten. Aber unabhängig davon entstand im Dezember 1917 ein bolschewistisches Komitee in Charkiw, das am 30.12.1917 die Gründung einer Sozialistischen Ukrainischen Volksrepublik verkündete, die wiederum autonomer Bestandteil innerhalb einer bolschewistischen Staatengemeinschaft sein sollte.

- Drittens kam es auf der Krim zu einem Aufstand der Krimtataren, der dort bis heute als Beleg einer nationalen Eigenständigkeit der Krim zitiert wird. Die am 13.11.1917 ausgerufene Volksrepublik erlag aber bereits am 23.02.1918 der von den Bolschewiki dominierten Schwarzmeerflotte.

- Viertens entstand nach dem Zusammenbruch der Habsburger Monarchie aus den österreichischen Teilen der Ukraine am 01.11.1918 die Westukrainische Volksrepublik, die sich aber rasch starkem Druck von polnischer Seite ausgesetzt sah.

Der Konflikt zwischen Bolschewiki und konservativ-nationalistischen Kräften eskalierte in der Ukraine relativ rasch. Am 07.02.1918 vertrieben die Bolschewiki die inzwischen auf über 800 Delegierte angewachsene Zentralna Rada aus Kiew. Doch inzwischen war auch ihre Position unhaltbar geworden.

In der Außenpolitik war Russland nämlich aus dem Bündnis gegen die Mittelmächte Deutschland und Österreich-Ungarn ausgeschieden. Lenin hatte am 08.11.1917 mit dem „Dekret über den Frieden" faktisch den Mittelmächten Friedensverhandlungen angeboten. Aber innerhalb der Bolschewiki herrschte Uneinigkeit, wie weit man den Forderungen der Mittelmächte nachgeben sollte. Insbesondere Leo Trotzki als Verhandlungsführer hoffte, die Verhandlungen so lange zu verzögern, bis es auch in anderen europäischen Staaten, vor allem im Deutschen Reich, zu sozialistischen Revolutionen gekommen sei. Die ukrainische Regierung allerdings schloss inzwischen mit Deutschland einen Separatfrieden, den sogenannten Brotfrieden vom 08.02.1918, der Deutschland dringend benötigte Lebensmittellieferungen aus der Ukraine sichern sollte. Dadurch wurden Trotzkis Hoffnungen aber konterkariert, sodass er die Verhandlungen mit den Mittelmächten angesichts eines deutschen Ultimatums am 10.02.1918 abbrach. Diese lösten daraufhin die Operation „Faustschlag" aus, die in nicht einmal vier Wochen fast die gesamte Ukraine, Belarus und das Baltikum unter deutsche Kontrolle brachte. Das zwang die bolschewistische Regierung zur Annahme des sehr nachteiligen Friedens von Brest-Litowsk.

Für die Ukraine bedeutete das Vorrücken der Mittelmächte, dass die Zentralna Rada ab dem 04.03.1918 wieder in Kiew tagen konnte. Doch war Deutschland rasch unzufrieden mit den Lieferungen aus der Ukraine, sodass die Zentralna Rada und die ihr zugehörende Regierung am 28.04.1918 aufgelöst und durch eine Diktatur unter Pawlo Skoropadsky ersetzt wurden. Skoropadsky nannte seine Herrschaft ein „Hetmanat", wählte also seinen Titel aus der Tradition der Kosaken und der kurzzeitigen Herrschaft von Bohdan Chmelnyzkyj. Damit versuchte er, an die Idee einer nationalen Tradition der Ukraine anzuknüpfen, wie sie Kostomarow und Hruschewskyj entwickelt hatten. Skoropadsky gelang es jedoch nicht, eine stabile Herrschaft zu errichten, zumal ihm auch die Unterstützung der Mittelmächte angesichts des deutschen Zusammenbruchs verloren ging. Am 16.11.1918 begann ein Volksaufstand gegen seine Herrschaft, der Skoropadsky am 14.12.1918 zum Rücktritt zwang. Das Hetmanat wurde wieder abgeschafft, die Ukrainische Volksrepublik neu gegründet. Die Westukrainische Volksrepublik, deren Regierung vor den polnischen Truppen von Lviv nach Ivano-Frankivsk hatte fliehen müssten, verkündete am 22.01.1919 die Vereinigung mit der Ukrainischen Volksrepublik. Die existierte zu diesem Zeitpunkt aber eigentlich schon nicht mehr. Inzwischen stießen nämlich die bolschewistischen Truppen in der Ukraine vor, welche die Ukrainische Volksrepublik nach der Eroberung von Kiew im Januar 1919 zerschlugen und die Ukrainische Sozialistische Sowjetrepublik gründeten, die bis heute den staatlichen Kern der Ukraine bildet. Die im Januar erfolgte Vereinigung mit der westlichen Ukraine ist allerdings danach nicht mehr rückgängig gemacht worden.

4.1.5.   Die Ukraine und der Holodomor

Die Jahrzehnte, während derer die Ukraine Teil der UdSSR war, bestimmen vor allem durch zwei Umstände in erheblichem Umfang die aktuelle Lage: der Holodomor einerseits, die Eingliederung der Krim in die Ukraine andererseits.

Der Holodomor galt lange als Hungerkatastrophe, welche die Ukraine vor allem 1933 traf. Als Gründe wurden Missernten und ein überhastetes und menschenverachtendes Vorgehen in der Einführung sozialistischer Reformen, vor allem hinsichtlich der Zwangskollektivierung, angeführt. Tatsächlich spielte dies in gewissem Umfang durchaus eine Rolle. Kollektivierung der Landwirtschaft und forcierte Industrialisierung waren die wesentlichen Prinzipien der sowjetischen Wirtschaftspolitik zwischen der Oktoberrevolution und dem Beginn des Zweiten Weltkriegs. Doch gerieten hier diese beiden Ansätze in Konflikt. Die ukrainischen Bauern sollten erhebliche Mengen von Getreide abgeben, dessen Verkauf auf dem Weltmarkt die Mittel für eine forcierte Industrialisierung Russlands bereitstellen sollte. Gleichzeitig sollte ab 1929 das russische und ukrainische Bauerntum durch die Dekulakisierung, also die Beseitigung des Großbauerntums, in eine Kollektivwirtschaft überführt werden. Hierzu wurden ca. 30.000 Menschen ermordet – neben Kulaken auch Kritiker dieser Politik und andere unliebsame Personen. Vor allem aber wurden mehr als zwei Millionen Menschen nach Sibirien deportiert, eine noch etwas größere Zahl wurde auf schlechtere Böden umgesiedelt, um die besseren Anbaugebiete den entstehenden Staatsbetrieben zu sichern.

Die mit solchen Maßnahmen ohnehin zu erwartenden Übergangsschwierigkeiten, die massiven Widerstände der Landbevölkerung und dann auch noch zwei Missernten 1931 und 1932 führten dazu, dass es in der ganzen UdSSR zahlreiche Hungertote gab. Aber in der Ukraine gewann diese Hungersnot eine ganz andere Dimension. Bisher die Kornkammer Russlands, brachen die ukrainischen Ernten massiv ein. 1932 wurden noch 4,3 Mio. t Getreide geerntet, verglichen mit 7,2 Mio. t im Jahr davor. Damit aber wurde die Versorgung der anderen Teile der UdSSR schwierig. Und es konnte zunehmend weniger Getreide auf den Weltmarkt gebracht werden, sodass auch hier die dringend benötigten Erträge deutlich zurückgingen.

Man hat lange geglaubt, dass die Hungerkatastrophe auch hinsichtlich der Ukraine damit erklärt sei. Damit blieb aber die Frage offen, warum die Opferquote in der Ukraine viel höher war als im Rest der UdSSR. Deswegen wird diskutiert, ob nicht der innerste Kreis um Stalin wahrscheinlich Mitte 1933 beschloss, die Nahrungsmittelversorgung der russischen gegenüber der ukrainischen Bevölkerung zu priorisieren. Schlimmer noch, es gibt deutliche Hinweise, dass man seitens der Regierung der UdSSR den Plan entwickelte, die ukrainische Bevölkerung durch den Hunger massiv zu dezimieren. So wollte man einerseits den Widerstand gegen die Dekulakisierung brechen, andererseits aber auch jede Idee einer ukrainischen nationalen Identität im Keim ersticken. Denn Stalin, aber auch seine Vertrauten sahen im Rückgang der Getreideproduktion eine antibolschewistische Verschwörung und vermuteten zudem innerhalb der Ukraine ein Aufbegehren ukrainischer Nationalisten gegen die stalinistischen Versuche, die Völker der UdSSR zu einem Staatsvolk zu verschmelzen. Daher wurde aus der Hungerkatastrophe ein Dezimieren der Bevölkerung durch Hunger, vergleichbar mit dem britischen Versuch einer teilweisen Ausrottung der irischen Bevölkerung im Zuge des Great Famine. Die so entstehenden Freiräume sollten von Russen besetzt werden, was eine Entnationalisierung der ukrainischen Bevölkerung beschleunigen sollte.

Die Folgen waren verheerend. Wenigstens 3,5 Millionen Menschen, möglicherweise aber bis zu 12 Millionen starben. Die Zahl hängt vor allem davon ab, ob man nur die unmittelbar an Hunger Verstorbenen rechnet oder auch die Opfer von Fehlgeburten oder der diversen Epidemien, welche unter der geschwächten Bevölkerung natürlich zahlreiche Opfer forderten. Aber selbst wenn man von 3,5 Mio. Toten ausgeht, entspricht dies ca. 14% der Bevölkerung der Ukraine im Jahr 1931. Im übrigen Russland starben infolge der Dekulakisierung etwa 3 Millionen Menschen, was etwa 4% der Bevölkerung entsprach. Allerdings, 25% der Bevölkerung, weitere 1,5 Millionen, starben in Kasachstan, wozu neben der Dekulakisierung auch die Zwangsansiedlung der nomadischen Bevölkerungsgruppen beitrug, die daher auch die größten Opferzahlen zu verzeichnen hatten.[14] Der Bevölkerungsanteil der Kasachen in Kasachstan fiel dadurch von 51% auf 38%. Hinzu kam eine kaum rekonstruierbare Anzahl von Auswanderern, aber auch von Binnenflüchtlingen, welche trotz der restriktiven sowjetischen Politik vor dem Hunger in andere Regionen zu fliehen versuchten.

Es besteht kein wissenschaftlicher Konsens, dass die Hungerkatastrophe wirklich ein gezielter Massenmord gewesen ist.[15] Aber in der Ukraine ist dies inzwischen eine Art Nationalmythos, das Massensterben ein nationales Trauma. Daher wird dies intensiv thematisiert, anders als z.B. in Kasachstan, das weiterhin eine eng an Russland angelehnte Politik betreibt. Entsprechend wird der Ausdruck „Holodomor" nur in

---

14   Cameron: Kazakh Famine, S. 119.

15   Engermann: Modernization, S. 194. Allerdings hat bereits der Erfinder des Begriffs „Genozid", Raphael Lemkin, die Hungerkatastrophe in der Ukraine als von der stalinistischen Politik intendierten Genozid bezeichnet. Vgl. auch Naimark: Stalin's Genocides, v.a. S. 51-55, der die stalinistischen Zwangsmaßnahmen von Dekulakisierung, Holodomor und „Großer Säuberung" (Bolschaja Tschistka) als zusammenhängenden Terrorplan versteht, hier aber in jüngeren Veröffentlichungen eine unentwirrbare Mischung aus genozidalen und politisch motivierten Terrormaßnahmen sieht (Naimark: Genocide, S. 183-187).

der Ukraine verwendet. Der Begriff entstammt ukrainischen Exilpublikationen der 1930er Jahre, wurde aber erst nach der Auflösung der UdSSR allgemein übernommen.[16] Es handelt es sich um ein Kunstwort aus den Stammwörtern „holod" und „mor". Ersteres bedeutet „Hunger", während „mor" wahrscheinlich zurückzuführen ist auf „moryty", was u.a. „töten durch Folter" bedeutet. Der Ausdruck meint also nicht einfach eine Hungersnot, sondern einen durch Entzug von Nahrung herbeigeführten qualvollen Tod. In dieser Wahrnehmung war der Holodomor ein Genozid, und als solcher bildet er ein wesentliches Element im Umgang der Ukraine mit Russland. Denn ein russisches Schuldeingeständnis, welches eine Brücke zur Verständigung bilden könnte, ist bis heute ausgeblieben.[17]

4.1.6.   Die Krim als Teil der Ukraine

Da die Ukraine kein historisch über Jahrhunderte definiertes Staatsgebiet umfasst, sind diverse Regionen an ihrer Peripherie über die Zeit hinweg mal mehr, mal weniger eindeutig Teil der Ukraine gewesen. Das betrifft Teile von Galizien ebenso wie Transkarpatien in der Grenzregion zu Ungarn und Polesien an der Grenze zu Belarus. Aber besondere Aufmerksamkeit kommt traditionell der Krim zu.

Die Krim war seit der Antike immer wieder Ziel von Eroberungswellen der Turkvölker. Nach den Hunnen, Chasaren, Kumanen und Tataren und einer kurzen Phase altrussischer Herrschaft durch das Fürstentum Tmutarakan beherrschten die Mongolen der Goldenen Horde ab dem 13. Jahrhundert die Krim, bis ihre Herrschaft im 15. Jahrhundert vom Osmanischen Reich abgelöst wurde. Aber bereits in der Endphase der mongolischen Herrschaft war das Khanat der Krimtataren

---

[16]   Applebaum: Red Famine, S. 363.
[17]   Vasil'ev/Mark: Politisierung, S. 177-178.

entstanden, welches dann zwar der osmanischen Herrschaft unterstand, aber doch ein erhebliches Maß an Autonomie bewahren konnte.

Die Raubzüge der Krimtataren nach Russland und in das Descht-i-Kiptschak der Ukraine waren ein wesentlicher Antrieb für die Entstehung der kosakischen Reiterverbände. Die Krimtataren betrieben dabei nicht nur Plünderungen, sondern versorgen aus dieser Region auch ihren florierenden Sklavenhandel nach Osten mit Nachschub.

Dies führte aber zunehmend auch zu kriegsähnlichen Konflikten mit dem nach und nach erstarkenden Russland, insbesondere als dann das Zarenreich gegen Ende des 17. Jahrhunderts eine Südexpansion auf Kosten des Osmanischen Reichs begann.

Hundert Jahre später, am Ende des Russisch-Türkischen Kriegs wurde die Krim unabhängig, ein Kompromiss zwischen Russland und der Türkei, der 1774 im Frieden von Küçük Kaynarca festgelegt wurde. Doch setzte jetzt eine staatlich geförderte Ansiedlung von Russen auf der Krim ein, die von Jekaterina II. (Katharina II.) 1783 annektiert wurde. Von da an war die Krim Teil des Russischen Reichs und blieb dies auch nach der Oktoberrevolution, auch wenn lokale Nationalisten wie oben erwähnt am 13.12.1917 die kurzlebige „Volksrepublik Krim" ausriefen.

In der UdSSR war die Krim als Sowjetrepublik formal autonom, doch forcierte die stalinistische Politik auch hier die Russifizierung. Die Krimtataren, inzwischen ohnehin eine Minderheit, wurden während des Zweiten Weltkriegs weitgehend enteignet und 1944 nach Sibirien deportiert. Man warf ihnen pauschal eine Kollaboration mit den Deutschen vor, was aber wohl nur für Teile der Bevölkerung bestätigt werden kann. Während der Deportation starben ca. 45% der Deportierten, aber auch nach der Ankunft in Sibirien war die Sterblichkeit sehr hoch.[18] Eine Rückkehr von dort wurde den Krimtataren erst nach dem Ende der UdSSR ermöglicht. Die Sowjetrepublik wurde 1945 auf Weisung Stalins aufgelöst, die Krim als Verwaltungsbezirk in die Russische Sowjetrepublik eingegliedert. Zugleich wurde Sewastopol als wichtigster Marinehafen im Schwarzen Meer aus dem Verbund der Krim gelöst. 1954 erfolgte dann die Umgliederung des Bezirks aus der russischen in die ukrainische Sowjetrepublik, wobei Sewastopol seinen Sonderstatus behielt.[19]

Am 20.01.1991 folgte im Rahmen des Zerfalls der UdSSR ein Referendum auf der Krim, was zur Neugründung der eigenständigen Sowjetrepublik führte. Im Selbstverständnis der Nationalisten auf der Krim bedeutete dies die Lösung von der Ukraine, während man in Kiew die Krim als autonome Republik innerhalb der ukrainischen Sowjetrepublik ansah. Entsprechend war die Krim auch Teil des Referendums über die Unabhängigkeit der Ukraine vom 01.12.1991. Kurz zuvor war in Moskau der Putschversuch gegen die Regierung unter Gorbatschow gescheitert, die Unabhängigkeit also mehr oder weniger alternativlos. Trotzdem lag auf der Krim die Wahlbeteiligung am Referendum bei 67%, im nach wie vor autonomen Sewastopol nur bei 63%, bei insgesamt 84,2% in der Ukraine. Die Krim verzeichnete 54%, Sewastopol 57% Zustimmung zur Unabhängigkeit der Ukraine, während es landesweit über 90% Zustimmung zum Referendum gab. Anders gesagt, knapp drei Viertel der Ukrainer, aber nur etwa ein Drittel der Bevölkerung der Krim hatte der Unabhängigkeit explizit zugestimmt. Zugleich verhinderte die ukrainische Regierung mit erheblichem Druck, dass es auf der Krim ein eigenständiges Referendum über eine Unabhängigkeit oder einen Anschluss an Russland geben konnte. Denn

---

[18]   Naimark: Fires, S. 101.
[19]   Sasse: Crimea Question, S. 120-121.

eine Rückgliederung der Krim nach Russland wäre wahrscheinlich die Konsequenz einer solchen Abstimmung gewesen, wenn man nicht eine Unabhängigkeit der Krim ins Auge fassen wollte. Aber die Krim war insgesamt ein viel zu lukrativer Bestandteil der Ukraine, als dass man sie ohne Weiteres hätte gehen lassen wollen. Über ihre Häfen lief in großen Teilen der Außenhandel der Ukraine, sie sorgte für Einnahmen aus dem Tourismus und war bekannt für ihre Agrarprodukte. Militärstrategisch kontrollierte sie faktisch die gesamte Schwarzmeerküste. Mit dem Hafen der russischen Schwarzmeerflotte in Sewastopol bildete sie auch ein wichtiges Faustpfand für weitere Verhandlungen mit Russland. Ohnehin hätten die nationalistischen Fraktionen in der Ukraine einem Verzicht auf die Krim keinesfalls zugestimmt, zumal die diversen Lasten der Vergangenheit, aber vor allem der Holodomor nach wie vor eine Normalität im Verhältnis beider Staaten erschwerten.

In den folgenden Jahren wurde die Krim aber zum Teil des sich anbahnenden Konflikts zwischen der Ukraine und dem wieder stabilisierten Russland unter Vladimir Putin. Dies entzündete sich an der von Moskau geförderten Autonomie-Bewegung der im Osten der Ukraine lebenden russisch-sprachigen Bevölkerung, involvierte aber sofort die Krim, auf der infolge der zaristischen Siedlungspolitik und der stalinistischen Deportation der Krimtataren inzwischen im Wesentlichen Menschen mit russischen Wurzeln lebten. Hinzu kamen insbesondere seit der Übertragung der Krim an die Ukraine 1954 zahlreiche von dort Zugewanderte, sodass mit Beginn der Autonomie der Ukraine hier 65,6% Russen und 26,7% Ukrainer lebten. Dies verschob sich trotz der Unabhängigkeit der Ukraine in den Folgejahren weiter, sodass 2001 auf der Krim 77% Russen lebten, gegenüber 10,1%

Ukrainern. Hinzu traten infolge der Rücksiedlung der Deportierten 11,4% Krimtataren.[20]

Russland annektierte 2014 die Krim, was ein Verstoß gegen das Völkerrecht war. Dabei ist die historische Entwicklung der Ukraine oder der Krim oder die Zusammensetzung der dortigen Bevölkerung ohne Belang. Russland hatte am 05.12.1994 das Budapester Memorandum unterzeichnet, demzufolge in drei separaten Dokumenten Belarus, Kasachstan und Georgien auf Nuklearwaffen verzichteten, im Gegenzug aber Russland wie auch die USA und Großbritannien die Unverletzbarkeit der zu diesem Zeitpunkt gegebenen Grenzen und die wechselseitige territoriale Integrität garantierten. Dies stellte bereits ein erhebliches Zugeständnis des Westens und der Ukraine dar, weil das Völkerrecht die territoriale Integrität anderer Staaten ohnehin garantiert, ohne dass eine der Parteien zusätzliche Gegenleistungen hierfür versprechen muss.

Die völkerrechtliche Verbindlichkeit des Memorandums ist verschiedentlich bestritten worden.[21] Doch wird dabei oft übersehen, dass auch im Völkerrecht ein „quid-pro-quo"-Prinzip gilt: Wechselseitige, unverbindliche Absichtserklärungen werden verbindlich, wenn eine der beiden Parteien die vereinbarten Leistungen erbracht hat bzw. fortlaufend erbringt. Das gilt insbesondere dann, wenn die einseitige Umsetzung der Vereinbarungen nicht rückgängig gemacht werden kann. Die Ukraine hat ihre von der UdSSR übernommenen Kernwaffen abgeschafft bzw. an Russland übergeben. Eine Rückkehr zum

---

[20]   Zahlen aufgrund der ukrainischen Volkszählung von 2001; vgl. https://2001.ukrcensus.gov.ua/eng/results/general/language/Crimea. Diese Zahlen berücksichtigen Sewastopol nicht, dessen Sonderstatus eine noch erheblich größere Dominanz der russischsprachigen Bevölkerungsgruppe bewirkte.

[21]   Belov: Einkreisung, S. 80.

Status quo ante ist hier faktisch ausgeschlossen. Zudem fehlten 2014 auch alle Anzeichen für ukrainische Bestrebungen nach nuklearer Bewaffnung, sodass die russischen Zusagen des Memorandums auch ohne Bestätigung durch die Duma in Moskau bindend gewesen wären. Die USA und Großbritannien hätten spätestens 2014 als Garantiemächte des Budapester Memorandums auf Seiten der Ukraine aktiv werden müssen. Das ist in nur sehr geringem Umfang geschehen. Da der Kernwaffenverzicht der Ukraine ein wichtiger Baustein des Atomwaffensperrvertrags gewesen ist, gefährdete die bestenfalls halbherzige Unterstützung der territorialen Integrität der Ukraine durch die NATO letztlich auch die Attraktivität des Atomwaffensperrvertrags und ähnlicher multilateraler Abkommen für andere Staaten.[22] Mehr noch, es hatte dies auch eine Signalwirkung für den Abschluss multilateraler Abkommen mit vom Westen abgegebenen Garantien.

Russland, insbesondere Putin selbst haben wiederholt die Annexion als letztes Mittel angesichts des Zustands der Ukraine und der dringenden Bitten seitens der Bevölkerung der Krim dargestellt. Die Entscheidung zu einem militärischen Engagement hierzu sei am 23.02.2014 gefallen. Dagegen spricht jedoch, dass die Medaillen, welche im Nachgang den Teilnehmern dieser Operation überreicht wurden, von einem Einsatz ab dem 20.02.2014 sprechen. Wichtiger noch, über einen Hacker-Angriff wurden Dokumente bekannt, deren Echtheit zwar nicht bis ins Letzte bestätigt werden kann, aber denen zufolge der Auftrag an die Firma, welche diese Orden hergestellt hat, bereits im November 2013 und unter Verwendung der entsprechenden Datumsvorgaben erging. Trifft dies zu, dann war die Annexion von

---

[22] Yost: Budapest Memorandum, S. 535-536.

langer Hand geplant und durch die gewalttätigen Ereignisse auf dem Maidan in Kiew vom 21.02.2014 nur zusätzlich legitimiert worden.[23] Für die Krim bedeutete die Annexion durch Russland die Umsetzung des Willens der lokalen Bevölkerungsmehrheit. Gleichzeitig etablierte sich aber ein scheindemokratisches Zwangsregime, das mit drastischer Unterdrückung bürgerlicher Rechte jeden noch so kleinen Protest oder Widerstand der dortigen Tataren und Ukrainer von vornherein ersticken wollte. Hier lassen sich Parallelen zur stalinistischen Epoche ziehen, als ebenfalls eine paranoide Grundhaltung der Moskauer Behörden, vor allem aber Stalins selbst, blindlings nach Verschwörern, Insurgenten und feindlichen Spionen suchte. Auch die juristische Verfolgung dieser angeblichen Verschwörer mit drakonischen Maßnahmen, ziellosen Verhaftungsaktionen und grotesk anmutenden Schauprozessen und resultierenden Urteilen erinnert immer mehr an die stalinistische Herrschaftspraxis. Im Umkehrschluss war dies ein weiteres gutes Argument für die Ukraine, sich nicht einfach kampflos zu ergeben, als Russland 2022 den Krieg erneut eskalierte.

4.1.7. Die Ukraine im Februar 2022

Welche Bedeutung hatte mithin der historische Vorlauf, als die Ukraine sich im Februar 2022 entschied, den Widerstand gegen die russische Invasion aufzunehmen? Also konventioneller militärischer Widerstand statt möglicher Alternativen wie Guerilla- oder Partisanentaktik, zivilem Ungehorsam, Emigration oder auch weitgehender Kollaboration. Dabei ist zu berücksichtigen, dass ein Widerstand fragwürdig wird, wenn er den Schaden, den er eigentlich verhindern soll, lediglich hinausschiebt, insbesondere, wenn es hier nicht um Jahrzehnte, sondern allenfalls um ein paar Monate geht. Denn zum einen

---

[23]   Urban: Verstellter Blick, S. 110.

kommt dann der durch den Krieg verursachte Gesamtschaden zu dem Schaden noch hinzu, den man eigentlich verhinderte wollte. Dieser tritt nicht nur dann dennoch ein, sondern wird oft noch vermehrt, weil der Feind Reparationen fordert, seinen Sieg zelebriert oder die durch den Krieg aufgewühlten Emotionen an den Unterlegenen auslässt.

Als Großbritannien am 03.09.1939 Deutschland den Krieg erklärte, war der Oberbefehlshaber der Kriegsmarine, Erich Raeder, und mit ihm eine große Zahl von Militärs, fest überzeugt, dass dieser Krieg nur mit einer katastrophalen Niederlage enden könnte.[24] Trotzdem widersetzte sich die Militärführung diesem Krieg nicht, so wenig wie die Bevölkerung. Dafür gab es viele Gründe, aber natürlich spielten auch diffuse Begriffe wie „Ehre", „Treue", „Vaterland" und „Tapferkeit" hier eine wichtige Rolle. Indes, angesichts des unglaublichen Leids, das ein Krieg mit sich bringt, verbieten sich solche Motive eigentlich umfassend. Wenn man also von einer hohen Wahrscheinlichkeit ausgehen muss, dass der Krieg nicht gewonnen werden kann, dann ist es moralisch unbedingt geboten, ihn nicht zu führen bzw. auf andere Widerstandsformen auszuweichen. Scheint eine Niederlage nicht unausweichlich, so bleibt immer noch eine Risiko-Abwägung Pflicht. Sonst spielt eine Regierung Va Banque mit dem ihr anvertrauten Volk, mit dem Gemeinvermögen und mit der kollektiven und individuellen Zukunft aller Bürger.

Als Russland im Februar 2022 den laufenden Krieg gegen die Ukraine massiv eskalierte, musste sich die ukrainische Führung also fragen, ob man diesen Krieg mit einiger Chance gewinnen konnte und ob die damit wahrscheinlich verbundenen Opfer geringer wären als die Folgen einer Eroberung der Ukraine durch Russland.

---

[24] Stang: Schiff, S. 385.

Zu jedem Zeitpunkt dieses Krieges ist ein ukrainischer Sieg aus eigener Kraft nur eine theoretische Option. Die Ukraine ist also auf Hilfe aus dem Westen dringend angewiesen. Aber selbst wenn man diese als gegeben annimmt, fragt sich, ob die Ukraine diesen Krieg gewinnen kann und wenn ja, ob die damit verbundenen Opfer geringer ausfallen als der auf diese Weise abgewendete Schaden.

Drei Schadensszenarien kann man hier heranziehen:

- Russland besetzt die Ukraine, macht sie zu einem Teil Russlands und behandelt sie danach wie andere Teile des Landes. Dann verliert die Ukraine nur ihre nationale Integrität.

- Russland besetzt die Ukraine, verbietet die ukrainische Sprache, Kultur usw., etabliert die stalinistische Unterdrückungsmaschinerie, wie sie schon in Russland, in Tschetschenien und auf der Krim in Gang gesetzt worden ist, und strebt womöglich eine Neuauflage des Holodomor an, mit Millionen von Toten und einer weitgehenden physischen und umfassenden kulturellen Vernichtung des ukrainischen Volks.

- Russland okkupiert den Ostteil der Ukraine. Der Westteil wird zu einem neuen Staat oder ebenfalls okkupiert, etwa, indem die über lange Zeit polnischen Regionen um Lviv und Ivano Frankivsk wieder polnisch, die kleineren Gebiete an der Grenze zu Ungarn wieder ungarisch werden. Dann wäre die Sehnsucht der westlichen Ukraine, Teil der EU zu werden, ebenso erfüllt wie der Wunsch des Donbas, wieder Teil Russlands zu werden.

Wenn man nicht metaphysischen Begriffen wie Nation und Vaterland anhängt, ist nur das zweite Szenario geeignet, einen Krieg zu rechtfertigen. Aber wenn man damit einen Krieg begründet, fragt sich, wie wahrscheinlich dieses Szenario ist.

Ein Blick auf die stalinistischen Verbrechen in der Ukraine ist hier zwar hilfreich. Aber neun Jahrzehnte kultureller Entwicklung sind auch an Russland nicht spurlos vorüber gegangen. Daher sollte man zum einen die oben bereits erwähnte Dissidentenhatz als Anhaltspunkt heranziehen, die aktuell im gesamten russischen Herrschaftsgebiet stattfindet – mit wachsender Tendenz zu immer irrwitzigeren Verballhornungen aller weltweit geltenden juristischen Standards und Strafzumessungen. Zudem muss man hier das russische Vorgehen bei der Niederschlagung der tschetschenischen Unabhängigkeitsbemühungen betrachten.

In Tschetschenien hat es keinen Holodomor gegeben. Es findet auch kein Genozid statt. Aber trotz vergleichsweise schwachen Widerstands ist die russische Armee hier mit äußerster Härte vorgegangen. Nach dem ausgesprochen blamablen Debakel des Ersten Tschetschenienkriegs, der 1996 zu Ende gegangen war, griff Russland im August 1999 ein zweites Mal das nach Unabhängigkeit strebende Autonome Gebiet Tschetschenien an. Von Beginn an führte Russland einen Terrorkrieg, in den neben der Armee auch Einheiten des Innenministeriums und vor allem Truppen des Omon, einer Spezialeinheit innerhalb der Russischen Nationalgarde, zum Einsatz kamen. Zudem rekrutierte die russische Seite in großer Zahl tschetschenische Kollaborateure, die vorwiegend Ramsan Kadyrow unterstellt waren. Es kam zu einer Fülle von Kriegsverbrechen gegen die eigene Bevölkerung. Tausende Tschetschenen, überwiegend junge Männer und Frauen, wurden entführt und sind z.T. bis heute spurlos verschwunden. Unbewaffnete Zivilisten wurden erschossen, zahllose Frauen vergewaltigt, z.T. ermordet.[25] Kadyrows Einheiten etablierten zudem ein bis heute funktionierendes System aus mafiösen Strukturen mit Schutzgelderpressung, Zwangsheiraten, Menschen- und Drogenhandel.[26] Der Westen sah

---

[25] Sauer/Wagner: Tschetschenien-Konflikt, S. 81.
[26] Satter: Darkness, v.a. S. 113-121.

dem weitgehend tatenlos zu, weil zum einen dies als innerrussische Angelegenheit betrachtet wurde, zum anderen die tschetschenische Unabhängigkeitsbewegung immer stärker unter den Einfluss islamistischer, vor allem wahhabitischer Lehren geraten war. Nach dem Ersten Tschetschenienkrieg hatte das Land die Scharia eingeführt und ein islamistisches Terrorregime errichtet. Der Westen wollte hier zwar nicht offen Saudi-Arabien kritisieren, das den tschetschenischen Islamismus unterstützte. Aber EU und NATO protestierten auch nur äußerst verhalten, als im zweiten Anlauf Russland jenes Regime mit brutaler Gewalt zerschlug.

Das russische Vorgehen in Tschetschenien und die wachsende Bedeutung tschetschenischer Söldner in der russischen Kriegführung seit dem Februar 2022 bildet einen wichtigen Aspekt bei der Frage, ob die Ukraine ihren Widerstand gegen die russische Invasion aufgrund des entstehenden Gesamtschadens aufgeben und einer dauerhaften Teilung des Landes zustimmen sollte. Der bisherige Verlauf dieses Kriegs deutet daraufhin, dass Russland vielleicht nicht so extrem wie im Zweiten Tschetschenienkrieg, aber nicht mit grundlegend anderen Methoden in der Ukraine vorgeht. Zwar wäre es extrem überraschend, wenn nicht auch die ukrainische Seite Kriegsverbrechen beginge, auch wenn es hierüber keine nennenswerten Informationen gibt. Es ist jedoch, bei aller Vorsicht gegenüber solchen Berichten aus laufenden Konflikten, die russische Kriegführung auch in der Ukraine von einer Zahl von Kriegsverbrechen geprägt, die das erwartbare Maß weit übersteigen. Insbesondere die in rückeroberten Ortschaften rund um Kiew entdeckten Massengräber und dokumentierten Kriegsverbrechen – etwa in Butscha – und die sehr große Zahl verschleppter Zivilisten sprechen hier eine deutliche Sprache.

Trotzdem bleibt die Frage, ob nicht die Ukraine im Februar 2022 gut beraten gewesen wäre, sofort zu kapitulieren, da ihre Aussichten auf einen kurz- oder mittelfristigen Sieg als sehr begrenzt einzustufen waren und sind.

Ein alternatives Szenario wäre eine Kriegserklärung der NATO an Russland. Dies wäre aber ein Verstoß gegen die NATO-Konvention, da mit der Ukraine kein Mitgliedstaat der NATO angegriffen worden ist. Und die völkerrechtliche Dimension des Budapester Memorandums ist kaum ausreichend, eine so weitreichende Entscheidung zu treffen. Hätte allerdings die NATO 2022 Russland den Krieg erklärt, hätte Russland seine Offensive wahrscheinlich sofort abgebrochen, da der westliche Rüstungsvorsprung vor Russland zu diesem Zeitpunkt bereits gigantisch war. Das Szenario war aber unrealistisch, nicht nur wegen der entsprechenden Regelungen der NATO-Charta und der Unmöglichkeit, angesichts des russischen Veto-Rechts ein UN-Mandat hierfür zu erhalten. Die USA, vor allem ihre Gas-, Öl- und Rüstungsindustrie hatten monetäres Interesse an diesem Krieg. Zudem hofften die USA, ihre Hauptkonkurrenten neben China, nämlich Deutschland und Europa insgesamt auf diese Art zu schwächen. Aber es war auch allen Beteiligten weitgehend klar, dass die USA nicht für irgendein Land in Europa, womöglich nicht einmal für einen NATO-Partner, einen Angriff auf ihr eigenes Territorium riskieren würden.

Die Ukraine so weit aufzurüsten, dass sie den Krieg gewinnen kann, war zu jedem Zeitpunkt ausgeschlossen. Die entstehenden Kosten wären weit mehr, als was die NATO zu tragen bereit wäre. Zweitens verfügt die Ukraine nicht über die hierfür notwendige Anzahl von Soldaten, erst recht nicht auf dem hierfür nötigen Ausbildungsstand. Drittens ließe sich seitens der Ukraine ein Krieg gegen Russland nicht gewinnen, wenn man ihn nicht massiv in russisches Gebiet hineinträgt. Das aber hätte die NATO mit großer Wahrscheinlichkeit in den Krieg involviert.

Damit geht die NATO auf einem schmalen Grat. Sie will diesen Krieg unbedingt möglichst lang in Gang halten. Zum einen verdienen westliche Rüstungskonzerne erheblich hieran. Es ist auch gelungen, die Mitgliedstaaten, insbesondere Deutschland, dichter an das seit vielen Jahren angestrebte Ziel zu bewegen, mindestens 2% des Bruttosozialprodukts in Rüstung zu investieren. Zweitens nützt dieser Krieg den nordamerikanischen, aber auch den norwegischen Öl- und Gaslieferanten, wird aber gleichzeitig indirekt auch zum Fortschrittsmotor Richtung einer umweltfreundlichen Energiegewinnung in Europa. Aber vor allem bindet dieser Krieg auf absehbare Zeit russische Truppen, die sonst vielleicht demnächst an der Grenze Moldawiens oder eines der baltischen Staaten aufmarschieren würden.

Aus ukrainischer Sicht wäre – mindestens was die Interessen der eigenen Bevölkerung betrifft – eine sofortige Kapitulation und Einwilligung in eine Zergliederung des Staats wahrscheinlich die sinnvollste Option gewesen und ist das bis heute. Der Westen ist längst kriegsmüde, die Finanzierung der ukrainischen Kriegführung bröckelt, es zeichnet sich ab, dass in ein, zwei Jahren geschehen wird, was man 2022 unter erheblich weniger Opfern bereits hätte haben können. Aber jenseits von blindem Nationalismus und der Geldgier von Rüstungskonzernen und korrupten Politikern bleibt die ukrainische Geschichte, bleiben aber vor allem Holodomor und Tschetschenien gute Gründe, warum die Ukraine nach wie vor nicht längst kapituliert hat. Und vielleicht bleibt nach der dann doch noch erfolgenden Kapitulation die internationale Aufmerksamkeit für geraume Zeit größer als hinsichtlich Tschetscheniens, was die schlimmsten Auswüchse der Okkupation auch verhindern dürfte.

4.1.8.   Eine Kapitulation der Ukraine in rechtsphilosophischer Sicht

Im Februar 2022 wurde noch eine andere Gruppe von Argumenten häufig herangezogen, um einen Abwehrkrieg der Ukraine als alternativlos zu bezeichnen. Man kann diese Argumente als Präzedenzfall-Warnungen bezeichnen, mit drei Untergruppen:

a) Eine Kapitulation der Ukraine – zu welchem Zeitpunkt auch immer – würde der russischen Führung weitere militärische Okkupationsversuche deutlich attraktiver machen. Ziele dafür gäbe es genug, nicht nur an der russischen Westgrenze im Baltikum, in Finnland oder vor allem in Moldawien. Sondern auch an der russischen Südgrenze, beginnend mit Georgien und Armenien, gäbe es durchaus attraktive Ziele für die nächsten Raubzüge der russischen Regierung.

b) Eine Kapitulation der Ukraine, ihre Okkupation, Zergliederung etc. würde auch anderen Staaten die Botschaft senden, dass internationale Verträge, Garantien von Grenzen usw. belanglos sind. Viele Staaten könnten dann begehrliche Blicke in ihre Nachbarländer werfen. Vor allem aber würden dann auch kleine Staaten beginnen, sich gegen mögliche Angriffe mit einer deutlichen Verstärkung ihrer Rüstungsaufwände zu wappnen.

c) Unabhängig von tatsächlichen militärischen Operationen würde durch die Schwächung des Völkerrechts oder allgemeiner der Prinzipien von Rechtsgültigkeit und Rechtsverbindlichkeit das schlichte Recht des Stärkeren wieder an Bedeutung gewinnen. Das gefährdet vor allem die Selbstbestimmtheit kleinerer Staaten, ist aber auf die Dauer auch ein Problem für größere und mächtigere Nationen. Denn diese müssten fortgesetzte Anstrengungen unternehmen, ihren Status auch auf lange Sicht zu wahren oder womöglich noch abzubauen.

Alle drei Argumente sind leider deutlich schwächer, als man sich das wünschen würde und vor allem seitens der NATO propagiert wurde. Zum einen: Der Krieg in der Ukraine bindet zwar russische Truppen. Aber sobald diese wieder verfügbar sind, wird die russische Führung so oder so auch in anderen Regionen wieder militärische Optionen mindestens erwägen. Das war vor 2022 so, ja findet sogar aktuell trotz des laufenden Kriegs statt. Vielleicht kommt es zu Verzögerungen, weil man die Verluste an Material und an erfahrenen Soldaten nicht unmittelbar kompensieren kann. Aber einen grundlegenden Wandel der russischen Politik könnte nur ein Sturz der aktuellen Regierung bewirken, und daran ist niemand interessiert, schon weil man nicht weiß, wie es dann in Russland weitergehen würde.

Was die Ermutigung anderer Aggressoren durch eine ukrainische Kapitulation betrifft, haben diverse Staaten auch vor 2022 offensichtlich wenig Skrupel verspürt, ihre außenpolitischen Ziele notfalls auch mit Gewalt zu erzwingen. Selbst das Desaster des argentinischen Überfalls auf die Falkland-Inseln 1982 hat kaum eine entsprechende Signalwirkung gehabt. Das zeigt vor allem der US-amerikanische Überfall auf eine andere Großbritannien zugehörende Insel, nämlich Grenada, im Oktober 1983, also nur ein Jahr später, der freilich die immer noch amtierende britische Regierung unter Margaret Thatcher nicht, anders als 1982, veranlasste, eine umfangreiche Marine-Operation gegen den Aggressor zu starten. Auch sonst haben insbesondere die USA, aber auch die NATO insgesamt nach 1945 immer wieder gezeigt, dass sie eine Umgestaltung der Landkarten zur Not auch gegen geltendes Recht erzwingen. Man mag den Angriff auf Afghanistan 2002 für moralisch legitim halten, aber der Angriff auf den Irak 2003 war es definitiv nicht, so wenig wie der erwähnte Überfall auf Grenada 1983 oder der auf Panama 1989. Auch die aktive Rolle der NATO in der Zerschlagung Jugoslawiens ab 1992 oder der Angriff auf Libyen 2011 waren völkerrechtlich gesehen mindestens fragwürdig. Und was den saudi-arabischen Kriegs gegen den Jemen betrifft, erweist sich dieser, hat man erst den Nebel von Propagandalegenden und Mythen durchquert, als ein einziges großes Kriegsverbrechen, was dann entsprechend auch für jegliche Unterstützung der saudischen Terrorkriegführung seitens der NATO gilt.

Zudem finden fortgesetzt in diversen Weltregionen, vor allem in Afrika, Eroberungen mehr oder weniger großer Gebiete statt, zerfallen Staaten, werden ganze Völker vertrieben, ohne dass hier in ähnlicher Weise von einem gefährlichen Präzedenzfall für das Völkerrecht gesprochen wird. Aber auch das allgemeinere Argument, dass man Gefahr läuft, das Recht des Stärkeren zum dominanten Prinzip auch in non- oder protomilitärischen Konflikten zu machen, wird dadurch zwar nicht irrelevant. Aber vor allem die USA, Russland und in gewissem Maß auch China und zahlreiche Staaten in Afrika und Südamerika haben immer wieder deutlich gemacht, dass für sie im zwischenstaatlichen Miteinander Macht auf jeden Fall wichtiger ist als Recht.

Damit bleibt von diesen Argumenten nur eins von großer Wichtigkeit: Die Ressourcen der Welt und jedes Staats sind begrenzt. Die Herausforderungen, welchen sich jeder Staat vor allem infolge des Klimawandels gegenüber sehen wird, sind schon in sehr naher Zukunft gigantisch. Die Welt kann sich eine weltweite Aufrüstung selbst dann nicht leisten, wenn diese nicht zu weiteren Kriegen und bewaffneten Konflikten führt. Die Menschen, die Gelder, die Rohstoffe, welche hier gebunden sind, werden fehlen, wenn es gilt, die Folgen des Klimawandels wenigstens hier und da abzumildern, vor allem aber, seine weitere Eskalation durch immer noch mehr CO_2 in der Atmosphäre endlich zu stoppen.

In erweitertem Sinn stellt der Klimawandel einen Gewaltakt gegen die Weltbevölkerung, die Natur, das Leben dar, der selbst den Zweiten

Weltkrieg in den Schatten stellt. Hier wie dort hat Macht statt Recht zur Begründung hemmungsloser Aggression gedient, haben Millionen Menschen ihr Leben verloren, weil einige wenige meinten, die eigenen Interessen zum alleinigen Maßstab ihres Handelns machen zu dürfen. Hier wie dort kann nur eine gemeinsame, große Kooperation aller Nationen, Völker, Staaten, NGOs usw. eine wenigstens minimale Chance eröffnen, dem allen Herr zu werden. Da darf es einen höchst nachdenklich stimmen, dass ein eigentlich lösbares, in jedem Fall übersichtliches Problem wie die russische Aggression gegen die Ukraine, so offensichtlich in Partikularinteressen und Angst vor dem als notwendig Erkannten zerfasert wird. Den Preis hierfür zahlen heute die Menschen der Ukraine. In Sachen Klimawandel werden schon morgen Millionen und Milliarden von Menschen für unser Zaudern, Zögern und endloses Diskutieren die Zeche zu zahlen haben. Mit dem einzigen, was ihnen dann noch geblieben sein wird: mit ihrem nackten Leben.

Vielen Dank.

4.2.   Literatur

Applebaum, Anne: Red Famine: Stalin's War on Ukraine, Ney York (Knopf Doubleday Publ.) 2017

Belov, Vladislav: Einkreisung durch den Westen? Russische Wahrnehmung westlicher Sicherheitspolitik, in: Heinz-Gerhard Justenhoven (Hrsg.): Kampf um die Ukraine: Ringen um Selbstbestimmung und geopolitische Interessen, Baden-Baden (Nomos) 2018

Cameron, Sarah: The Kazakh Famine of 1930–33: Current Research and New Directions, in: East/West: Journal of Ukrainian Studies, Vol. 3.2/2016, S. 117–132

Chenoweth, Erica, Maria J. Stephan: Why Civil Resistance Works: The Strategic Logic of Nonviolent Conflict, New York (Columbia UP) 2011

Clausewitz, Carl von: Vom Kriege, Hamburg (Nikol) 2008
Engerman, David C.: Modernization from the Other Shore: American
        Intellectuals and the Romance of Russian Development,
        Cambridge/Ms. (Harvard UP) 2009
Hobbes, Thomas: Leviathan, Harmondsworth (Penguin) 1986
Hoye, J. Matthew: Obligation and Sovereign Virtue in Hobbes' Levia-
        than, in: Review of Politics, Nr. 79/2017, S. 23-47
Kappeler, Andreas: Kleine Geschichte der Ukraine, 5., überarbeitete
        und aktualisierte Auflage, München (C.H. Beck,) 2019
Kramer, Andrew E.: Ukrainian Hackers Release Emails Tying Top
        Russian Official to Uprising, in: New York Times, 27. Okto-
        ber 2016, S. 4-5
Laukaitytė, Regina: Die letzten Monate der deutschen Okkupation in
        Litauen: Die Flucht der Litauer nach Deutschland 1944 und
        ihre politischen Vorstellungen, in: Annaberger Annalen, Nr.
        28/2020, S. 60-79
Menkiszak, Marek: The Putin doctrine: The formation of a conceptual
        framework for Russian dominance in the post-Soviet area,
        in: Centre for Eastern Studies: Commentary, Nr. 131/2014,
        S. 1-7, https://www.osw.waw.pl/sites/defaul t/files/com-
        mentary_131.pdf
Naimark, Norman M.: Fires of hatred: Ethnic cleansing in twentieth-
        century Europe, Cambridge/Ms. (Harvard UP) 2001
Naimark, Norman M.: Stalin's Genocides: Human Rights and Crimes
        Against Humanity, Princeton (Princeton UP) 2011
Naimark, Norman M.: Genocide: A World History, Oxford (Oxford UP)
        2016
Sasse, Gwendolyn: The Crimea Question: Identity, Transition, and
        Conflict, Cambridge/Ms. (Harvard UP) 2007
Satter, David: Darkness at Dawn: The Rise of the Russian Criminal
        State, New Haven (Yale UP) 2003
Sauer, Heiko, Niklas Wagner: Der Tschetschenien-Konflikt und das
        Völkerrecht: Tschetscheniens Sezession, Russlands Militä-
        rinterventionen und die Reaktionen der Staatengemein-
        schaft auf dem Prüfstand des internationalen Rechts, in: Ar-
        chiv des Völkerrechts, Bd. 45/2007, S. 53–83
Schalk, Sam van: Tibet: A History, New Haven (Yale UP) 2011
Stang, Knut: Das andere Prinzip Trotz, Grassel (Bärenbücher) 2015
Stang, Knut: Das zerbrechende Schiff: Seekriegsstrategien- und Rüs-
        tungsplanung der deutschen Reichs- und Kriegsmarine
        1918-1939, Frankfurt/M. (Peter Lang) 1995

Urban, Thomas: Verstellter Blick: Die deutsche Ostpolitik, Berlin (Edition.fotoTAPETA) 2022

Vasil'ev, Valerij, Rudolf A. Mark: Zwischen Politisierung und Historisierung: Der Holodomor in der ukrainischen Historiographie, in: Osteuropa, Bd. 54/2004, S. 164–182

Yost, David S.: The Budapest Memorandum and Russia's intervention in Ukraine, in: International Affairs, Vol. 91.3/2015, S. 505–538

5. Vier Kurzbeiträge zum Krieg in der Ukraine

Neben dem Vortrag von Shelley Burnside und Karsten Ahldner haben wir vier weiteren Teilnehmern der Tagung, welche zuvor bereits ihre Vorträge gehalten haben, gerne die Zeit eingeräumt, in kurzen Statements ihre Haltung und Sicht auf den unzweifelhaft einen Epochenwandel markierenden Angriff Russlands auf die Ukraine darzulegen. Auch diese Beiträge waren wichtige Anregungen für die anschließende Diskussion im Plenum, auch wenn hier wie dort es uns – was uns kaum überraschen konnte –nicht gelang, Lösungen zu entwickeln oder auch nur Einigkeit unter allen Beteiligten herzustellen.

5.1. Bertha Graanz: Das Ende der Spielzeit

Am Versuch, die aktuellen Vorgänge in der Ukraine in ein politisches Konzept zu bringen, sind schon klügere Köpfe als der meine letzthin mit Karacho gescheitert. Da macht es vielleicht nichts, wenn ich diesen Versuchen noch einen weiteren beigeselle.

Anlass ist neben dem täglichen Erleben ein kurzer, kluger Beitrag von Konstantin Wecker, der zu Pfingsten vor, ich glaube zwei Jahren, die Legitimität des scheinbar realitätsfernen Festhaltens an einem unbedingten Pazifismus unterstrichen hat. Man merkt, es dauert gelegentlich, eh man als bekennender Atheist, Antiklerikaler und gewissermaßen Antichrist über einen Pfingstbeitrag stolpert. Doch dies Stolpern war Ermunterung, mich einmal zu fragen, ob wir, die wir in den 80er Jahren uns als friedensbewegt verstanden haben, eigentlich komplettem Blödsinn nachgerannt sind. Frieden schaffen ohne Waffen. Schwerter zu Pflugscharen. Make Love, not War. Alles nur romantischer Bullshit, der jetzt von der rauen Wirklichkeit kalt abgeduscht worden ist?

Zunächst die mehr oder weniger unstrittigen Fakten:

- Im Februar 2022 hat Russland die Ukraine überfallen und führt seitdem einen Eroberungskrieg.

- Die Ziele dieses Eroberungskrieges sind nicht klar. Es scheint nicht sicher, dass auf russischer Seite hierüber Einigkeit besteht.

- Die Ukraine hat keine Verbündeten, wohl aber diverse Staaten, die ihrem Kampf mehr oder weniger wohlwollend gegenüberstehend und sie entsprechend mit Waffen, mit Geheimdienstinformationen und mit diversen Sanktionen gegen Russland unterstützen.

- Die Mehrheit der Großmächte – China, Indien, Brasilien - steht diesem Krieg abwartend bis neutral gegenüber.

- Die bisher erfolgte Unterstützung der ukrainischen Kriegführung durch den Westen reicht, um den Krieg zu verlängern, aber nicht, um ihn zu gewinnen.

- Es gibt kein Szenario eines Friedens zwischen beiden Staaten, welches nicht mehr oder weniger große Gebietsverluste der Ukraine bedeuten würde, nämlich mindestens eine dauerhafte Aufgabe der Krim und des Donbas.

- Diverse russische Stimmen plädieren für weitergehende Ziele wie eine Annexion der gesamten Schwarzmeerküste oder eine vollständige Okkupation der Ukraine, vielleicht auch weiterer Territorien in Rumänien, im Baltikum oder in Polen.

- Die ukrainisch-russischen Beziehungen sind unverändert schwierig wegen des Holodomor, also des stalinistischen Versuchs der 1930er Jahre, die ukrainische Bevölkerung mindestens massiv zu dezimieren, vielleicht auch insgesamt zu vernichten. Hierzu sind wesentliche Details erst in jüngster Vergangenheit bekannt geworden, was die antirussische Haltung in der Ukraine weiter verstärkt hat. Denn es konnte anhand russischer Archivalien nachgewiesen werden, dass der Tod von drei bis sieben Millionen Menschen in der Ukraine zwischen 1931 und 1935 von der sowjetischen Führung planhaft herbeigeführt worden ist.

Was wird unter diesen Vorzeichen wahrscheinlich geschehen? Auch hier gibt es mehrere Optionen:

a) Russland erobert den Donbas und bietet danach der Ukraine Frieden an. Die Ukraine beugt sich dem Unausweichlichen und verzichtet neben dem Donbas auch auf die Krim. Dieses Szenario könnte sich schon Anfang 2025 konkretisieren, da die Ukraine diesen Krieg nicht ewig aushalten kann. Die Frage ist jedoch, ob irgendeine ukrainische Regierung diese Regelung unterschreiben wird. Und der Westen, aber auch fast der ganze Rest der Welt kann an dieser Lösung kein Interesse haben. Denn damit geht der Schutzcharakter des Völkerrechts weitgehend verloren. Eine Fülle von Eroberungskriegen – in Taiwan, im Kashmir, in Arunachal Pradesh, in der Ägäis, in den Anden etc. – würde deutlich wahrscheinlicher.

b) Russland erobert die gesamte Ukraine. Die Folge wäre wahrscheinlich ein lang dauernder Partisanenkrieg, der jedoch aufgrund der deutlich anderen Geländegegebenheiten sich mit Afghanistan oder Vietnam nicht vergleichen lässt, sondern allenfalls mit der Situation in Tschetschenien 1999. Russland würde wie dort versuchen, mit massiver Gewalt die Ukraine zu befrieden. Auch daran dürften die meisten Staaten der Welt keinerlei Interesse haben.

c) Die Ukraine gewinnt den Krieg. Das scheint völlig ausgeschlossen, insbesondere, weil die Ukraine den Krieg nicht nach Russland tragen kann. Stattdessen wird das eigene Land zum

Schlachtfeld, während das Zivilleben in Russland weitgehend ungestört scheint. Das ohnehin große Ungleichgewicht erhöht sich durch diese einseitige Zerstörung weiter. Jeder Tag, den der Krieg in der jetzigen Konstellation fortgesetzt wird, macht einen Sieg der Ukraine unwahrscheinlicher.

d) Der Westen tritt auf Seiten der Ukraine in den Krieg ein. Das Ergebnis wäre wahrscheinlich eine rasche Kapitulation Russlands, das der gigantischen Rüstung der NATO nichts Nennenswertes entgegenzusetzen hätte. Aber: Dieses Szenario, das mit Sicherheit nicht ohne sechs- bis siebenstellige Opferzahlen zu realisieren wäre, ist im gesamten Westen nicht durchsetzbar. Und wir starren alle mit Unbehagen auf die Frage, was sich danach in Russland ereignen würde.

Was sollte der Westen, vor allem die NATO, in der jetzigen Situation tun? Nun, wir neigen als Deutsche gern dazu, Vergleiche zum Zweiten Weltkrieg zu ziehen. Vielleicht, weil das Auffinden eines zweiten Hitler es weniger peinlich macht, dass uns der erste irgendwie außer Kontrolle geraten konnte. Dennoch ist Putin kein zweiter Hitler. Seine Motive sind andere, auch seine Ziele und sein Selbstverständnis. Indes, es gibt Parallelen. Menschen, die heute sagen, man solle die Ukraine keinesfalls mit Waffen beliefern, hätten wahrscheinlich auch im September 1939 Großbritannien und Frankreich abgeraten, Polen beizuspringen und dem Deutschen Reich den Krieg zu erklären. Das Ergebnis wäre die bereits geplante Ermordung fast des gesamten polnischen Volkes gewesen, der osteuropäischen Juden, Sinti und Roma sowieso. Die Frage ist jedoch, ob das Problem der russischen Aggression sich mit Waffen lösen lässt. Ich bin ja wesentlich Anfang der 1970er sozialisiert, als „Mehr Demokratie wagen" noch ein Slogan war, der Menschen begeistern konnte. Es gab damals einen weitgehenden Konsens, dass, wie Doctor Who einmal formulierte, das Hermetischste zweifellos der Kopf eines Soldaten sei. Ein Konsens, dass Krieg eine Barbarei, ein Albtraum, eine Abscheulichkeit sei. Dass das Soldatentum die maximal mögliche Entfremdung des Menschen von seinem Menschsein darstelle. Aber vor allem: Dass in fast allen politischen Situationen Krieg keine Probleme zu überwinden vermöge, aber zahlreiche neue erzeuge. In diesem Geist prägte Friedrich Hacker den Satz, den Norbert Kandereit in seiner Auftaktrede des heutigen Tags schon zitiert hat: „Aggression schafft die Probleme, die zu lösen sie vorgibt."

Dieser antimilitaristische und vielleicht nicht pazifistische, aber doch friedensuchende Konsens scheint mindestens auf der politischen Bühne gänzlich dahin. Das wäre schon schlimm genug. Aber dann unterstützt man die Ukraine auch noch mit wenig mehr als symbolischen Gesten. Warum tut man das?

Mein Eindruck ist, dass die NATO ein zutiefst zynisches Spiel auf Zeit spielt. Man will diesen Krieg möglichst lang weiterlaufen lassen, weil man auf die Frage, wie er denn zu Ende gehen könnte, wie man danach mit Russland umgeht und wie sich Russland innenpolitisch entwickeln wird, überhaupt keine Antwort hat. Zudem verdient sich insbesondere die US-amerikanische Rüstungsindustrie an diesem Krieg weit mehr als nur eine goldene Nase. Und: Man hält den russischen Bären auf möglichst lange Zeit beschäftigt, sodass vorerst das Baltikum und Transnistrien nicht unmittelbar gefährdet sind. Ohnehin hofft man anscheinend, dass die ohnehin eher kleinen und schlecht ausgerüsteten russischen Streitkräfte sich in diesem Krieg so weit wie möglich abbrauchen, sodass eine anderweitige Aggression Russlands auf Jahre hinaus unmöglich wird.

Die Alternative für die NATO ist entweder ein massives militärisches Engagement, was aber letztlich, wie oben gesagt, nicht durchsetzbar ist und zudem das Problem nicht lösen würde. Man kann ja kaum ganz Russland auf Jahrzehnte unter Kuratel stellen. Oder man überlässt die Ukraine ihrem Schicksal, was eine moralische Bankrotterklärung wäre und zudem weitere Eroberungskriege Russlands oder auch anderer Nationen deutlich wahrscheinlicher macht.

Wenn man jedoch von den Forderungen einer humanistischen Moral abstrahiert, dann ergibt sich eine Konsequenz, die wahrscheinlich nicht weniger zynisch ist als die aktuelle NATO-Politik: Man entscheidet sich für die zweite der oben genannten Alternativen: Man lässt die Ukraine im Stich und behandelt Russland weiterhin – oder wieder, oder erstmals – als Partner auf Augenhöhe, als wäre nichts gewesen. Warum sollte man das tun? Der Grund ist schlicht, dass das Reden über die Ukraine die Diskussion eines Ehepaars über die Farbe der Tapete ist, während der Dachstuhl in Flammen steht. Und, falls das nicht klar ist, unter diesem Dachstuhl leben von Canberra bis Hammerfest wir alle. Man kann den Rauch riechen, wenn man nur vor die Tür geht und die vertrockneten Äcker im Rheintal oder die Überschwemmungen in Pakistan sich vor Augen hält. Das ist unser brennender Dachstuhl, der noch viel zu wenig gemeinsam mit dem Krieg in der Ukraine diskutiert wird. Das haben Ihnen gerade schon Shelley Burnside und Karsten Ahldner dargelegt. Der Klimawandel findet statt, er findet ringsum statt, und er findet viel schneller statt, als alle Szenarien bisher angenommen haben. Uns rennt die Zeit davon, und wir befassen uns mit allem, nur nicht damit. Allein, die Menschheit hat schlicht nicht die Ressourcen, sich außer um den Klimawandel noch um irgendetwas anderes zu kümmern. Nicht um einen Flug zum Mars, nicht um die neueste Handygeneration, nicht um die aktuelle Formel-1-Saison. Vielleicht noch um Rilke und Frank Zappa und Pablo Picasso. Aber das war's dann auch.

Die Rüstungsindustrie – befeuert vom Geldregen, den der Kanzler der Bundeswehr versprochen hat, wie auch von den Rüstungsplänen diverser sonstiger Regierungen – wirbt aktuell eine ganze Generation von Informatikern, Ingenieuren, Mathematikern usw. an. Dieses Potenzial ist aber nicht beliebig ersetzbar. Diese jungen, intelligenten Männer und Frauen werden fehlen, wenn es um Konzepte für einen Umbau der Städte, Deichbau an der Nordsee, Reorganisation der Wasserwirtschaft etc. geht. Und weltweit wird die vom Ukrainekrieg unweigerlich ausgelöste Rüstungsspirale dieses Problem in vielen Staaten um ein Vielfaches brisanter machen. Hier wird Geld, hier wird Arbeitskraft und Talent, hier werden auch Rohstoffe verschwendet, die an anderer Stelle eigentlich unverzichtbar sind. Der Beton, der für eine Rollbahn vergossen wurde, lässt sich nämlich für einen Deich nicht mehr zusammenkratzen, wenn erst die Nordsee Elbe oder Weser aufwärts stürmt.

Und dann ist natürlich auch allgemein bekannt, dass Kriege, vor allem aber die Angst davor, das beste Mittel sind, das Bevölkerungswachstum in einem Land anzukurbeln. Anstatt also alles zu tun, um die Weltbevölkerung wieder unter die ca. 3 Milliarden zu bringen, die diesen Planeten um 1960 bevölkerten, werden wir die gerade erst erreichten 8 Milliarden mithin noch viel schneller hinter uns lassen, als das ohnehin schon der Fall gewesen wäre.

Aber es ist ja nicht so, dass selbst ein massives Engagement der NATO auf Seiten der Ukraine die Welt von Völkermord und Krieg befreien würde. Der von den Chinesen betriebene kulturelle und z.T. auch physische Genozid in Tibet und an den Uiguren wird ebenso weitergehen wie die Verfolgung der letzten Regenwaldvölker in Brasilien. Die aus dem öffentlichen Interesse verschwundenen Konflikte im Kaukasus, im Jemen, im Kongo, in Syrien, im Sudan, in Nigeria, in Äthiopien, im Kashmir laufen weiter, unbeeindruckt von allem, was in der Ukraine geschieht. Vor allem aber wird der Klimawandel viel mehr Kriege generieren, als heute schon auf der ganzen Welt toben. Kriege ums

Wasser, Kriege um noch bebaubares Ackerland, Krieg und Gewalt, um klimabedingte Migrationsbewegungen zu stoppen oder wenigstens in andere Regionen umzulenken.

Der Krieg in der Ukraine ist nichts weiter als einer dieser Kriege, deren Vater der Klimawandel ist. Denn man muss schon sehr weltfremd, verträumt, personenzentriert oder schlicht romantisch sein, um zu glauben, Russland hätte diesen Krieg vom Zaun gebrochen, damit Putin sich als Erbe von Pjotr. I. oder Jekaterina II. präsentieren kann. Um das mystische Urprinzip des Rus in sein Ursprungsland zurückzubringen. Oder gar die ukrainische Demokratie zu zerschlagen, damit dieses mustergültige Beispiel westlicher Integrität und Staatsorganisation nicht womöglich noch ähnliche Bestrebungen in Russland auf den Plan ruft.

Die nüchterne Wahrheit ist, dass Russland mit der Ukraine sich wenigstens mal für die ersten Jahrzehnte des Klimawandels eine relativ belastbare Nahrungsmittelversorgung sichern will. Das funktioniert selbst dann, wenn Russland mit dem Donbas und einem mehr oder weniger großen Teil der Küste des Schwarzen Meeres mindest vorerst zufrieden sein sollte. Denn dann wäre die Ukraine so schwach, dass sie russischen Forderungen, allen Weizen nach Russland zu exportieren, sich nicht würde verweigern können.

Wer also Krieg und Völkermord in der Welt bekämpfen will, der sollte die Milliarden, die jetzt – zusätzlich zu den ohnehin gigantischen Militärhaushalten – in die Rüstung gepumpt werden sollen, lieber in Projekte investieren, die weltweit drei Dinge zu erreichen versuchen:

- den Klimawandel abzuschwächen: Also zum einen den weltweiten Ausstoß von CO_2 mit allen Mitteln reduzieren, wozu insbesondere der gesamte Lebenswandel in den Industriestaaten radikal geändert werden muss. Andererseits aber auch das bereits in der Atmosphäre befindliche CO_2 dort wieder herausholen: durch Begrünung, durch Aufforstung, durch Renaturierung von Sümpfen und Flussauen, durch Methoden, die aktuell noch gar nicht erfunden sind.

- die Auswirkungen des Klimawandels erträglicher zu machen: Man kann den Klimawandel vielleicht noch abschwächen. Aufhalten kann man ihn auf absehbare Zeit nicht. Daher muss man sich für seine Folgen wappnen. Deiche erhöhen, Rückhaltevorrichtungen für Starkregen-Ereignisse bauen, Glazialregionen mit Reflexionslack bepinseln, Trinkbrunnen im öffentlichen Bereich aufstellen. Man kann bereits jetzt Dutzende dringend gebotener Maßnahmen benennen, die durchweg nicht unternommen werden, weil wir ja unser Geld lieber in militärisch und politisch völlig sinnlose Rüstungsprojekte stecken.

- die Weltbevölkerung wieder auf das Volumen der 1960er Jahre zu reduzieren, also ca. drei Milliarden Menschen. Das wäre letztlich eine radikale Umkehr der Politik faktisch aller Staaten weltweit, die im Moment noch Paare finanziell fördern, wenn sie Nachwuchs in die Welt setzen. Das Gegenteil sollte der Fall sein. Und da spielt es auch nur eine nachgeordnete Rolle, dass ein neugeborener US-Amerikaner in seinem Leben viel mehr Umweltschäden zu verantworten haben wird als ein entsprechendes chinesisches oder kongolesisches Baby. Ein Problem stellt das eine wie das andere dar. So bitter das ist, dass wir schon das Tollste, was es auf der Welt gibt, nämlich kleine Kinder, als Problem ansehen müssen.

Ergreift man nicht mit voller Kraft alle drei oben genannten Aufgabenpakete, sondern verpulvert unsere intellektuellen, finanziellen und Rohstoff-Ressourcen, um den Krieg in der Ukraine möglichst lang in der Schwebe zu halten, dann wird sehr bald der Zeitpunkt kommen, wo die dann noch vorstellbaren und umsetzbaren Maßnahmen allesamt nicht mehr ausreichen werden. Wo dann die Reduzierung auf drei Milliarden Menschen – oder auch weniger – von der Natur im Alleingang umgesetzt wird. Mit einer solchen Gewalt, dass dagegen jeder Krieg nicht viel mehr Schrecken als ein Kindergeburtstag aufzubieten haben wird.

5.2.   Karl Germelmann: Sinn und Unsinn von Waffenlieferungen an die Ukraine

Die Ukraine fordert seit geraumer Zeit vom Westen die – möglichst unentgeltliche - Lieferung von Waffen, vor allem auch von schweren Waffen. Und sie will diese Waffen auch tief in Russland einsetzen dürfen, und nicht nur auf dem eigenen Territorium. Der Begriff „Schwere Waffen" ist zwar nicht gut definiert, man kann aber davon ausgehen, dass es vor allem um gepanzerte Fahrzeuge aller Größenklassen, Artillerie mit einem Kaliber ab 10 cm, daneben aber auch um mittelschwere Marine-Einheiten einschließlich U-Booten geht. Vor allem aber um weittragende Raketensysteme. Hingegen scheint die Ukraine Kampfflugzeuge und -hubschrauber entgegen gängiger Definition nicht zu den schweren Waffen zu rechnen, da deren Lieferung ja bereits in Gang gekommen ist.

5.2.1.   Szenarien

Nachfolgend ein paar Überlegungen zur Lieferung schwerer Waffen an die Ukraine bzw. zur Ausweitung dieser längst stattfindenden Lieferungen, und zu verschiedenen Alternativen, die hier und da bereits diskutiert werden. Zwar: Die aktuelle Situation ist kaum einschätzbar, und die Zukunft hat ohnehin die unschöne Eigenschaft, nur sehr begrenzt prognostizierbar zu sein. Dennoch lohnt sich vielleicht, verschiedene Szenarien vergleichen, was auch dabei helfen mag, die eigenen Handlungsoptionen besser zu begreifen.

d. Szenario A: Verzicht auf jegliche Unterstützung der Ukraine und Ende aller Wirtschaftssanktionen gegen Russland

Dieses Szenario würde eine Anpassung des Westens an die aktuelle Haltung Chinas und Indiens bedeuten. Die Folgen für das internationale Rechts-, Vertrags- und Wertesystem wären katastrophal. Ein

Verzicht auf Unterstützung der Ukraine zertrümmert weitgehend die ohnehin nicht endlos belastbaren internationalen Kooperationsstrukturen nicht nur in Europa, sondern weltweit. Das wäre zu jeder Zeit tragisch. Aber die Menschheit befindet sich in der Anfangsphase der ersten, vielleicht auch der letzten anthropogenen Klimakatastrophe. Diese erfordert unbedingt eine weltumspannende, vertrauensvolle Kooperation. Dies wird durch den aktuellen Konflikt, erst recht bei europäischer Abstinenz, in kritischer Weise erschwert. Alle Staaten würden sich auf sich selbst zurückgeworfen finden und ihr Heil in Aufrüstung und massiver Bündnispolitik suchen müssen. Für den Klimawandel gäbe es dabei auf Jahre hinaus keine hinreichende politische Aufmerksamkeit.

Allein, nicht nur würden auch kleine Staaten nolens volens massiv in ihre Rüstung investieren. Viel schlimmer ist, dass die durch Rüstung zunehmend gebundenen Mittel eigentlich für Maßnahmen zur Minderung der schlimmsten Folgeschäden des Klimawandels dringend benötigt würden. Da stimme ich unbedingt dem zu, was Bertha Graanz soeben dargelegt hat. Eine internationale Politik zur Schadensbegrenzung der Klimakatastrophe wäre also ihrer Ressourcen und ihrer internationalen Instrumente weitgehend beraubt. Russland würde ermutigt, demnächst Folgeschritte im Baltikum, in Ostpolen oder in Moldau und Rumänien zu unternehmen. Und andere Staaten würden sich gern auf diesen Präzedenzfall berufen, wenn etwa China eine gewaltsame Lösung der Taiwanfrage anstrebt, Indien das Kaschmirtal besetzt oder Argentinien wieder einmal mit den Falkland-Inseln liebäugelt. Was dann auch die aktuelle Haltung Chinas oder Indiens wenigstens teilweise erklärt.

Daher stellt das chinesische Modell letztlich kein akzeptables Vorgehen dar. Es sei denn, man ist bereit, das Völkerrecht zu einem nicht belanglosen, aber letztlich doch minder wichtigen Faktor in der internationalen Politik zu degradieren. Hinzunehmen, dass Staaten, sofern sie nur mächtig und skrupellos genug sind, Abkommen, Handelsverträge und multilaterale Vereinbarungen nach Belieben ändern können. In der Bekämpfung globaler Herausforderungen vorwiegend auf nationale oder allenfalls bilaterale Lösungen zu setzen. Und die Ukraine dazu zu verurteilen, den Preis für unsere Ungestörtheit zu zahlen. Wissend, dass es keine Garantie gibt, dass der russische Expansionsdrang sich – vielleicht nach einer Phase der Restituierung und Wiederaufrüstung - nicht auch aufs Baltikum oder auf Transnistrien richtet.

Dies letzte markiert ein zusätzliches Problem. Bei jedem kritikwürdigen Verhalten – seien es Personen, Gruppen oder ganze Staaten – fragt sich, welches Ereignis in einer ganzen Reihe den Ausschlag gibt, sich dafür einzusetzen, das jeweilige Vorgehen zu stoppen. Und ab wann man das unter Aufbietung aller Kräfte und ohne Vorbehalte machen sollte.

Im Vorfeld des Zweiten Weltkriegs gab es mehrere solche Punkte: die Annexion des Saarlands 1935 oder Österreichs 1938, die Reichspogromnacht im selben Jahr und die Annexion des Sudetenlands, um nur einmal die signifikantesten Stationen zu nennen. Aber erst die deutsche Frontstellung gegen die Tschechoslowakei im Vorfeld der Münchner Konferenz veranlasste 1938 Großbritannien und Frankreich, von der Idee eines Appeasements abzurücken und die eigenen Streitkräfte kriegsfähig zu machen. Die Maschinerie lief langsam, träge und weitgehend im Geheimen an. Als Deutschland im März 1939 auch noch den verbliebenen Rumpfstaat der Tschechoslowakei annektierte, war daher vor allem die britische Aufrüstung noch nicht weit genug gediehen, musste man ein weiteres Mal auf eine Kriegserklärung verzichten. Doch erfolgte jetzt immerhin die britische und französische Garantie-Erklärung für Polen. Aber erst der Angriff am 01. September

1939 fand die westlichen Mächte halbwegs bereit für diesen Krieg, auch wenn die Kriegserklärung zwei Tage später immer noch ein riskantes, aber offensichtlich unvermeidbar gewordenes Unterfangen war.

Ohne zu einfache Vergleiche zu ziehen: In den letzten Jahren gab es ähnliche Stationen, die eine deutlichere Positionierung gegen Russland durchaus sinnvoll gemacht hätten. Zuvorderst hier zu nennen ist natürlich die Annexion der Krim 2014, aber auch die Anerkennung der Separatisten im Donbas und in Transnistrien, das brutale Vorgehen in Tschetschenien, das Engagement in Georgien. Wenn man jetzt also einen weiteren massiven Völkerrechtsbruch durch die russische Seite einfach geschehen lässt, muss man sich fragen, wann – wenn jemals – der Punkt erreicht ist, wo man gegen ein solches Verhalten eindeutig Stellung bezieht. Denn eins darf man als sicher ansehen: Eine Zerschlagung der Ukraine, eine Annexion des Donbas usw. wäre für Russland kein krönender Abschluss einer Rückkehr zur russischen Grenzlinie des Jahres 1914. Es wäre lediglich der Beginn, schon weil die seinerzeit ebenfalls besetzten Regionen Polens, des Baltikums und Finnlands noch nicht okkupiert wären. Also steht man irgendwann erneut vor den gleichen Fragen wie jetzt.

Aber: Die westliche Wirtschaft liefe bis dahin halbwegs ungestört weiter. Man könnte wieder ungehemmt Handel mit Russland treiben, vor allem sorglos russisches Erdgas und -öl beziehen sowie die diversen sonstigen Rohstoffe, die bisher vorwiegend aus Russland importiert wurden. Und ganz sicher müsste sich keiner mehr verschüchtert umsehen, der im Supermarkt nach russischem Wodka greift. Den Preis dafür zahlte allemal die Ukraine, die durch unsere vornehme Zurückhaltung zerbrechen, in Einzelstaaten zersplittert, teilweise annektiert werden würde. Und auf dem Weg dahin einen verzweifelten

Abwehrkampf führen müssten, dessen Verlauf zwar nicht unausweichlich, aber doch mit einiger Wahrscheinlichkeit desaströs wäre.

e. Szenario B: Fortsetzung und Intensivierung der Wirtschaftssanktionen

Es ist in der Vergangenheit nie gelungen, mit Wirtschaftssanktionen Kriege zu beenden. Der Westen vergisst gern, dass nicht alle Länder, Kulturen, Menschen einem ausschließlich monetären Lebensprinzip huldigen. Sonst hätten der Iran, Kuba oder Nord-Korea längst nachgegeben und wären in die liebenden Arme des kapitalistischen Weltbeglückungsprojekts zurückgeeilt. Stattdessen akzeptiert man in allen diesen Ländern die Sanktionen und ein Leben auf einem vergleichsweise niedrigen Niveau, weil man andere Dinge als materiellen Wohlstand priorisiert. Das sind nicht einfach Zwangsstaaten, wo eine entfesselte Diktatur das Volk in Dummheit und bitterer Armut hält. In allen diesen Ländern steht die Mehrheit der Bevölkerung anscheinend hinter ihren Regierungen – auch wenn aus unserer Sicht dieser Gedanke mitunter recht bizarr erscheint.

Und: Diese Sanktionen setzen den Westen genauso unter wirtschaftlichen Druck, sodass man mit Verweis auf die aktuelle Not an die meisten – ohnehin viel zu geringen – ökologischen Errungenschaften der letzten Jahre die neoliberale Axt ansetzen wird. Das betrifft aktuell das Frackingverbot in Deutschland ebenso wie die Ungestörtheit von Natur- und Landschaftsschutzgebieten oder den Ausstieg aus der Kernenergie. Da ist es kaum vorstellbar, dass man zugunsten von Küstenschutz und Flusstalsicherung die verschuldeten Haushalte weiter belastet oder womöglich auf ehrgeizige Rüstungsprojekte verzichtet.

f. Szenario C: Neben den Wirtschaftssanktionen erfolgt eine kontinuierliche,
aber nicht umfassende Lieferung von Waffen

In diesem Szenario wäre der Krieg sicher nicht schlagartig zu Ende.
Aber die Fähigkeit der Ukraine zu offener Verteidigung, erst recht ein
Erweitern der eigenen Möglichkeiten auf Angriffsoptionen im Sinne einer symmetrischen Kriegführung einschließlich eines Gegenangriffs
auf russisches Territorium wäre damit kaum noch gegeben. Die Ukraine müsste auf asymmetrische Kriegführung und zivilen Widerstand
ausweichen, wie diese z.B. die Fatah, die Hamas und die Hisbollah seit
vielen Jahren gegen Israel anwenden. Auch dann könnte man den
Krieg auf das Land des Feindes ausweiten, aber eben nicht mit einer
Panzeroffensive, sondern mit Terroranschlägen in U-Bahnen oder auf
Industriezentren, den Flugverkehr oder besonders exponierte Personen des feindlichen Machtapparats. Im Ergebnis würde sich so der
Krieg perpetuieren, also mit schwankenden Opferzahlen Jahre, vielleicht Jahrzehnte weiterlaufen. Die Wirtschaft der Ukraine bräche
weitgehend zusammen, sodass auch ihre Rolle als globaler Agrarversorger deutlich reduziert wäre. Und das in Zeiten, wo aufgrund des
Klimawandels die weltweiten Ernten ohnehin stark bedroht sind.
Im Gegenzug wäre Russland langfristig in der Ukraine gebunden und
kaum in der Lage, einen weiteren Konflikt – etwa um Transnistrien
oder die baltischen Staaten – vom Zaun zu brechen. Die russische
Wirtschaft wäre – auch bei verstärkter Wendung Richtung Indien und
China – massiv geschwächt, mit allen bekannten Folgen für die Zivilbevölkerung. Und diese Bevölkerung müsste zugleich über viele Jahre
Heimkehrer aus dem Ukraine-Krieg, auch Kriegsbeschädigte, Traumatisierte usw. wieder in die Gesellschaft integrieren – was sie im Gefolge
des Afghanistankonflikts anscheinend nur mäßig erfolgreich bewerkstelligt hat.

Ist dieses Szenario aus westlicher Sicht wünschenswert? Eigentlich nicht. Zwar bliebe der Frieden zwischen der NATO und Russland erhalten. Aber um den Preis einer Verwüstung der Ukraine, auch um den Preis, dass jedem anderen potenziellen Aggressor in der Welt die klare Botschaft gesendet wird, dass die NATO einem völkerrechtswidrigen Überfall auf einen anderen Staat nur mäßigen Widerstand entgegensetzen wird. Und dass die diversen Sicherheitsbündnisse des pazifischen Raums und letztlich die UNO diesem Beispiel schon aus weitgehender Machtlosigkeit heraus folgen müssten.

g. Szenario D: Die Ukraine erhält schwere Waffen und weittragende Raketensysteme, aber keine personelle Unterstützung

Ein Gedankenexperiment: Als Deutschland den Mummenschanz um den Sender Gleiwitz inszenierte und als vorgebliche Reaktion darauf am 01.09. die Westerplatte vor Danzig beschoss, erklärten Frankreich und Großbritannien Deutschland den Krieg – sehr zum Entsetzen der Nazis um Hitler übrigens, da man das für ausgeschlossen gehalten hatte. Aber was wäre passiert, wenn man eine Möglichkeit gesehen hätte, Polen mit Waffen zu beliefern, ohne selbst Kriegspartei zu werden? Die Option stellte sich nicht, zumal die bis dahin neutrale UdSSR auf Basis des Hitler-Stalin-Pakts am 17.09.1939, auf dem Höhepunkt der Schlacht um Warschau, Polen in den Rücken fiel. Aber was, wenn es diese Option gegeben hätte? Man darf wohl annehmen, dass der Krieg in Polen deutlich länger gedauert und deutlich mehr Opfer gefordert hätte. Die Verwüstung Polens wäre noch schrecklicher ausgefallen. Vielleicht wäre auch die deutsche Kampfkraft dadurch so erschöpft gewesen, dass man sich auf einen Verständigungsfrieden im Westen wie im Osten eingelassen hätte: Okkupation von Danzig und dem Korridor, von Oberschlesien und einigen kleineren Territorien,

Zwangsabrüstung, dauerhafte Neutralität Polens und weitreichende Handelszugeständnisse. Klingt vertraut? Kein Zufall.

Stellt dies also eine Option für die aktuelle Situation dar? Man muss dies Szenario in zwei Varianten betrachten. Die erste wäre, dass, so ausstaffiert und fortlaufend weiter versorgt, die Ukraine die russische Armee zum Rückzug zwingt, sie also in offener Kriegführung besiegt. Wie wahrscheinlich ist diese Variante?

Es hat immer wieder Versuche gegeben, ein angegriffenes Land lediglich durch finanzielle und materielle Unterstützung so stark zu machen, dass der Feind besiegt werden kann. 1939 wäre das in Polen auch ohne den sowjetischen Angriff mit großer Wahrscheinlichkeit fehlgeschlagen. So wie im Siebenjährigen Krieg die englische Unterstützung nicht zu einem preußischen Sieg führte, sondern der unerwartete Tod der russischen Kaiserin das eigentliche umfassend besiegte Preußen doch noch rettete. So wie Waffenlieferungen den Krieg in Vietnam so wenig zugunsten des Westens zu entscheiden vermochten wie in Angola oder zuletzt in Syrien. Waffenlieferungen machen ein angegriffenes Land nicht größer und nicht unwegsamer, und sie vergrößern nicht die Bevölkerung, schon gar nicht die Anzahl motivierter und gut ausgebildeter Soldaten. Sie würden daher auch in diesem Fall keinen Sieg der Ukraine in symmetrischer Kriegführung herbeiführen. Die andere Variante ist, dass trotz Waffenlieferungen und Sanktionen die Kräfte der Ukraine nach und nach verschleißen. Aber das heißt nicht, dass es – mit oder ohne schwere Waffen aus dem Westen – dann zu einem russischen Siegfrieden und einer Art Friedhofsruhe in der Ukraine käme. Was 1939 in Polen, 1940 in Dänemark, Norwegen, dann in den Niederlanden und Fin rankreich, ab 1941 in Jugoslawien und in der UdSSR geschah, würde auch jetzt wieder passieren: Die besetzten Gebiete würden in die asymmetrische Kriegführung wechseln.

In einem asymmetrischen Krieg gewinnt die schwächere Seite, wenn sie nicht verliert. Und die bisherigen Erfolge der Ukraine lassen das als wahrscheinlich erscheinen. Eine Niederlage in einem symmetrischen Krieg würde also nicht unausweichlich das Ende des ukrainischen Widerstands bedeuten, vor allem dann nicht, wenn verschiedene Erfolge in symmetrischer Kriegführung einen tragfähigen nationalen Mythos dann auch für die asymmetrische Kriegführung geschaffen haben.

Wer heute schwere Waffen an die Ukraine liefert, muss sich fragen lassen, ob dieses Szenario sein Ziel ist. Also eine langfristige Verlängerung des Krieges, damit auch des Leidens, der Verwüstung, der weitgehende Wegfall der Ukraine als Getreideproduzent. Mehr noch, man riskiert eine weitere Eskalation, in der Russland dann vielleicht auch taktische Kernwaffen einzusetzen sich nicht mehr scheut. Eine solche Vorgehensweise schafft der NATO – vielleicht auf Jahre hinaus – Luft. Jahre, in denen man dem Leiden in der Ukraine mehr oder weniger betroffen zuschaut, Sanktionen und Waffenlieferungen fortsetzt und vor allem die eigenen Rüstungsanstrengungen massiv ausbaut. Aber eben auch selbst nur mäßig bis gar nicht bedroht ist.

Natürlich kann man eine solche Politik als zynisch und widerwärtig bezeichnen. Das sind aber ästhetisch-moralische Begriffe, welche in internationalen Beziehungen selten gute Ratgeber sind. Allein, was oben und von meinen Vorrednerinnen schon gesagt wurde, gilt hier noch mehr: Angesichts der beginnenden Klimakatastrophe kann niemand, Russland nicht, die NATO nicht, auch nicht China oder Indien, es sich leisten, die vorhandenen Ressourcen in Rüstung zu pumpen. Zudem muss man eins bedenken: Ressourcen sind erst in zweiter Linie monetäre Mittel. Die lassen sich zur Not über Schulden und Inflation, also letztlich durch Plünderung der Sparguthaben und auf Kosten folgender Generationen abdecken. Aber die Aufrüstung wird ebenso materielle Ressourcen verschlingen, die dann an anderer Stelle fehlen werden: Rohstoffe, Chips, vor allem aber Knowhow und kluge Menschen. Gute Ingenieure lassen sich nämlich nicht beliebig skalieren oder gar klonen. Wer heute in die Rüstung geht, geht nicht morgen in die Katastrophenanalytik und nicht in Forschungsprojekte zur Decarbonifikation der Atmosphäre. Oder, wie das alte norddeutsche Sprichwort lautet: „Wer Panzer baut, baut keine Deiche."

Schritt für Schritt hebt der Westen seine Restriktionen auf, die bisher das eine oder andere Waffensystem von der Versorgung ausgeschlossen haben. Auch die Bundesregierung hat sich diesbezüglich in einigen Themen umentschieden, ein Schatten, über den zu springen vor allem innerhalb SPD und Grünen manchem sehr, sehr schwergefallen sein dürfte. Aber nicht vergessen: In der Zeit, die mancher braucht, um über seinen Schatten zu springen, springen andere über Klingen. Indes, eins gilt nun einmal: Man schenkt einem Ertrinkenden kein Päckchen mit Klebstoff, Gummirolle und Bauanleitung für die Do-it-yourself-Schwimmweste. Man springt ins Wasser und holt ihn raus.

h. Szenario E: Die NATO engagiert sich militärisch gegen Russland

Wenn Waffenlieferungen also nicht reichen, wie steht es dann mit einem direkten Engagement der NATO im Ukraine-Konflikt?

Diverse Völkerrechtler – und die Encyclopedia Britannica – sind der Ansicht, dass der Lend-Lease-Act der USA vom 18.02.1941 faktisch eine Kriegserklärung der USA an Deutschland darstellte. Am 28.04.2022 haben die USA denselben Act zugunsten der Ukraine in Kraft gesetzt. Etliche Autoren und der Wissenschaftliche Dienst des Bundestags meinen auch, die Ausbildung ukrainischer Soldaten auf deutschem Boden stelle eine faktische Kriegserklärung dar. Vielleicht befindet sich der Westen also bereits im Krieg mit Russland, auch wenn beide Seiten dies aktuell nicht ansprechen wollen. Insofern vielleicht ganz gut, dass auch Russland sich nicht allzu sehr für das Völkerrecht zu interessieren scheint und überdies einen Krieg gegen die NATO um jeden Preis vermeiden muss.

Doch wer wirklich ernsthaft einen Krieg der NATO gegen Russland fordert, sollte mehrere Dinge bedenken:

- Völkerrecht: Wie gesagt, der russischen Regierung ist das Völkerrecht offensichtlich momentan völlig egal. Wenn Russland hoffen darf, einen Angriff auf einen NATO-Staat erfolgreich abzuschließen, wird dieser Angriff erfolgen, mit allenfalls mäßigem Interesse für die völkerrechtliche Dimension. Man wird diesen Angriff wahlweise mit Waffenlieferungen, einem unbewiesenen direkten Engagement der NATO in russischen Interessenssphären oder auch mit Nosferatus Weissagungen begründen, wenn überhaupt. Zweitens aber kann die Regierung eines Landes andere Länder um Hilfe ersuchen. Das hat die Ukraine bereits etliche Male getan, sodass aus Sicht des Völkerrechts ein Engagement der NATO in diesem Konflikt rechtens wäre. Oder eigentlich der jeweiligen NATO-Staaten, deren Entscheidung hierin letztlich autonom erfolgen würde. Allerdings ist es extrem unwahrscheinlich, dass angesichts des russischen Vetorechts die NATO-Staaten ein entsprechendes UN-Mandat erhielten. Aber die völkerrechtliche Legitimität einer Unterstützung der Ukraine – in welcher Form auch immer – hätte ohnehinkeinen Einfluss auf die russische Entscheidung, wie man hierauf reagieren würde.
- Lokale Eskalation: Ein Engagement der NATO in diesem Konflikt würde zu einer lokalen Eskalation in der Ukraine führen, wahrscheinlich auch mit Einsatz taktischer Kernwaffen. Das Land wäre das Schlachtfeld Europas, mit entsetzlichen Folgen.
- Kontinentale Eskalation: Man müsste Russland faktisch überrennen, um eine Ausweitung des Kriegs auf ganz Osteuropa,

vielleicht darüber hinaus, zu verhindern. Allerdings verfügt Russland nicht über genügend konventionelle Kräfte, um weitere große Offensiven – etwa Richtung Ostpolen, Baltikum oder Karelien – zu unternehmen, solange der Konflikt in der Ukraine nicht beendet ist. Auch eine konventionelle Abwehr der NATO wäre kaum realisierbar. Daher wird Russland im Falle eines massierten Angriffs der NATO die Option eines begrenzten thermonuklearen Angriffs mindestens erwägen, der den wesentlichen Zentren des Feindes im Nahbereich – Kiew, Warschau, Berlin - gelten dürfte. Das würde Gegenschläge nach sich ziehen, die je nach Haltung der USA sehr leicht auch zum globalen Schlagabtausch mit Kernwaffen führen könnten.

- Globale konventionelle Eskalation: Wenn man Russland angreift, muss sich das nicht unbedingt auf das Schlachtfeld Ukraine beschränken. Eine konventionelle Kriegführung müsste Russland die Rückzugsräume im Osten nehmen. Angesichts der Neutralität von Afghanistan, China und Nord-Korea kann ein solcher Angriff nur über Japan erfolgen, mit einem raschen Vorstoß in die endlosen Weiten Sibiriens – um dort dann im Schlamm ehemaligen Permafrostbodens steckenzubleiben und den Wäldern Jakutiens beim Niederbrennen zuzusehen. Vor allem aber droht dann ein globaler Seekrieg mit einem erneuten Zusammenbruch diverser Lieferketten und vielleicht auch lokalen Schlägen durch unterseeische Kernwaffenträger der russischen Seite, insbesondere gegen die Erdölförderung in Saudi-Arabien und in der Nordsee.

- Surgical Strikes: Diverse Stimmen meinen, man könne eine solche Konfrontation auf wenige, präzise Vernichtungsschläge gegen Schlüsselfunktionen des russischen Macht- und Militärapparats führen. Doch haben die letzten Jahre vor allem in Pakistan und Afghanistan gezeigt, dass auch solche scheinbar gezielten Angriffe eine große Anzahl mehr oder weniger unbeteiligter Opfer bringen. Und Al-Kaida, Hisbollah und Hamas haben sich durch die Ermordung diverser Anführer bisher nur wenig beeindruckt gezeigt. Dennoch gibt es legitime Überlegungen, Putin und seine Kamarilla von einem Spezialkommando oder sogar über Satelliten-Angriffe zu töten. Doch ist dabei zu berücksichtigen, dass die russischen Sicherungsmaßnahmen die der Al-Kaida weit überschreiten dürften. Und schon in der Vergangenheit sind derlei Angriffe auf Staatsoberhäupter oder wichtige Militärführer meist fehlgeschlagen, auch wenn vor allem der Mossad und die CIA in den letzten Jahren ihre Quoten deutlich verbessert haben. Zudem sind aber die Effekte solcher Aktionen schwer abzuschätzen. Gelungene Schläge dieser Art – etwa die Tötung von Isoroku Yamamoto 1943 – hatten kaum Einfluss auf das jeweilige Kriegsgeschehen. Im schlimmsten Fall schafft man hier einen Märtyrer, während das von ihm aufgebaute System sich gerade deshalb als stabil erweist. Und dass Putin womöglich von den eigenen Generälen gestürzt oder getötet wird, wie es in Deutschland am 20. Juli 1944 beinahe gelungen wäre, ist aktuell kaum absehbar.

- Globale thermonukleare Eskalation: Wer als erster schießt, ist als zweiter tot. Dieser Satz aus den 1980er Jahren gilt heute auch noch. Kann man deswegen sicher sein, dass es zu diesem Szenario nie kommen wird? Nein. Konnte man vor vierzig Jahren so wenig wie heute. Wer sich heute zutraut, die Reaktionen der russischen Seite auf eine drohende konventionelle Niederlage vorherzusagen, darf getrost als wenigstens mutig bezeichnet werden. Ein weltweiter Schlagabtausch mit Kernwaffen ist ein ernstzunehmendes Risiko, auch wenn aktuell anscheinend mindestens die Unterseeflotte der russischen Marine keine Weisung hat, sich in entsprechende Positionen zu begeben und sich auf ein entsprechendes Szenario einzustellen.

- Siegchancen: Verglichen mit der NATO ist die russische Streitmacht eher klein und schwach bewaffnet. Vor Beginn der aktuellen Rüstungsspirale war die Truppenstärke der NATO etwa viermal so groß wie Russlands. Man könnte also mit einiger Wahrscheinlichkeit die russische Armee binnen kurzer Frist besiegen. Aber was dann? Für eine langfristige Besetzung Russlands ist die Truppenstärke der NATO eine Zehnerpotenz zu klein, wenigstens. Und eine Regierung von NATOs Gnaden könnte das System Putin nicht aufbrechen. Sie hätte eine Lebenserwartung, die keine fünf Minuten über der Dauer der NATO-Präsenz in Moskau läge.

- Krieg als humanitäres und kulturelles Desaster: Die Nonchalance, mit der diverse Stimmen wieder über Krieg reden, erstaunt dann doch etwas. Man muss sich noch einmal vor Augen führen, was Krieg für alle beteiligten Nationen, für Soldaten, für Zivilisten, für Alte, Kinder, Männer, Frauen bedeutet. Wer beschließt, dem russischen Aggressor mit Militärmacht Einhalt zu gebieten, muss sich im Klaren sein, dass es keine sauberen Kriege gibt und eigentlich alle Vernunft seit Jahrhunderten weg von hier will, zumal erschreckend wenige Kriege der Vergangenheit ihre Ziele tatsächlich erreicht haben und die Konflikte nachher eher noch größer waren als zuvor. Aber schon die Vorbereitung auf einen Krieg, die Wehrhaftmachung einer Gesellschaft usw. ist nicht nur eine Frage der vermehrten Fertigung von Rüstungsgütern. Das gesellschaftliche Denken militarisiert sich, Diskurse verlagern sich auf neue, nicht selten auch auf eigentlich vergessen geglaubte Fragestellungen, junge Menschen müssen diese Möglichkeit wieder zum Teil ihrer Lebensplanung machen. Wollen wir wirklich dahin zurück? Und andererseits: Welche anderen Möglichkeiten haben wir denn?

5.2.2. Faktische Optionen des Westens

Insgesamt bleibt kein Königsweg, nur die Wahl zwischen unterschiedlich großen Übeln. Eine vollständige Neutralität nach chinesischem Vorbild ist keine Option wegen des Schadens für Völkerrecht und internationale Kooperationsstrukturen. Sanktionen und Waffenlieferungen verlängern den Krieg, mit unbekanntem Ausgang und dem Risiko weiterer Eskalation. Bleibt ein militärisches Eingreifen, welches Russland schlagartig handlungsunfähig macht. Das kann nur mit einem massiven Einsatz von Material und Waffen erreicht werden. Will man das? Oder will man pokern, in der zarten Hoffnung, Russland kapituliert sofort, wenn die monströse Militärmacht NATO ihm den Krieg erklärt?

Eine rasche Zerschlagung des russischen Systems birgt zudem ebenfalls die Gefahr eines globalen thermonuklearen Kriegs. Dann braucht man um den Klimawandel sich höchstwahrscheinlich keine Sorgen mehr zu machen. Wenn man dieses Risiko eingehen mag, ist ein konzertierter Angriff auf die russischen Streitkräfte und ihre Infrastruktur durchaus eine Option. Eine Option freilich, die das bei weitem Entsetzlichste, was Menschen sich und einander antun können, nämlich einen letztlich globalen Krieg, mit voller Wucht und Breite wieder in unsere Welt zurückbringt. Mit Verwüstung, Zerstörung, Verzweiflung und einer physischen und psychischen Verwrackung von Hunderten, Tausenden, Millionen von Menschen. Es ist nichts weiter als der Rückfall in die viehische Barbarei von Verdun und Stalingrad. Und ob das irgendein Problem auf Dauer löst, selbst wenn der globale Atomkrieg ausbleibt, darf getrost bezweifelt werden. Trotzdem ist dies eine Variante, die man vielleicht spontan und emotional zurückweisen mag, die aber aus heutiger Sicht durchaus eine legitime Option des Westens darstellt. Denn ansonsten bleibt nur der extrem unpopuläre und zutiefst unerfreuliche Rückzug auf eine umfassende Neutralität, vielleicht noch gepaart mit einer Aufrüstung Osteuropas und einer deutlichen – und glaubhaften – Botschaft an Russland, dass mit dieser Neutralität nicht zu rechnen sein wird, wenn die russischen Truppen an den Grenzen der NATO aufmarschieren. Es wird aber sehr schwer sein, dass dann noch überzeugend zu kommunizieren. Denn eine NATO, die für Kiew keinen globalen Schlagabtausch riskiert, wird das höchstwahrscheinlich auch nicht für Riga tun. Oder für Warschau. Oder Bukarest.

Weil eine kaltschnäuzige Neutralität nach chinesischem Vorbild so unpopulär ist, weil sie zudem auch Völkerrecht und Vertragsverlässlichkeit massiv beschädigt, wird der Westen sich dieser Option verweigern. Und ein eigenes massives Engagement ist ebenso unpopulär und zudem mit hohen Risiken und entsetzlichen Leiden für Millionen von Menschen behaftet. Auch diese Option wird daher höchstwahrscheinlich nicht ergriffen werden. Also keine konsequente Neutralität, aber auch kein militärisches Eingreifen. Und damit ist die Ukraine dazu verdammt, zum Schlachtfeld zu werden und schrittweise aus der symmetrischen in die asymmetrische Kriegführung zu kippen. Für sehr, sehr lange. Zu lange.

Darf man sich vor dieser absehbaren Entwicklung ekeln? Man darf nicht nur. Man sollte sogar. Auch wenn es nicht hilft. Und schlimmer noch, ekliger noch: Der Klimawandel lässt uns keine Wahl, als nach dem ersten Schock das kostbare, das unabdingbare Instrument multinationaler Kooperation auf Augenhöhe wieder aus den Scherben zusammenzukleben. Selbst wenn parallel der Krieg in der Ukraine noch Jahrzehnte weitergeht. Also trotzdem die Russen nicht zu den Parias der internationalen Politik zu machen. Sondern mit allen – auch mit

Russen, Nord-Koreanern und Iranern – nach Wegen aus dem Albtraum des Klimawandels zu suchen. Muss einem nicht gefallen. Geht
aber nun mal nicht anders. Kotzen kann man dann ja gern nach
Dienstschluss.
Ich danke Ihnen und gebe das Wort an Torben Remeck.

5.3.　Torben Remeck: Einigkeit ist was Schönes

Sehr geschätzte Anwesende,

Berta Graanz und Karl Germelmann haben bis hier schon einige kluge Dinge gesagt. Sehen Sie es mir bitte nach, wenn Ihnen Einiges aus meinen nachfolgenden Ausführungen daher nur wie eine Wiederholung des vorher Gesagten erscheint. Vielleicht entdecken Sie ja doch noch die eine oder andere Ergänzung in dem, was ich Ihnen jetzt darlegen möchte.

Vorweg: Einigkeit ist was Schönes. Meine ich wirklich. Einigkeit ist gut. Immer, überall. Auch wenn sie natürlich ihren Preis hat.

Jetzt zum Beispiel haben wir eine große Einigkeit erreicht:

- Die bisherige, auf Kooperation abgestellte Russland-Politik von EU und NATO ist gescheitert, manche sagen „krachend gescheitert", was immer das dann heißt.
- Wir sind militärisch viel zu schwach, daher müssen wir jetzt alle Kräfte auf massive Aufrüstung fokussieren.
- Der Ukraine muss man in ihrem verzweifelten Kampf gegen die russische Armee so weit wie möglich durch umfangreiche Waffenlieferungen beistehen, limitiert nur durch das Risiko, selbst in diesen Konflikt hineingezogen zu werden.

Nun ist große Einigkeit per se, sagen wir mal, erstaunlich. Aber ein paar Dinge vorweg: Es ist mir völlig wurscht, wie dieser Krieg in der Ukraine zustande gekommen ist, welche Rolle die USA gespielt haben, die NATO-Osterweiterung oder der fortdauernde Konflikt im Donbas. Ich muss auch keine sonderlichen Sympathien für die ukrainische Politik oder die dortige Regierung hegen, um eins klar zu sagen: Ein Staat, der sechzig Jahre gewachsener Spielregeln in Europa und mehrere hundert Jahre Völkerrecht kaltschnäuzig vom Tisch fegt und stattdessen das Recht des Stärkeren in die europäische Außenpolitik zurückbringt, ist völkerrechtlich, politisch, moralisch so dermaßen eindeutig im Unrecht, das selbst eine – nicht erkennbare – humane Kriegführung das nicht ausgleichen könnte.

Die Frage ist aber: Was machen wir jetzt?

Ein kurzer Blick auf obige Eckpunkte aktueller Einigkeit:

Krachend gescheitert ist nicht die Kooperationspolitik, das mal vorweg. Gescheitert ist die Idee, Russland durch eine Art Containment, Osterweiterung der NATO und eine im Wesentlichen auf das Ökonomische reduzierte Kooperation in einen europäischen Kontext einzubinden. Kooperation ist nie verkehrt, auch nicht mit Regierungen, die man nicht leiden kann. Aber nur aufs Geld zu schielen und deshalb weitgehend die Augen zu schließen gegenüber einer fortschreitenden Entdemokratisierung des größten Lands der Erde, dessen brutale Militärpolitik in Tschetschenien usw. ist mit Sicherheit nicht klug.

So richtig jammervoll schwach erscheint mir die NATO aktuell nicht. SIPRI zufolge hat Russland 2020 umgerechnet 61,7 Mrd. $ für sein Militär ausgegeben. In China waren es 252 Mrd. $, in den USA 778 Mrd. $. In Deutschland waren es 52,8 Mrd. $, weltweit übrigens der siebte Platz, auch ohne die 2%-Regel. Insgesamt hat 2020 die NATO für den Militärsektor 1,1 Bil. $ ausgegeben, das entspricht dann knapp dem Achtzehnfachen der russischen Ausgaben. Aktuell verfügt die NATO über 3,36 Mio. aktive Soldaten, Russland über 850.000. Als Reserve stehen Russland weitere 250.000 Soldaten zur Verfügung, der NATO 1,3 Mio. Soldaten, plus etwa dreimal so viel an paramilitärischen Einheiten wie Russland. Allerdings: Russland verfügt über mehr Artillerie und selbstfahrende Raketenwerfer als die gesamte NATO – was mindestens teilweise auch die aktuelle Vorgehensweise in der Ukraine erklärt. Aber insgesamt scheint kaum verstehbar, warum jetzt die NATO ihre Rüstungsausgaben massiv steigern will, womöglich das nächste Wettrüsten auslöst und die Verschuldung der meisten Mitgliedsstaaten weiter vorantreibt, wenn die bisherige dramatische Überlegenheit gegenüber der russischen Armee nicht in der Lage gewesen ist, den Einmarsch in die Ukraine zu verhindern. Wie überlegen müsste man denn werden? Zwanzigfach? Dreißigfach? Hundertfach? Ich zitier mal einen meiner drei Lieblingssänger: „Wenn unsere Brüder kommen mit Bomben und Gewehren, dann wollen wir sie umarmen, dann wollen wir uns nicht wehren." Zugegeben, sagt sich leicht aus dem warmen und sicheren Deutschland heraus. Trotzdem: Was will man erreichen, indem man jetzt Waffen an die Ukraine liefert? Welches politische Desaster haben denn jemals Waffen heilen können? Gut, es gibt ein paar Beispiele. Ohne den Mut und die Selbstlosigkeit, mit der junge Männer von ihren Farmen im Mittleren Westen, aus ihren Büros in Glasgow, aus der endlosen Weite Sibiriens den Weg nach Deutschland angetreten sind, wäre der Holocaust höchstens in Ermangelung weiterer Opfer zu einem Ende gelangt, hätte die braune Mörderbande ganz Europa in ihren Würgegriff genommen. Aber in der Ukraine droht ein anderes Szenario: Die NATO will hier nicht selbst aktiv werden. Also wird es zunächst einen blutigen konventionellen Krieg geben. Eroberung der Ostukraine, vielleicht bis ans Ufer des Dnipro. Dann entweder eine wie auch immer geartete politische Lösung mit anschließender Friedhofsruhe oder ein Ausweichen der ukrainischen Nationalisten in den Untergrund. Das könnte man dann als Afghanisierung bezeichnen. Nur: Die Ukraine ist kein Bergland, abgesehen von den Karpaten im Südwesten des Landes. Also wird man diesen Krieg dorthin verlagern, weil im Flachland durch Satellitenüberwachung, Drohnenkrieg usw. eine traditionelle Partisanenaktivität nach dem Vorbild des Zweiten Weltkriegs kaum noch vorstellbar wäre. Ist es das, was die NATO mit ihren Waffenlieferungen erreichen will? Eine mehrjährige Paralyse der russischen Expansionsfähigkeit durch einen langwierigen Partisanenkrieg in den Karpaten? Mit dem rumänischen Teil des Gebirges als Rückzugsraum für die Partisanen, so wie die Taliban vierzig Jahre lang Pakistan als Rückzugsraum nutzen konnten? Also zulassen, dass mit der Ukraine ein weiteres Land zum Trümmerfeld der NATO-Sicherheitspolitik wird, wie Afghanistan, der Irak, Somalia, Libyen, Mali? Dafür fallen mir mehrere Begriffe ein, aber ich belasse es mal bei „zynisch". Und wie genau gestaltet sich in dieser Zeit das Verhältnis zu Russland? Rückkehr zum gewohnten Primat der Ökonomie? Oder eine neue Eiszeit mit einem Eisernen Vorhang 2.0, diesmal vielleicht an der Ostgrenze der neuen NATO-Mitglieder vom Finnland über das Baltikum bis ans Schwarze Meer?

Mal abgesehen davon, dass die jetzigen Szenarien alle auf einen langwierigen Albtraum in der Ukraine hinauslaufen und ich dagegen auch kein Mittel weiß: Hab ich eigentlich was verpasst? Schwimmen wir in Geld, dass wir mal eben weitere 100 Mrd. € in die Bundeswehr pumpen können? Von anderen Ländern gar nicht zu reden?

Und das ist ein zweiter Vorwurf, den man der russischen Politik machen muss: Wir laufen mit Donnergrollen in den schlimmsten Albtraum der Menschheitsgeschichte. Für alle, die den Begriff lange nicht mehr gehört haben, wiederhole ich ihn gern: Klimakatastrophe. Schon vergessen? Na gut, wahrscheinlich nicht, wenn Sie gerade die vorangegangenen Vorträge gehört haben. Trotzdem hat man manchmal das Gefühl, als wäre das nicht mehr als ein kurzfristiger Nachrichten-Hype gewesen, der jetzt langweilig geworden ist und deswegen von neuen Themen abgelöst werden muss. Nichts ist bekanntermaßen so alt wie die Schlagzeile von gestern.

Das Geld, was jetzt in die Rüstung geht, aber auch die Rohstoffe, die klugen Köpfe, die Millionen Arbeitskräfte weltweit werden uns bitter fehlen, wenn wir versuchen, einen Schutz gegen die schlimmsten Folgen des Klimawandels aufzubauen. Eben erst von Karl Germelmann

gehört, aber ich zitiere das gern: Wer Panzer baut, baut keine Deiche. Das war schon vor hundert Jahren eine schlichte Einsicht, die immer noch gilt. Baut keine Flutsicherungen an der Ahr. Am Rhein. An der Elbe. An der Donau. Erst recht nicht in Afrika, in Asien. Finanziert keine Umforstung in deutschen Mittelgebirgen. Baut keine Hangsicherungen in den Alpen, im Schwarzwald oder Sauerland. Einziger Trost: Das alles schafft bald jede Menge anscheinend dringend benötigter Truppenübungsplätze. Sogar für Marine-Einheiten.
Eisenhower hat das in seiner berühmten Rede „The Chance for Peace" am 06.04.1953 bereits formuliert:

> *„Every gun that is made, every warship launched,*
> *every rocket fired signifies, in the final sense, a theft*
> *from those who hunger and are not fed, those who*
> *are cold and are not clothed. This world in arms is*
> *not spending money alone. It is spending the sweat*
> *of its laborers, the genius of its scientists, the hopes*
> *of its children."*[1]

In der jetzigen Situation braucht es mehr denn je Kooperation. Weltweit, auf Augenhöhe. Der Klimawandel macht – wie Corona – nicht an Landesgrenzen Halt. Und, zugegeben, es ist mir zuwider, Markus Söder zu zitieren, aber: Gegen den Klimawandel wird es keine Impfung geben.
Was bleibt hilflosen Hanseln (und Hanselinen) wie uns? Zunächst mal das meinethalben kontrafaktische, trotzige Setzen auf Vernunft, Mitmenschlichkeit, Liebe. (Letzteres bitte gerne auch erotisch, aber nicht christlich verstehen.) Den Menschen in der Ukraine und denen, die

---

[1]   https://en.wikisource.org/wiki/The_Chance_for_Peace.

aus diesem Albtraum zu uns kommen, muss man helfen. Mit Geld, mit Sachspenden, aber wer kann, darf auch gern überlegen, einem Kind, einer Familie für eine Weile Heimstatt zu geben. Man kann auch auf einen langfristigen demokratischen Wandel in Russland setzen, wenn man akzeptiert, dass Demokratie mehr Spielarten haben kann als unsere eigene politische Wirklichkeit. Aber dieser Wandel erfordert Kommunikation, nicht Konfrontation. Erfordert ganzheitliche Konzepte, nicht eine wie auch immer geartete Business-First-Ideologie. Und vor allem eins nicht vergessen: Hass, Wut, sogar moralische Entrüstung sind keine guten Ratgeber. Setzt der eine auf Konfrontation, muss man sein Spiel nicht mitspielen. Weil sonst nur ein weiteres Mal die Traurigkeit gewinnt.

Meine sehr geehrten Damen und Herren,

noch ein Statement zum Krieg in der Ukraine? Muss das sein?

Weiß ich ehrlich gesagt nicht. Ist aber vielleicht auch mindestens ebenso ein Statement zu mir selbst. Ich war noch nicht geboren, da stationierten die USA nuklearbestückte Jupyter-Raketen in der Türkei, die direkt auf die UdSSR gerichtet waren. Die UdSSR reagierte mit der Stationierung von Truppen und entsprechenden Kernwaffen auf Kuba, was die Kuba-Krise von 1960 auslöste, die erstmals seit 1945 die Welt an den Rand eines globalen Krieges führte. Dies wurde überwunden, weil der US-Präsident John F. Kennedy, beeinflusst vor allem durch seinen Bruder Robert, bereit war, einen von Nikita Chruschtschow geforderten Kompromiss zu akzeptieren. Unter großem amerikanischen Mediengetöse wurden daraufhin die sowjetischen Waffen aus Kuba abtransportiert, während gleichzeitig, aber heimlich, still und leise ebenso die Jupyter-Raketen wieder aus der Türkei verschwanden.

Auch am 1. September 1983 geriet die Welt an den Rand eines globalen Kriegs. Ein südkoreanischer Jumbo war, wahrscheinlich infolge eines falsch eingestellten Autopiloten, tief in den sowjetischen Luftraum eingedrungen, hatte das Sperrgebiet über Kamtschatka überflogen und hielt dann Kurs auf Sachalin. Mittlerweile 500km neben dem eigentlichen Kurs, ohne dass die Besatzung dies zur Kenntnis nahm. Als das Flugzeug endlich von zwei sowjetischen Luft-Luft-Raketen getroffen wurden, bemerkte die Besatzung dies anscheinend ebenfalls nicht, sondern meldete lediglich einen Druckabfall und ging in einen kontrollierten Sinkflug über, aus dem aber dann ein Trudeln und schließlich ein fataler Absturz ohne Überlebende wurde. Auch hier war für kurze Zeit die NATO in höchster Alarmbereitschaft, falls die extrem angespannte Lage in einen Krieg umschlagen würde, zumal im fraglichen Seegebiet Dutzende Schiffe beider Seiten nach dem Wrack des Flugzeugs suchten.

Nun also die Ukraine. Es ist schon eindrucksvoll, wie US-Wirtschaftspolitik, Hegemonialbestrebungen der NATO und ukrainischer Nationalismus der russischen Aggression Argumentationshilfen geliefert haben, auch wenn Putin dieser wahrscheinlich zu keinem Zeitpunkt bedurfte. Und die deutsche Friedensbewegung kommt trotzdem nicht aus ihrem zwanzig Jahre langen Dornröschenschlaf zurück. Im Gegenteil, selbst vergleichsweise unverdächtige Politiker der Grünen und der SPD stimmen, wenn auch der eine oder andere nur zögerlich, in die allgegenwärtigen Schlachtengesänge mit ein. Die deutschen Medien sind hier ohnehin längst auf Propagandakurs, allen voran die Tagesschau. Zur Geschichte, für die, welche das schon vergessen haben: Als in Kiew eine Koalition aus Faschisten, Oligarchen und Mafia die zwar eindeutig korrupte, aber von der Bevölkerungsmehrheit gewählte Regierung wegputschte, hat die Tagesschau so einseitig berichtet, dass sie im Juni 2014 vom eigenen Programmbeirat scharf kritisiert wurde. Aber das nur am Rande. Und die vorsichtige Berichterstattung deutscher Medien über den offensichtlich vom jetzigen Präsidenten der Ukraine angeordneten Terrorangriff auf die Pipelines in der Ostsee hat ja fast schon etwas Niedliches.

Ohnehin musste man von je lange suchen, um in deutschen Medien Hinweise auf die ukrainische Aufrüstung zu finden, welche in den Ostgebieten des Landes zu erheblicher Unruhe geführt hatte. Nicht nur hatte die ukrainische Regierung über längere Zeit schwere Artillerie an der Demarkationslinie zusammengezogen. Man hatte auch eine große Zahl von Bayraktar TB2-Drohnen in der Türkei erworben, die u.a. für mehr oder weniger gezielte Tötungen von Zivilisten sinnvoll eingesetzt werden können. Drohnen überdies, von denen viele Expertem andere Verwendungsmöglichkeiten bezweifeln, da die Drohnen für den Einsatz gegen Bewaffnete zu langsam und viel zu laut, und gegen Fahrzeuge, erst recht Panzer, zu schwach bewaffnet seien.

Man könnte auch mal darauf hinweisen, dass die ukrainische Regierung überhaupt nur deswegen im Amt ist, weil die russischen Bevölkerungsteile seit mehreren Jahren an der Ausübung ihres Wahlrechts gehindert werden. Nicht nur in den Ostregionen, sondern in der gesamten Ukraine. Man könnte auch die USA, Irland, die Schweiz, Polen und andere Staaten daran erinnern, dass sie überhaupt nur wegen des Segregationsrechts existieren, dass einem Volk völkerrechtlich zugestanden wird, welches mit einem anderen Volk im selben Staat lebt. Zwar lebte 1776 in den dreizehn abtrünnigen Kolonien kein eigenes Volk, aber bekanntermaßen hat Jefferson mit dem Verweis auf zwei Nationen statt nur einer im ersten Satz der Unabhängigkeitserklärung genau diesen Eindruck zu erwecken versucht. Die Gründung der USA beruht also auf einem völkerrechtlichen Großbetrug, während die Separation der Ostukraine vom Westteil des Landes völkerrechtlich mindestens erwägenswert ist.

Und was treibt die russische Aggression vorwärts? Hierbei muss man zum einen den alten Generaltopos russischer Okkupationspolitik berücksichtigen, der sich mit dem Begriff „Sammlung der Russischen Erde" verbindet, zweitens den Druck der russischen Öffentlichkeit, welcher die Entrechtung und physische Bedrohung der in der Ukraine lebenden Russen nicht gleichgültig ist. Die pseudodemokratische Regierung in Moskau hängt gerade von diesen Kreisen auf dem rechten und nationalistischen Flügel viel zu sehr ab, um in nüchtern zweckrationalen, womöglich gar in schlicht monetären Begriffen zu denken. Zum anderen ist die Regierung in Russland ja auch nicht gerade ein Verein lupenreiner Demokraten und herzaufrichtiger Pazifisten.

Kleine persönliche Bemerkung: Alle, die sowas noch nicht erlebt haben und das nicht recht glauben könnten, take it from me, der gelegentlich sich schon in sowas rumtreiben durfte: Es gibt nichts, es gibt überhaupt gar nichts, was auch nur entfernt an Scheußlichkeit einem Krieg – klein, groß, wurscht – gleichkommt. Krieg ist der Realität gewordene Albtraum der Menschheit und Kollaps aller Menschlichkeit. Klingt kitischig? Vielleicht. Ist aber so. Und genau deshalb muss man alles tun, um Kriege zu beenden. Nicht sie endlos fortzusetzen, weil man nicht weiß, wie man aus der Nummer wieder rauskommen soll.

Das wichtigste Instrument hierfür ist eine belastbare völkerrechtliche Basis, an die alle Beteiligten sich halten wollen. Das allerdings kann man von Russland bisher nur mit Vorsicht behaupten. Und die USA nehmen es mit Vertragstreue, Völkerrecht usw. auch nicht sonderlich genau. Etliche Verträge, welche die USA in den letzten zweihundert Jahren geschlossen haben, waren über kurz oder lang nichts mehr wert, weil sie der selbsterklärten Nation Gottes unter dem Leitmotiv der Manifest Destiny nichts mehr nützten. Ebenso haben die USA auch immer wieder mit Lug und Trug Kriege vom Zaun gebrochen. Ob das die Boston Tea Party war. Der durch eine angebliche Indianergefahr legitimierte Überfall auf Kanada 1812. Der Krieg gegen Spanien wegen der mühselig zusammengelogenen Verantwortung Spaniens für die Explosion der *Maine* im Hafen von Havanna 1898. Oder in neuerer Zeit den durch den fingierten Tonkin-Zwischenfall gerechtfertigte Eintritt in den Vietnamkrieg. Und die abenteuerliche Posse der Legitimation des Irak-Kriegs vor dem UN-Sicherheitsrat 2003.

Aber gibt es jemanden in den USA, der einen Nutzen von diesem Krieg hat? Da kann man zunächst natürlich an die Rüstungsindustrie denken, deren Geschäfte allerdings auch ohne einen Krieg in der Ukraine aktuell glänzend laufen und die angesichts der weltweiten Chipkrise wahrscheinlich Schwierigkeiten hätte, die im Kriegsfall zusätzlich angeforderten Waffen auch tatsächlich rechtzeitig zu liefern. Aber natürlich, von dieser Industrie hängt etwa eine Million Arbeitsplätze ab, Tendenz allerdings eher fallend, trotz wachsender Auftragsvolumen. Grob der halbe Staatshaushalt der USA geht in den Militärsektor, also ans Pentagon, und wird von dort zu etwa 20%, über 150 Mrd. Dollar, durchgereicht an die fünf großen Rüstungskonzerne, mehr sind das infolge zahlreicher Fusionen in den letzten Jahrzehnten nicht mehr: Lockheed Martin, Raytheon bzw. RTX, Boeing, Northrop Grumman und General Dynamics, nach Umsatzvolumen sortiert.

Natürlich aber nützt jede außenpolitische Krise nicht zuerst der Rüstungsindustrie, sondern dem jeweiligen Präsidenten. Das war schon zu Beginn des 19. Jahrhunderts so, als James Madison mit dem Krieg von 1812 die Federalists in die Bedeutungslosigkeit manövrierte. Ein Totaldebakel wie die Regierung Biden, die in einem Jahr weniger umgesetzt hat als die widerwärtige Regierung Trump in einem Monat, braucht also dringend einen Krieg, um bei der nächsten Zwischenwahl nicht die mühsam errungene Mehrheit im Repräsentantenhaus gleich wieder zu verlieren.

Ein weiterer Teil der Erklärung ist so offensichtlich, dass das schon peinlich ist. Großbritannien und Frankreich wollen europaweit wieder jede Menge Kernkraftwerke bauen, die USA wollen ihre irrsinnigen Vorräte von Fracking-Gas an Europa verkaufen. Beides ist aussichtslos, wenn mit NordStream2, evtl. weiteren Pipelines langfristige Versorgungen aus Russland möglich werden. Zugleich wären die Folgen vor allem für die deutsche Wirtschaft erheblich. Mit verschmitztem Bedauern hat daher Boris Johnson seinerzeit Olaf Scholtz dafür gelobt, trotz der zu erwartenden wirtschaftlichen Auswirkungen ein Ende von NordStream2 für den Fall eines Kriegs um die Ukraine ins Auge gefasst zu haben.

Nun kann man aus ökologischer Sicht kaum beglückt sein, dass russisches Gas auf lange Zeit den Druck zu einer wie auch immer gearteten Energiewende deutlich reduzieren würde, wonach es lange in ganz Europa aussah. Auch deshalb wollten Teile der Grünen Nord-Stream2 verhindern, darunter anscheinend auch die deutsche Außenministerin.

Mit der russischen Ausweitung des Kriegs im Februar 2022 sind allerdings alle diese Überlegungen mit brutaler Gewalt ad acta geführt worden. Was bleibt, ist vor allem der alte Satz, dass man Krieg nicht den Leuten überlassen darf, die so etwas toll finden. Es ist nicht sinnvoll, ein weiteres Mal in die antiquierten Muster von Gewalt und Gegengewalt zu verfallen. Und die Zeit läuft uns davon. Oder sollen wir uns darauf verlassen, dass wieder ein Robert Kennedy den jeweiligen Präsidenten beschwatzt, kurz vor dem großen Knall doch noch auf Deeskalation zu setzen?

6. Detlev Butgereit: Palästina zwischen Zweitem Weltkrieg und Sechstagekrieg

Auf der diesjährigen Tagung waren schon die Überlegungen zur Geschichte der USA oder zum russischen Überfall auf die Ukraine nicht nur kontrovers, sondern wahrscheinlich auch an der Grenze dessen, was man sich als Laie zutrauen mag. Aber wir konnten uns der Weltsituation und der Gemütslage der Teilnehmer unserer Tagung nun einmal nicht entziehen. Daher haben zwei langjährige Angehörige der Akademie, Nora Schirrmacher und Detlev Butgereit, es auf sich genommen, zur aktuellen Lage im Nahen Osten einige Ausführungen zu wagen. Den Anfang machte Detlev Butgereit, dessen historischer Abriss zur Geschichte Palästinas und Israels bis in die 1970er Jahre auch eine gute Grundlage schuf, Nora Schirrmachers Beitrag zur Geschichte der Hamas in einen geographischen und historischen Kontext einordnen zu können. Dabei ist Detlev Butgereit nur bedingt als sachfremd einzustufen. Er hat als Spezialist für innovative Verfahren im Schiffbau viele Jahren im Nahen Osten, vor allem in Israel und in Ägypten gearbeitet. Inzwischen in seine Heimat Bremerhaven zurückgekehrt, ist er einer der führenden Forscher zur Frage, welchen Herausforderungen sich die Seefahrt zukünftig durch den Klimawandel gegenüber sehen wird. Nachfolgend aber sein, im Nachgang mit einigen Fußnoten und Literaturverweisen versehener Beitrag auf unserer diesjährigen Tagung.

Meine sehr geehrten Damen und Herren,
wir alle sehen in diesen Tagen nach Südosten, sei es in die Ukraine, sei es nach Israel, auf den Gaza-Streifen, in den Libanon, und immer wieder möchte man die Augen schließen oder sich abwenden. Aber das können wir nicht, weil jede dieser Regionen unmittelbar mit uns zu tun hat und weil das, was dort geschieht, uns nicht gleichgültig sein

kann, wie uns menschliches Leid niemals gleichgültig werden darf, ganz egal, wo es geschieht.

Ich will versuchen, Ihnen die schwierige Geschichte dieser Region direkt nach dem Zweiten Weltkrieg ein wenig zu entwirren. Ich will Ihnen auch zur völkerrechtlichen Situation zwischen Israel, den Palästinensern, Ägypten und Jordanien einige Gedanken mitteilen. Aber nehmen Sie das alles nicht für bare Münze, nur für laienhafte Wahrnehmungen und Gedanken, die einer sachkundigen Prüfung vielleicht an vielen Stellen nicht standhalten würden.

6.1. Die Anfangsphase des israelisch-palästinensischen Konflikts

Viele Historiker haben den Ersten Weltkrieg als die Urkatastrophe Europas im 20. Jahrhundert bezeichnet. Aber eigentlich war der Umbruch, der in der arabischen Welt mit dem Zerbrechen des Osmanischen Reichs erfolgte, viel dramatischer. Die Alliierten, vor allem Frankreich und Großbritannien, hatten kein Interesse, hier ein neues Reich entstehen zu lassen, sondern wollten die Region in mehr oder weniger verzankte Kleinstaaten zergliedern. Dabei waren auch bereits die dortigen Ölquellen ein wichtiger Aspekt, mehr noch aber der ungehinderte Zugang durch den Suezkanal zu den britischen und französischen Kolonien in Indien bzw. Indochina. Daher entstand während oder kurz nach dem Ersten Weltkrieg eine Gruppe mehr oder weniger selbständiger Staaten, darunter Transjordanien, der Irak, Syrien, Hedschas und Nadsch. Aber in Palästina kam es nicht zu einer solchen Staatsgründung, da die arabischen Staaten wenig Interesse an der Gründung eines Staats Palästina mit Jerusalem als Hauptstadt hatten. Zudem standen vor allem Großbritannien und die USA den um 1880 begonnenen jüdischen Siedlungsbestrebungen in Palästina durchaus wohlwollend gegenüber. Großbritannien hatte in der Balfour-Deklaration vom 02.11.1917 das Entstehen eines jüdischen

160

Siedlungsraums in Palästina als überaus wünschenswert bezeichnet, aber zugleich auch die Integrität der dortigen nichtjüdischen Gemeinden angemahnt.[1] Das war auch durch Nachrichten zu geheimen Kontakten des Deutschen Reichs mit verschiedenen jüdischen Gemeinden in den USA und in Großbritannien begründet, zumal unklar war, wie nach dem Ende des Zarenreichs die dortige große jüdische Bevölkerungsgruppe sich positionieren würde.[2]

In der arabischen Welt gab es konkurrierende politische Konzepte und Utopien:

- panarabischer Nationalismus mit dem Ziel der Wiedergründung eines Kalifats, was meist als Großsyrien bezeichnet wurde,
- panislamischer Fundamentalismus, der alle islamischen Gläubigen, also nicht nur alle Araber, in einem islamischen Großreich zusammenführen wollte
- regionaler Nationalismus der z.T. gerade erst entstandenen Staaten

Die Interessen der Alliierten ließen sich am ehesten mit dem dritten Konzept vereinbaren, sodass zum einen die Entstehung arabischer Kleinstaaten unterstützt wurde, andererseits aber auch Großbritannien die Verwaltung von Palästina, Frankreich die Verwaltung von Syrien und dem Libanon zugewiesen wurde

In die ungeklärte Konkurrenz der oben genannten drei Konzepte trat das jüdische Siedlungsprojekt als zusätzlicher Störfaktor ein. Daher überlagerten sich die Spannungen und Ausschreitungen zwischen jüdischen und arabischen Bevölkerungsgruppen und dann zwischen Israel und den arabischen Staaten mit der ungeklärten Frage, ob die

---

1   https://avalon.law.yale.edu/20th_century/balfour.asp.
2   Reinharz: Balfour Declaration, S. 457-459.

islamisch-arabische Welt wieder vereint sein sollte, und wenn ja, ob dies als Bund unter Gleichen oder mit territorialer Vorherrschaft einer einzelnen Macht zu geschehen hätte. Dies verschärfte sich durch einen wachsenden Nationalismus und Militarismus nicht nur auf arabischer, sondern auch auf israelischer Seite. Die Genese von Nationalismus und Militarismus in Israel mag eine andere gewesen sein als in Ägypten, in Saudi-Arabien oder im Iran, in ihren Auswirkungen und vor allem im Umgang mit den benachbarten Staaten und Völkern weisen alle an diesem Konflikt beteiligten Parteien ein großes Maß an Ähnlichkeiten auf. Während also viele Autoren zum Palästinakonflikt vor allem die Andersartigkeit der arabischen Staaten und Israels betonen, muss man festhalten, dass mindestens hier auch große Gemeinsamkeiten bestehen, wiewohl Militarismus und Nationalismus sich kaum als Brücke zu friedlicher Koexistenz eignen.

Vor allem seit Ägypten 1922 seine Unabhängigkeit zurückerlangte, drohten die Religionsstreitigkeiten innerhalb der islamischen Gemeinschaft und die Konkurrenz zwischen nationalstaatlichen und panarabischen Ideen und Interessen den gesamtem Nahen Osten zu zerreißen. Es war daher vor allem für die nationalstaatlich geprägten Kräfte in Ägypten, aber auch in Syrien und Saudi-Arabien, ein Segen, dass mit den jüdischen Neusiedlungen in Palästina und dann vor allem mit der Gründung Israels ein Feind entstand, auf den man die genannten Konflikte ablenken und so – vom Bürgerkrieg in Syrien und im Libanon abgesehen – weitgehende Ruhe in der Region erreichen konnte.

Die Balfour-Deklaration wurde Teil des Friedensvertrags mit dem Osmanischen Reich, der am 10.08.1920 in Sèvres geschlossen wurde.[3]

---

[3] Der Vertrag wurde aufgrund des Zusammenbruchs des Osmanischen Reichs nicht ratifiziert, da seine Regelungen einschließlich der des vorangegangenen Waffenstillstands von Mudros vom

Am 24.07.1922 ging sie auch in das Mandat ein, mit dem Großbritannien die Verwaltung über Palästina übertragen wurde.[4] Zu diesem Zeitpunkt aber war bereits klar geworden, dass eine Umsetzung der Deklaration auf erheblichen Widerstand der islamischen Bevölkerung stoßen würde. Schon fast unmittelbar nach der Deklaration 1917 kam es daher zu antijüdischen Ausschreitungen. Das erste größere Pogrom begann während des Pessach-Fests am 04.04.1920, als der Bürgermeister von Jerusalem, Musa al-Husayni, anlässlich des in diesem Jahr parallelen islamischen Feiertags Nebi Musa zur Ermordung der einheimischen jüdischen Bevölkerung aufrief. Bis zum 07.04.1920 kam es zu Plünderungen und zahllosen Gewaltakten, darunter auch einer großen Zahl von Vergewaltigungen. Sechs Menschen wurden ermordet. Die in britischen Diensten stehende, weitgehend arabische Polizei von Jerusalem weigerte sich, hier einzuschreiten, und nahm teilweise selbst an den Ausschreitungen teil.[5]

Schon dieses erste Pogrom richtete sich in Wortwahl und Vorgehensweise nicht mehr nur gegen die zionistischen Neusiedlungen, sondern gegen die jüdische Bevölkerung insgesamt. In Jerusalem wurde vor allem die Bevölkerung im jüdischen Viertel der Altstadt überfallen, die keine nennenswerten Verbindungen zum Zionismus hatte.

30.10.1918 der unmittelbare Auslöser des nationaltürkischen Aufstands unter Mustafa Kemal waren; Lewis: Emergence, S. 239-240.

[4] Die britische Kontrolle über Palästina war bereits am 19.04.1920 in Sanremo in der Vorbereitung des Vertrags von Sèvres zwischen den Alliierten vereinbart worden, wurde durch das Völkerbundmandat von 1922 also lediglich legitimiert; http://www.mideastweb.org/san_remo_palestine_1920.htm. Vgl. Biger: Boundaries, S. 36-37.

[5] Detailliert Segev: Palästina, S. 127-144.

In Jaffa ereignete sich ein Jahr später, vom 01. bis zum 07.05.1921, ein Pogrom, das mit der Verwüstung eines jüdischen Einwandererheims begann, verbunden mit zahlreichen Vergewaltigungen und Morden. Die britische Verwaltung konnte die Unruhen letztlich nur beenden, als sie arabische Demonstrationen aus Flugzeugen bombardieren und wahllos in die Menge feuern ließ.[6]

Der mit einer Lösung dieser Spannungen offensichtlich überforderte britische Hochkommissar Herbert Samuel, selber Jude, genehmigte daraufhin zwar einerseits Juden das Tragen von Waffen, verbot aber zunächst jede weitere jüdische Einwanderung nach Palästina. Vor allem aber ernannte er Mohammed Amin al-Husseini zum neuen Großmufti von Jerusalem, was sich im Nachhinein als verhängnisvoller Fehler erweisen sollte. Dieser, in späteren Jahren Vorkämpfer für das Deutsche Reich, Teil des engeren Kreises um Hitler und die NS-Führung und mehrere Jahre in Berlin ansässiger Propagandist, wurde schon in dieser frühen Phase zum wichtigsten Vordenker und Organisator eines gegen die jüdische Bevölkerung in Palästina gerichteten Terrors.[7]

Auch in den folgenden Jahren kam es durch vielfältige Propaganda, nicht zuletzt durch al-Husseinis Agitation, durch Verdrängungsangst, traditionelle Vorurteile, sexualisierte Gewalt, Bereicherungsabsichten usw. immer wieder zu arabischen Übergriffen auf jüdische Siedlungen, aber auch auf einzelne Familien in gemischten Wohngegenden. Am 23.08.1929 führte, ausgehend von Jerusalem, der Streit um den

---

[6]   Huneidi: Broken Trust, S. 127-128. Die Zahl der Toten auf arabischer Seite entsprach annähernd der Zahl jüdischer Toter. Verschiedene Autoren führen diese Toten auf zionistischen Gegenterror zurück, doch dürfte es sich vorwiegend um Opfer der genannten Bombardierungen handeln.

[7]   Herf: Hitlers Dschihad, v.a. S. 274-276; Gensicke: Mufti, passim.

Zugang zur Klagemauer zu Pogromen in mehreren Städten. In Gaza wurden dabei alle jüdischen Einwohner aus der Stadt vertrieben, auch in Jaffa und Safed. In Hebron wurden am 23. und 24.08.1929 zahlreiche Jüdinnen vergewaltigt, 67 Juden, darunter 12 Frauen und drei Kinder ermordet und ebenfalls annähernd die gesamte jüdische Bevölkerung aus der Stadt vertrieben. Zudem überlebten mehr als 400 Juden die Mordaktion nur, weil sie von arabischen Nachbarn und Freunden versteckt und in Sicherheit gebracht wurden.[8] Insgesamt fielen an diesen zwei Tagen wenigstens 133 Juden den Ausschreitungen zum Opfer, mehr als 300 wurden verletzt, die Zahl der Vergewaltigungen lag wahrscheinlich noch einmal deutlich höher. Allerdings starben auch 116 Araber, weil die britische Polizei erneut wahllos in die Menge feuerte, aber auch Einzeltäter gezielt erschoss.[9] Dies geschah fast ausschließlich durch die britischen Polizeikräfte, die zuvor – ähnlich brutal, ähnlich erfolglos – als Irish Constabulary die irische Unabhängigkeitsbewegung zu zerschlagen versucht hatten.[10] Die arabischen Polizeikräfte verhielten sich in der Regel neutral oder unterstützten aktiv die Pogrome.

Es folgten zahlreiche weitere Morde, aber auch ungezählte Vergewaltigungen, Plünderungen, Vertreibungen. Die viel zu schwach besetzte britische Polizei versuchte zwar mit großer Brutalität der Situation Herr zu werden, verzichtete aber nach dem Abflauen der Pogrome auf eine angemessene Strafverfolgung, um der arabischen Bevölkerung nicht neuen Stoff für Verschwörungsmythen und Anlass für weitere

---

8   Auerbach: Hebron Jews, S. 119-120.

9   Fraser: Contested Lands, S. 65.

10   Schon nach dem Pogrom von Jaffa hatte Samuel einer Idee von Winston Churchill folgend Veteranen der aufgelösten Irish Constabulary anwerben lassen; Roubiçek: Echo, S. 24-29.

Übergriffe zu liefern. Nur wenige Täter wurden vor Gericht gestellt, vor allem aber wurde der vertriebenen jüdischen Bevölkerung die Rückkehr in ihre Häuser verboten. Zugleich wurde ihnen jeder Entschädigungsanspruch aberkannt.

Insgesamt entstand so schon in den 1920er Jahren ein Klima der Bedrohtheit seitens der jüdischen Bevölkerungsgruppe, aber auch, vor allem in wirtschaftlicher und sozialer Hinsicht, auf Seiten der arabischen Bevölkerung. Und während die britische Seite sich unfähig zeigte, diese Problemlage auch nur zu verstehen, geschweige denn zu moderieren, waren neben dem Großmufti von Jerusalem auch andere Kräfte, darunter vor allem Ägypten, daran interessiert, diese Situation für sich zu nutzen.

6.1.1.   Die Gründung der Muslimbruderschaft 1928

Die ägyptische Geschichte war seit Beginn des 19. Jahrhunderts von einer Konkurrenz aus einheimischen Kräften, der osmanische Herrschaft über das Land und britischen sowie zu Beginn des Jahrhunderts napoleonischen Kräften geprägt. Formal bis 1914 Teil des Osmanischen Reichs, war mit der Besetzung durch britische Truppen 1882 Ägypten faktisch Teil des britischen Herrschaftsgebiets. Der Sudan, bis zum Mahdi-Aufstand Teil Ägyptens, wurde zwar 1898 durch britische Truppen rückerobert, war danach aber ein ägyptisch-britisches Kondominium, eine Regelung, die formal bis 1956 bestand. 1914 erfolgte dann die offizielle Lösung Ägyptens aus dem Osmanischen Reich, indem das Land zu einem britischen Protektorat erklärt wurde. Dies ging mit der „Unilateral Declaration of Egyptian Independence" vom 28.02.1922 in das Königreich Ägypten über, auch wenn die Deklaration Großbritannien weiterhin diverse Sonderrechte einräumte.

Trotz dieser Einschränkungen war das Königreich Ägypten nach dem Ersten Weltkrieg die unstrittige Hegemonialmacht im Nahen Osten. Zu dieser Zeit das sechstgrößte Land der Erde, gehörte zu ihm neben dem Sudan nicht nur das ägyptische Kernland, sondern auch die Kyrenaika, das Ilemi, Teile von Syrien und dem Libanon sowie des Tschad. Doch fehlte es Ägypten an einer verbindenden nationalen Idee, auch weil die islamische Geistlichkeit das Ägypten der Pharaonen als möglichen historischen Bezug radikal tabuisierte. Hingegen wurde die Stiftung einer Identität auf Basis der Religion schon dadurch unmöglich, dass dem Islam eine nationalistische Dimension fremd ist.

In dieser Phase entstand als Gegenkonzept zum nationalstaatlichen Ansatz der ägyptischen Herrschaftseliten die Muslimbruderschaft, welche sich als Vertreterin einer panarabischen Idee, einer orthodoxen Auslegung des Koran und einer antijüdischen, antizionistischen und antikolonialistischen Grundhaltung verstand. Sie wurde 1928 von Hassan al-Bannā zunächst als religionskonservative Bewegung gegen die westlichen Einflüsse in Ägypten, vor allem in den großen Städten wie Kairo und Alexandria, gegründet.[11] Zugleich war die Organisation von Beginn an antinationalistisch, indem sie den Zusammenschluss aller Moslems gegen die westlichen Ideen forderte. Sie war zunächst nicht militant, sondern setzte auf eine Art Innere Missionierung. Ihre große Popularität in Ägypten machte sie aber zum wichtigsten Konkurrenten der regierenden Wafd-Partei, die Ägypten seit Beginn der Unabhängigkeit auf Basis einer nationalistischen Ideologie dominierte. Es kam zu einer zunehmenden Politisierung, zumal al-Bannā ab 1938 auch den Märtyrertod für die Sache des Islam glorifizierte.[12]

---

[11]   Krämer: Architekt, S. 26-27.
[12]   Wagemakers: Muslim Brotherhood, S. 69.

Dies war auch eine Reaktion auf den palästinensischen Aufstand von 1936-1939. Dieser richtete sich gegen die britische Kolonialherrschaft in Palästina und die jüdischen Ansiedlungen, aber auch gegen die traditionellen Eliten der arabischen Welt in Palästina, die ihre Kollaboration mit den osmanischen Landesherren jetzt nahtlos mit britischen Kolonialherren fortsetzten. Doch der Aufstand begann mit einer Reihe von antijüdischen Pogromen, ohne dass er freilich, wie heute häufig dargestellt, ein alleiniges Aufbegehren gegen die jüdischen Ansiedlungen gewesen wäre.

Die britischen Kolonialherren versuchten erneut, die Unruhen – ein konzertierter Aufstand lag hier eigentlich nicht vor –durch drastische militärische Maßnahmen einzudämmen, entwickelten aber auch durch die Peel-Kommission einen Plan zur Teilung Palästinas in eine jüdische und eine arabisch-islamische Siedlungszone.[13] Dieser Plan führte zu einer Radikalisierung unter den Palästinensern. Der bisher gegen jüdische Siedler und britische Kolonialherren gerichtete Aufstand wandte sich nun vor allem gegen Palästinenser, die bereit waren, diese Teilung des Landes zu akzeptieren. Der größte Anteil palästinensischer Toter des Aufstands waren Menschen, die aufgrund dieser Haltung von den Anhängern des Panarabismus und der Muslimbruderschaft ermordet wurden.

6.1.2. Die Gründung Israels und die palästinensische Flüchtlingsbewegung

Der beginnende Zweite Weltkrieg weckte in fast der gesamten arabischen Welt die Hoffnung auf eine britische Niederlage und eine grundlegend neue Phase der Situation vor allem in Palästina. Diese Hoffnung zerschlug sich spätestens 1945, aber unter dem Einfluss der panarabischen Kreise und der Muslimbruderschaft lehnte die

---

[13]   Hughes: Britain's Pacification, S. 116-121.

Mehrheit der Bevölkerung die nun wieder propagierte Lösung einer Teilung Palästinas in zwei Staaten weiterhin ab. Zudem förderte Frankreich diese Haltung, da man so die britische Rolle im Nahen Osten zu schwächen suchte. Deswegen wurde auch der als Kriegsverbrecher und führender NS-Propagandist gesuchte Großmufti al-Husseini durch den französischen Geheimdienst der Strafverfolgung entzogen und Ende Mai 1946 nach Ägypten überstellte.[14] Hier konnte er seine Propaganda-Tätigkeit aus den Jahren vor 1945 wieder aufnehmen und forderte insbesondere erneut zur weltweiten Vernichtung des Judentums auf.

Für Großbritannien war das Mandat über Palästina inzwischen zu einer kaum noch tragbaren Last geworden. Die dort stationierten Truppen verursachten immense Kosten, die angesichts der desolaten britischen Wirtschaftslage nur schwer zu rechtfertigen waren. Die Kolonialherrschaft in Indien neigte sich offensichtlich dem Ende zu, auch kam es immer wieder zu terroristischen Anschlägen zionistischer Gruppen. Führend war hier die „Irgun Zwai Leumi", kurz „Irgun", die in wenigen Monaten zahlreiche Menschen ermordete.[15] Die Irgun war auch verantwortlich für etliche Massaker an arabischen Siedlern, darunter auch die Erschießungen von Frauen und Kindern als Abschluss der Siegesparade in Jerusalem nach der ohnehin blutigen Eroberung des arabischen Dorfs Deir Yasin.[16] Nicht weniger brutal ging auch die zweite zionistische Terrorgruppen, die „Lohamei Herut Yisrael", kurz „Lechi" vor, die am Massaker in Deir Yasin beteiligt war,

---

14   Zamir: The Secret Anglo-French War, S. 171-172.

15   Allein der Anschlag auf das Hotel „King David" am 22.07.1946 forderte wenigstens 92 Menschenleben. Anführer dieser Mörderbande war Menachem Begin, der 1978 den Friedensnobelpreis erhielt, was zu heftigen Protesten vor allem in Norwegen führte.

16   Ben-Eliezer: War, S. 73.

aber auch eigenständig zahlreiche Terroranschläge und Morde zu verantworten hatte.[17]

Auf arabischer Seite existierten diverse vergleichbare Terrorgruppen, deren wichtigste al-Husseini mit massiver Unterstützung aus NS-Deutschland gegründet hatte. Hier versammelte er jetzt radikalisierte Araber und muslimische Nordafrikaner. Deren Reihen wurden verstärkt durch Hunderte von Kriegsgefangenen, die al-Husseinis Gefolgsleute aus britischen Kriegsgefangenenlagern herausgeschmuggelten, teilweise gewaltsam befreiten. Dies waren vor allem ehemalige Angehörige von Wehrmacht und SS. Dazu zählen auch die vorwiegend bosniakischen Moslems der von al-Husseini gegründeten 13. SS-Division „Handschar", kroatische Ustascha und Faschisten aus Francos Spanien.[18]

In dieser Situation beschloss die britische Regierung, das seinerzeit vom Völkerbund vereinbarte Mandat an dessen Nachfolgerin, also an die UNO, zurückzugeben, was im September 1947 vollzogen wurde. Die UNO erarbeitete einen am 29.11.1947 verabschiedeten Teilungsplan, der eine Zwei-Staaten-Lösung vorsah, wobei aber Jerusalem einschließlich Bethlehem weiterhin einen Sonderstatus unter internationaler Kontrolle behalten sollten. Die arabischen Staaten lehnten diese Lösung jedoch geschlossen ab und machten klar, dass sie sofort nach dem Abzug der britischen Truppen das gesamte bisherige Mandatsgebiet unter ihre Kontrolle bringen würden.

Als daraufhin am 14.05.1948 der Jüdische Nationalrat unter Führung von David Ben-Gurion einseitig den Staat Israel ausrief, überfielen

---

[17]   Die Lechi wurde von einem Triumvirat geführt, darunter Jitzhak Shamir, der von 1980 bis 1986 Außenminister und von 1983 bis 1984 sowie von 1986 bis 1992 Ministerpräsident von Israel war.

[18]   Gensicke: Mufti, S. 255-257.

noch in der folgenden Nacht die arabischen Staaten unter Führung Ägyptens umgehend das neue Land. Nur so konnte vor allem Ägypten verhindern, dass die panarabischen, antinationalistischen Kräfte sich nach innen wendeten. Man versuchte also, die Bewegung zu entschärfen, indem man sich an ihre Spitze setzte. Gleichzeitig war man aber auch vor allem auf ägyptischer Seite überzeugt, dem faktisch seit Monaten tobenden Bürgerkrieg in Palästina mit bereits Hunderten von Toten ein Ende setzen zu können und vor allem den steten Zustrom arabischer Flüchtlinge aus Palästina auf diese Weise einzudämmen.[19] Man beabsichtigte zudem, sich auf diese Weise den lukrativen Gaza-Streifen auf Dauer als ägyptisches Staatsgebiet sichern zu können. Und wahrscheinlich wollte man auch verhindern, dass das erst am 15.03.1948 von Großbritannien umfassend unabhängig gewordene Transjordanien seinen Einfluss durch eine Annexion des Westjordanlands deutlich erhöhte und so zum direkten Konkurrenten Ägyptens werden könnte.[20]

Das Vorhaben der arabischen Staaten wäre selbst bei einem Sieg in diesem ersten Palästinakrieg auf Dauer wahrscheinlich nicht erfolgreich gewesen. Aber die arabischen Verbündeten erlitten eine völlig unerwartete Niederlage. Die Ursache hierfür war, dass es keine wirkliche arabische Zusammenarbeit gab, sondern die meisten Staaten der Allianz eigene Ziele verfolgten, also weiter in nationalstaatlichen Dimensionen dachten und handelten, vor allem was Ägyptens Ambitionen auf den Gaza-Streifen und Transjordaniens auf das Westjordanland betraf. An der Gründung eines palästinensischen Staates waren

---

[19] Morris: Birth, S. 71-72. Etwa ein Drittel aller aus Palästina Geflüchteten verließ bereits in dieser Bürgerkriegsphase das Mandatsgebiet.

[20] Wilson: King Abdullah, S. 81-87.

also die beiden wesentlichen Akteure des Kriegs kaum interessiert. Zweitens brachte keiner der arabischen Staaten die jeweilige Streitmacht in voller Breite gegen Israel in Stellung. Das hatte diverse Gründe, lag aber nicht zuletzt an der schlechten Ausstattung dieser Truppen mit entsprechenden Waffen.[21] Und drittens gab es keine gemeinsamen Operationen und nur eine sehr oberflächliche Abstimmung des jeweiligen Vorgehens. Auch die innovativen Ideen der israelischen Kommandeure, vor allem von Yigal Allon, erlaubten eine weitgehende Zerschlagung des ägyptischen Expeditionskorps, womit kaum jemand gerechnet hatte.[22]

Ägypten gelang es in den Verhandlungen zur Beendigung des Kriegs, die strittige Herrschaft über den Gaza-Streifen im Waffenstillstand mit Israel vom Februar 1949 zurückzuerlangen, nachdem Gaza bis dahin Teil des britischen Mandatsgebiets gewesen war. Aber man musste auch akzeptieren, dass Transjordanien das Westjordanland annektierte und sich ab da als „Jordanien" bezeichnete, da nun beide Ufer des Jordan zum Staatsgebiet gehörten. Auch das Staatsgebiet des neu

---

[21] Nur die noch weitgehend mit britischen Waffen ausgestattete und von britischen Offizieren trainierte Arabische Legion Transjordaniens machte hiervon eine Ausnahme, sodass hier die einzigen arabischen Siege in diesem Krieg zu verzeichnen waren, vor allem im Zuge der Eroberung des Westjordanlands und des östlichen Jerusalem; Tal: War, S. 171-179.

[22] Jigal Allon war 1945-1948 Leiter des Palmach, der Elite-Einheit der Haganah. Auch er war vor seiner Zeit als Armee-Offizier als zionistischer Terrorist an der Ermordung arabischer Zivilisten beteiligt, so 1939 in Lubya; Shapira: Yigal Allon, S. 35-39. Dennoch machte er nach seiner Militärzeit in der Politik Karriere, war 1968 bis 1977 Stellvertretender Ministerpräsident und von 1974 bis 1977 Außenminister.

gegründeten Israel wurde deutlich größer, als noch vom verhassten UN-Teilungsplan vorgesehen, während die Idee eines palästinensischen Staats nicht weiter verfolgt wurde. Ebenso entfiel der neutrale Status von Jerusalem. Während die UNO hier zunächst keine neue Regelung finden konnte, wurde die Stadt faktisch in einen jordanischen Ost- und einen israelischen Westteil gespalten. Die jüdische Bevölkerung des Ostteils wurde vertrieben, vor allem aus der Altstadt von Jerusalem, wodurch auch der Zugang zur Klagemauer verloren ging, der eigentlich in Art. VIII des Waffenstillstandsabkommens noch eingeräumt worden war.[23]

In allen beteiligten Staaten auf arabischer Seite führte der katastrophale Ausgang des Kriegs, aber auch die bis dahin restriktive Informationspolitik zu einer Destabilisierung der bisherigen Herrschaftseliten. Al-Husseini ließ den König von Jordanien, Abdallah I., durch einen Angehörigen seiner Terrorbewegung ermorden. In Syrien stürzte der Oberbefehlshaber der im vorherigen Krieg gescheiterten Truppen, Husni az-Za'im, mit Unterstützung der USA die bisherige Regierung, wurde aber schon wenige Monate später wiederum von einer Junta gestürzt und am 14.08.1949 hingerichtet.[24] Doch vor allem in Ägypten wurde von den zahlreichen Anhängern der Muslimbruderschaft Verlauf und Ausgang des Krieges als Desaster angesehen. Entsprechend zerbrach die bisherige Kooperation der nationalistischen Regierung und der panarabischen Bruderschaft. Am 28.12.1948 wurde der der ägyptische Ministerpräsident Mahmud Fahmi an-Nukraschi Pascha von einem Mitglied der Muslimbruderschaft ermordet. Im Gegenzug wurde al-Bannā ermordet, wahrscheinlich von Anhängern der regierenden Wafd-Partei. Die Bruderschaft wurde in Ägypten verboten, was

---

[23]   https://avalon.law.yale.edu/20th_century/arm03.asp.
[24]   Wilford: America, S. 101-102.

aber ungeeignet war, ihre Propaganda auch nur ansatzweise einzudämmen. Ihre Führungsgruppe wich in den Gaza-Streifen aus, der zwar auch weiterhin von Ägypten kontrolliert wurde, wo aber dennoch größere Freiräume für entsprechende Aktivitäten bestanden.

Am 23.07.1952 stürzte dann eine Gruppe der Bruderschaft nahestehender Offiziere unter Muhammad Nagib und Gamal Abdel Nasser König Faruk I. und brach die Macht der Wafd-Partei. Danach kam es aber zu einem Konflikt der beiden führenden Putschisten, da Nagib wieder enger sowohl mit der Wafd-Partei als auch mit der Muslimbruderschaft zusammenarbeiten wollte.[25] Langfristig plante er anscheinend die Gründung einer islamischen Demokratie, während Abdel Nasser eine Diktatur unter eigener Führung anstrebte. Nagib wurde entmachtet, Nasser der Führer Ägyptens. Er folgte weiter den Ideen der Moslembruderschaft, war aber insgesamt vor allem ein Machtpolitiker, der eine ägyptische Führungsrolle in der arabischen Welt mit lediglich moderatem panarabischen Einfluss auf die Tagespolitik anstrebte. Dadurch wurde dann auch für ihn die Muslimbruderschaft zum unliebsamen Faktor, sodass er trotz erheblicher ideologischer Nähe zu ihr 1954 und erneut 1965 in großen Verhaftungswellen die Bruderschaft in Ägypten zu zerschlagen versuchte.

Die wichtigste Folge des Kriegs war ohnehin das Entstehen einer großen Flüchtlingsgruppe, zumeist islamische, aber auch drusische Menschen, welche nun in Lagern außerhalb ihrer Heimat ein vergleichsweise elendes Dasein fristeten. Hier kamen Geflüchtete aus unterschiedlichen Gründen zusammen. Zunächst gab es, wie erwähnt, Menschen, die schon deutlich vorher aus ihren bisherigen Siedlungen geflohen waren, meist wegen der bürgerkriegsähnlichen Auseinandersetzungen zwischen einzelnen Moslemgruppen oder auch zwischen

---

[25] Kandil: Soldiers, S. 27.

Moslems und Zionisten. Es gab Menschen, die nach diese Phase das
Gebiet des neuen Staats Israel verlassen hatten, weil sie hier zu leben
nicht bereit waren. Andere waren vertrieben worden, teils durch die
israelische Regierung bzw. das Militär, teils durch diverse jüdische
Gruppierungen, erneut vor allem Irgun und Lechi, die meist mit Unterstützung von Regierung und Armee durch Terrormaßnahmen die
Flucht der arabischen Bevölkerung zu beschleunigen trachteten. Drittens gab es zahlreiche Familien, die aufgrund des Entstehens von
Plantagen vor allem im Gaza-Streifen ihre Lebensgrundlage verloren
hatten. Die weitaus größte Gruppe bildeten aber wohl, mindestens in
den ersten zehn Jahren, Menschen, die vor den Kampfhandlungen der
fortgesetzten Kriege zwischen Israel und der arabischen Welt hatten
fliehen müssen. Hierbei gab es Menschen bzw. Familien, die aus eigenem Antrieb geflohen waren, zweitens Familien, die vom israelischem
Militär oder paramilitärischen Zivilgruppen vertrieben worden waren,
drittens eine große Gruppe, die von den arabischen Truppen, vor allem
von den Ägyptern, zum Verlassen ihrer Dörfer und Häuser gezwungen
worden war.[26] Viele Menschen flohen aber auch vor der Typhus-Epi-
demie, die ausgebrochen war, weil israelische Truppen bei ihrem Vorrücken in zahlreichen Dörfern die Brunnen zerstörten oder vergifte-
ten.[27]

Diese Brunnenvergiftungen markierten einen nicht mehr als einzelne
Entgleisungen zu verstehenden Rückgriff der israelischen Taktik auf
eindeutig völkerrechtswidrige Maßnahmen. Dies galt vor allem für die
zweite Phase des Kriegs, als Israel im Rahmen des „Plan Dalet" in die

---

[26] Morris: Birth, S. 89-90.

[27] Zur weiter bestehenden Schwierigkeit, die Bedeutung der Vertrei-
      bungsursachen zu gewichten, vgl. Rashed/Short/Docker: Nakba
      Memoricide, v.a. S. 20-21.

Offensive überging. Insbesondere in Obergaliläa wurde auf Basis dieser Vorgaben eine breite Vertreibung der arabischen Bevölkerung durch die israelische Armee betrieben.[28] Insgesamt muss man also das israelische Vorgehen als „ethnic cleansing" bezeichnen. Zwar wurde hierdurch eine bereits ins Rollen gekommene Fluchtbewegung nicht initiiert, sondern nur verstärkt und ausgeweitet. Aber auch wenn entsprechende Maßnahmen in dieser Zeit ähnlich in anderen Weltgegenden betrieben wurden, war dies keinesfalls mit dem Völkerrecht vereinbar.[29]

Insgesamt verließen während des ersten Kriegs, vor allem nach Absehbarkeit einer arabischen Niederlage ab Ende 1947, mehr als 80% der ca. 810.000 islamischen Einwohner den von Israel eingenommenen Raum und begaben sich in Flüchtlingslager, vor allem im noch von Ägypten beherrschten Gaza-Streifen, im südlichen Libanon, im Westjordanland und am Südrand von Syrien. Auch die in Israel verbliebenen Araber verließen freiwillig oder unter Zwang ihre Heimat und bildeten eine Gruppe von Binnenflüchtlingen von fast einem Drittel der noch im Land verbliebenen ca. 156.000 Palästinenser.

Weitgehend parallel hierzu wurden etwa 850.000 Juden aus den umliegenden arabischen Staaten vertrieben. Hier handelte es sich ebenfalls um Opfer von „ethnic cleansing" oder eigentlich von „religious cleansing" ohne einen Anteil von Kriegsflüchtlingen oder Auswanderern. Diese Heimatvertriebenen fanden aber anders als die Palästinenser in ihrer neuen Heimat eine integrationsbereite Bevölkerung vor, sodass es hier zu deutlich weniger Konflikten in den Folgejahren kam.

---

28   Gelber: Palestine, S. 98-99.
29   Detailliert hierzu u.a. Pappe: Ethnic Cleansing, passim, grundlegend vor allem S. 11-12.

176

Durch Flucht und Vertreibung der Palästinenser und Zuwanderung
der ihrerseits aus ihrer Heimat vertriebenen Juden wandelte sich die
ethnische Zusammensetzung Israels von einem bis dahin annähernd
3:4-Verhältnis jüdischer zu arabischer Bevölkerung zu einer Majorität
der jüdischen Gruppe von wenigstens 10:1. Entsprechend verschob
sich der Landbesitz von einem jüdischen Anteil von 13,1%, entsprechend ca. 1.200 km², auf 89,2% oder 8.260 km² der landwirtschaftlich
nutzbaren Fläche.[30]

Israel verweigerte den palästinensischen Geflüchteten zunächst ein
vom Völkerrecht vorgeschriebenes Rückkehrrecht, willigte dann aber
auf Druck der USA ein, bis zu 100.000 Personen zurückkehren zu
lassen. Dazu kam es aber nicht, auch weil inzwischen in den Flüchtlingslagern sich eine klar anti-israelische Haltung als Grundkonsens
durchgesetzt hatte. Zudem hatte Israel inzwischen die meisten arabischen Dörfer zerstört, die Felder verwüstet und mehrere tausend Menschen getötet, als diese versuchten, in ihre Heimat zurückzukehren,
vor allem, um ihre Ernten auf den verlassenen Feldern einzubringen.[31]
Folke Bernardotte, als Vertreter der UNO ein Vorkämpfer des Rückkehrrechts, wurde von einem Terrorkommando der Lechi ermordet.[32]
Auch in späterer Zeit wurde nur sehr restriktiv eine Rückkehr

---

[30] Fischbach: Settling, S. 40.

[31] Morris: Israel, S. 432.

[32] Die vier Tatverdächtigen der Irgun wurden wenige Monate später
      von David Ben-Gurion aufgrund einer Generalamnestie freigelas-
      sen und nie für den Mord belangt. Ben-Gurion war selbst ein ra-
      dikaler Gegner des Rückkehrrechts. Der eigentliche Schütze,
      Yehoshuha Cohen, wurde später David Ben-Gurions Leibwächter,
      als dieser im von Cohen gegründeten Kibbuz Sde Boker seine letz-
      ten Lebensjahre verbrachte.

einzelner Geflüchteter im Rahmen der Familienzusammenführung erlaubt und ist mit der Zweiten Intifada faktisch zum Erliegen gekommen.[33]

Die UNO gründete 1949 die UNRWA (United Nations Relief and Works
Agency for Palestine Refugees in the Near East), um die drängendsten
humanitären Fragen zu bewältigen. Die UNRWA setzte durch, dass
jeder als palästinensischer Flüchtling gilt, der zwischen dem
01.06.1946 und dem 15.05.1948 in Palästina ansässig war und zu
irgendeinem Zeitpunkt und aus welchem Grund auch immer seine
Heimat in Palästina verlassen hat oder von dort von wem auch immer
vertrieben worden ist. Das galt also auch für Binnenflüchtlinge. Auch
die Nachkommen dieser Geflüchteten sollten uneingeschränkt den
Flüchtlingsstatus erhalten.[34] Das unterscheidet palästinensische
Flüchtlinge von Geflüchteten und Vertriebenen anderer Nationen, wo
der entsprechende Status auf die erste Generation beschränkt ist.[35]
Aufgrund der andersartigen Handhabung hinsichtlich palästinensi-
scher Flüchtlinge umfasst die Registrierung der palästinensischen
Flüchtlinge seitens der UNRWA heute statt 800.000 etwa 5,6 Millionen
Personen, von denen ca. 30% noch in den zu Städten gewordenen
Flüchtlingslagern leben.[36] Alle anderen wohnen, meist mit sehr

---

[33] Balfour: Walls, S. 147-149.

[34] https://www.unrwa.org/userfiles/2010011995652.pdf.   Vg.
      Akram: International Law, S. 19–20.

[35] Die Genfer Flüchtlingskonvention vom 28.07.1951 einschließlich
      der Erweiterung vom 04.10.1967 definiert, wer als Flüchtling zu
      werten ist; vgl. www.unhcr.org/media/convention-and-protocol-
      relating-status-refugees. Die Regeln der Konvention werden hin-
      sichtlich der Palästinenser bis heute nicht angewendet.

[36] Aufstellung der UNRWA unter https://www.unrwa.org/who-we-
      are/frequently-asked-questions.

geringen Rechten, in den umliegenden arabischen Staaten und sind dort häufig Übergriffen und Anfeindungen ausgesetzt. Sie sind zudem meist offiziell Staatenlose, auch wenn sie in einem der arabischen Staaten geboren worden sind.

Es war ein bedeutender propagandistischer Erfolg, dass es gelang, die Vertreibung jüdischer Bürger aus den arabischen Staaten gänzlich aus dem Bewusstsein verschwinden zu machen und zugleich die heterogene Zusammensetzung der geflüchteten Palästinenser mit kaum zu entscheidenden Gewichten der einzelnen Gruppen in ein gemeinschaftsstiftendes Narrativ zu verwandeln, wonach alle diese Menschen Opfer einer gezielten Vertreibung durch die israelische Regierung gewesen sind. Dieser Mythos einer solchen ethnischen Säuberung trug wesentlich zur Stiftung einer bis dahin kaum vorhandenen kollektiven Identität der Palästinenser bei und legitimierte zugleich jeden Widerstand gegen das jetzt zum Erzfeind deklarierte Israel – was die innerarabische Sprengkraft der islamistischen Bewegung weitgehend auflöste. Der Propaganda gelang es, hierfür den von Constantin Zureik 1948 geprägten Terminus „Nakba" durchzusetzen, das arabische Wort für „Katastrophe", dessen griechische Entsprechung der Ausdruck „Holocaust" wäre.[37] Es wurde also von Beginn an eine Analogie gesucht zwischen den Juden als Opfern der Nazi-Diktatur und den Palästinensern in ihren Lagern bzw. zwischen der damaligen Mörderkamarilla der SS und den aktuellen Polizei- und Militärkräften Israels. Erst in den folgenden Jahrzehnten gelangten diverse palästinensische Vertreter zu einer differenzierteren Sicht der Nakba, indem auch die

---

[37] Zureik war der wesentliche Vordenker eines panarabischen Nationalismus und einer Lösung der arabischen Geisteswelt von mittelalterlichen und religiösen Denkmustern; Khashan: Arabs, passim, v.a. S. 41-43.

Anteile der arabischen Regierungen und des Militärs stärker berücksichtigt wurden. Umgekehrt vertreten inzwischen auch israelische Historiker, vor allem nach Öffnung der diesbezüglichen Archive, die Ansicht, dass es auch von israelischer Seite planhafte Vertreibungen gegeben hat. Von offizieller Seite wird dies in Israel aber weiterhin bestritten.

6.1.3. Ägypten und die Entstehung der PLO

Der Palästinakrieg hatte die innere Situation in Ägypten deutlich verschoben, zudem mit der Entzweiung zwischen Staat und Muslimbruderschaft und der großen Zahl palästinensischer Flüchtlinge im Gaza-Streifen zwei erhebliche Probleme geschaffen. Ägypten, vor allem Nasser selbst bemühten sich daher, die ideologische Rolle der Muslimbruderschaft zu okkupieren und mit einem ägyptischen Nationalismus zu verbinden.[38] Adressat von Nassers antisemitischen, panarabischen und islamistischen Äußerungen und Publikationen waren mithin zwar auch Kreise im Ausland, auch in den westlichen Staaten. Aber vor allem ging es ihm darum, die Bewohner der Flüchtlingslager für die ägyptische Machtpolitik zu instrumentalisieren.

Um dies zu erreichen, strebte Nasser nach einer Gesamtorganisation der Palästinenser. Dazu gründete er 1964 die PLO als Sprachrohr der palästinensischen Flüchtlinge. Vorsitzender wurde kein Palästinenser, sondern Nasser verschaffte diesen Posten einem seiner Freunde, den saudischen Diplomaten Ahmad al-Shukeiri.[39] Dieser konzentrierte

---

[38] Karsh: Islamic Imperialism, S. 152-169.

[39] Al-Shukeiris Vater war aus Akko, war also Palästinenser, während seine Mutter aus der Türkei stammte. Vor seiner Ernennung zum Vorsitzender der PLO war er zuletzt von 1957 bis 1962 saudischer Botschafter bei der UNO gewesen; www.passia.org/palestine_facts/personalities/chrono01.htm.

sich zunächst darauf, enge Verbindungen zur Arabischen Liga aufzubauen, auch um die Finanzierung von dort sicherzustellen. Aber zugleich begann er auch, eine militärische Organisation innerhalb der PLO aufzubauen, meist als „Palestine Liberation Army" oder PLA bezeichnet.[40] Es erwies sich aber als unmöglich, eine eigenständige palästinensische Armee aufzustellen. Die arabischen Staaten erzwangen, dass die zuletzt acht Brigaden bzw. ca. 12.000 Soldaten der PLA den Armeen der Länder zugeordnet wurden, in denen sie stationiert waren. Daher wurden PLA-Soldaten in einzelnen Fällen, etwa im Libanesischen Bürgerkrieg, sogar gegen Palästinenser eingesetzt.[41]

Nach dem erneuten Desaster der ägyptischen Armee im Sechstagekrieg 1967 dauerte das palästinensische Exil inzwischen fast zwanzig Jahre. Israel hatte jetzt auch den Gaza-Streifen und das Westjordanland erobert, wo ein großer Teil der palästinensischen Flüchtlinge lebte. Es drohte eine allgemeine Kriegsmüdigkeit und der Wunsch, in den Ländern, in denen inzwischen der größte Teil der Flüchtlinge geboren waren, heimisch zu werden. Dagegen setzte al-Shukeiri am 01.09.1967 in der Arabischen Liga die Khartum-Resolution durch, die in ihrem dritten Absatz die „Three No's" enthielt, welche über vier Jahrzehnte das Credo der Arabischen Liga und der PLO bildeten: „No peace with Israel, no recognition of Israel, no negotiations with Israel."[42]

Es gelang al-Shukeiri allerdings nicht, den Unmut der Palästinenser hierdurch zu mildern, sodass er seinen Posten aufgeben musste. Letztlich scheiterte er daran, dass Nasser die Palästinenser im Rahmen einer panarabischen Politik unter ägyptischer Führung

---

[40]   Frisch: Palestinian Military, S. 137-139.
[41]   Pipes: Greater Syria, S. 121.
[42]   https://avalon.law.yale.edu/20th_century/khartoum.asp.

einzubinden trachtete, während immer mehr Palästinenser sich nicht mehr instrumentalisieren lassen wollten und stärker nationalistische Positionen vertraten. In diesem Sinne übernahm nach einem kurzen Übergang unter Yahia Hammuda der Anführer der Fatah, Yassir Arafat, wie al-Shukeiri eigentlich kein Palästinenser, die Leitung der PLO.[43]

Die Fatah als stärkste paramilitärische Gruppierung der Palästinenser hatte sich erst vor kurzem der PLO angeschlossen, da Arafat verhindern wollte, dass sie in der PLA aufging. Sie befand sich gerade auf einer Welle der Popularität, da es ihr gelungen war, die eigene Niederlage im Gefecht um das Lager Karame als Sieg erscheinen zu lassen.[44] Karame lag auf dem Ostufer des Jordan, direkt an einer der wenigen Flussbrücken. Hier bestand neben einem Flüchtlingslager mit ca. 30.000 Zivilisten aufgrund der strategisch günstigen Lage auch der wichtigste Stützpunkt der Fatah und Arafats Hauptquartier. Israel hatte am 21.03.1968 versucht, nicht nur diesen Knotenpunkt des gegen Zivilisten gerichteten Terrorismus der Fatah zu zerschlagen, sondern auch Arafat gefangen zu nehmen. Arafat war aber mit knapper Not entkommen, und den etwa 250 getöteten Jordaniern und Palästinensern standen 33 tote Israelis gegenüber.[45] Das Fatah-Lager war fast vollständig zerstört worden, trotzdem ließ sich das Gefecht – auch angesichts der katastrophalen Niederlagen vor allem der ägyptischen Armee noch ein Jahr zuvor – propagandistisch zu einem Sieg ummünzen. Die Erfolge der arabischen Seite – u.a. sechs zerstörte israelische

---

[43]   Arafat konnte sich lediglich auf Eltern berufen, die Jahrzehnte zuvor aus wirtschaftlichen Gründen aus dem Gaza-Streifen nach Ägypten ausgewandert waren; Rubin/Colp Rubin: Yasir Arafat, S. 11-12.

[44]   Dawisha: Arab Nationalism, S. 258.

[45]   Pollack: Arabs, S. 333.

Panzer – waren allerdings weitgehend von der in Karame stationierten 1. Infanterie-Division, also regulären jordanischen Truppen erzielt worden. Doch verzichtete der jordanische König Husain I. zugunsten der Fatah, aber auch im Interesse einer Entspannung zwischen Jordanien und Israel darauf, dies zu betonen.[46]

Arafats Führung der Fatah und jetzt auch der PLO war für Ägypten zunächst ein Problem, da er für einen Nationalismus der Palästinenser eintrat, wenn auch im Rahmen einer panarabischen Gesamtvision. Er vollzog damit innerhalb der PLO einen analogen Wandel zur nationalistischen Ausrichtung der Fatah. Diese war 1959 in Kuwait von ihm und drei weiteren Angehörigen oder Sympathisanten der Muslimbruderschaft gegründet worden, stand deren panarabischer Ausrichtung aber von Beginn an skeptisch gegenüber.[47] Das unterschied vor allem Arafat selbst auch von seinem wichtigsten Förderer al-Husseini, mit dem verwandt zu sein er auch nach dessen Tod 1974 immer wieder behauptete.[48]

Nasser, die Fatah und dann auch die PLO befanden sich in einer schwierigen Lage. Zum einen waren sie darauf angewiesen, dass keine Wendung gegen die ägyptischen und arabischen Großgrundbesitzer erfolgte und die Palästinenser bzw. die PLO die führende Rolle

---

46 Salibi: Modern History, S. 175. In der jordanischen Öffentlichkeit wurde dies allerdings als Zurücksetzung der eigenen Truppen empfunden, was zu einer Entfremdung von der Fatah und letztlich zum gewaltsamen Bruch im Rahmen des Jordanischen Bürgerkriegs 1970-1971 führte.

47 Der Name „Fatah" (arab. „Eroberung") ist eine Umkehrung der Anfangsbuchstaben von „Harakat al-Tahrir al-Watani al-Filastini" (arab. „Bewegung zur Nationalen Befreiung Palästinas"), was eine klar nationalistische Botschaft beinhaltete.

48 Gensicke: Mufti, S. 236.

Ägyptens nie bestreiten würden. Zugleich aber war Ägypten wegen der Spannungen mit dem Westen auch auf Unterstützung aus der UdSSR und dem Warschauer Pakt angewiesen. Insbesondere Waffen erhielt Ägypten vor allem aus der Tschechoslowakei. Die Fatah trat daher offen sozialistisch auf, auch andere Gruppierungen zeigten eindeutig säkulare und sozialistische Tendenzen.

Diese Entwicklung wollte die Muslimbruderschaft nicht akzeptieren. Nasser selbst hatte die Protokolle der Weisen von Zion immer wieder als authentisch bezeichnet und den spätestens 1921 unzweifelhaft gewordenen Nachweis, dass es sich um eine Fälschung handelte, fortgesetzt ignoriert. Der Kommunismus sei ein Produkt der jüdischen Verschwörung zur Erlangung der Weltherrschaft und Vernichtung aller anderen Religionen, aber vor allem des Islam. Zugleich kam es vor allem unter Nassers Nachfolger Anwar al-Sadat zu einer Annäherung zwischen der ägyptischen Regierung und der Muslimbruderschaft. Zwar vertrat diese auch weiterhin panarabische Forderungen. Aber nachdem die Verschmelzung von Syrien und Ägypten zur Vereinigten Arabischen Republik nach knapp drei Jahren gescheitert war, sah auch die Muslimbruderschaft die Gründung eines arabischen Großreichs in Nachfolge der mittelalterlichen Kalifate allenfalls als Fernziel an. Zudem begann Sadat, im Rahmen der Infitah-Politik die Wirtschaft Ägyptens stärker nach kapitalistischen Ideen auszurichten und eine Annäherung an Israel umzusetzen.[49] Dabei gelang es, die jetzt in Ägypten entstehenden Wirtschaftseliten auch in der Führung der Muslimbruderschaft zu etablieren, auch wenn die Organisation offiziell weiterhin verboten blieb.[50]

---

[49]   Osman: Egypt, S. 117-118.
[50]   Springborg: Mubarak's Egypt, S. 236.

Die Annäherung an die Muslimbruderschaft und die stärkere Orientierung an kapitalistischen Wirtschaftsformen, vor allem aber der dann von Sadat eingeleitete Friedensprozess mit Israel führten zu einer Entfremdung zur eher linksorientierten Fatah und über diese zur PLO. Der zuvor bereits erfolgte Bruch mit Jordanien führte dazu, dass PLO und Fatah ihren Schwerpunkt in den südlichen Libanon verlagerten. Seit 1970 bestand das Hauptquartier in Beirut, ehe der israelische Einmarsch 1978 die PLO-Führung zwang, nach Tunis zu fliehen, während große Teile ihrer Truppen im Zuge dieser Auseinandersetzung zerschlagen wurden.

6.2.   Fazit

Ich habe eingangs versucht, Ihnen jede Hoffnung auf völkerrechtliche oder moralphilosophische Antworten in dieser verworrenen Lage zu nehmen. Ich hoffe, wenigstens das ist mir gelungen. Nach mir wird Nora Schirrmacher inhaltlich direkt anknüpfen. Aber ohne ihr vorgreifen zu wollen, wird auch sie Ihnen kaum mundgerechte Statements präsentieren können.

Eins bleibt aber festzuhalten: Bei allem, was man an Kritischem hinsichtlich PLO, Fatah, Muslimbruderschaft usw. sagen kann, stellt die Verweigerung des Rückkehrrechts durch Israel eine, wenn nicht die zentrale Ursache der aktuellen Situation dar. Denn so hat man es geschafft, auch Menschen, die vielleicht kooperationswillig gewesen wären, zu Feinden zu machen. Natürlich hätte eine Rückkehr von mehr als einer halben Million geflüchteter Moslems eine jüdische Orientierung des Staates Israel annähernd unmöglich gemacht. Zudem hatte Israel fast eine Million vertriebener Juden aus den arabischen Staaten aufgenommen und große Teile des bisherigen palästinensischen Siedlungsraums nach und nach an diese vergeben. Aber soll man Grundregeln des Völkerrechts aushebeln, sobald ihre Umsetzung etwas

Kreativität und sicher Mühsal, Kompromissbereitschaft und Geduld erfordert? Ich denke nicht, Und das wiederum gilt ganz sicher nicht nur für die Zukunft von Israel und Palästina.

Vielen Dank

6.3.　Literatur

Akram, Susan: International Law and the Israeli-Palestinian Conflict, Abingdon (Taylor & Francis) 2011

Auerbach, Jerold S.: Hebron Jews: Memory and Conflict in the Land of Israel, Lanham (Rowman & Littlefield) 2009

Balfour, Alan: The Walls of Jerusalem, Preserving the Past, Controlling the Future, Hoboken (Wiley-Blackwell) 2019

Ben-Eliezer, Uri: War over Peace: One Hundred Years of Israel's Militaristic Nationalism, Oakland (University of California Press) 2019

Biger, Gideon: The Boundaries of Modern Palestine, 1840–1947, New York (Routledge) 2004

Black, Edwin: Banking on Baghdad: Inside Iraq's 7,000-Year History of War, Profit, and Conflict, Hoboken (John Wiley) 2004

Dawisha, Adeed: Arab Nationalism in the Twentieth Century: From Triumph to Despair, Princeton (Princeton UP) 2003

Finkelstein, Norman G.: Image and Reality of the Israel-Palestine Conflict, 2. Aufl., New York (Verso) 2003

Fischbach, Michael R.: Settling Historical Land Claims in the Wake of Arab-Israeli Peace, in: Journal of Palestine Studies, Nr. 27.1/1997, S. 38–50

Fraser, Thomas G.: Contested Lands – A History of the Middle East Since the First World War, London (Haus Publ.) 2021

Frisch, Hillel : The Palestinian Military: Between Militias and Armies, London (Routledge) 2008

Gelber, Yoav: Palestine, 1948: War, Escape and the Emergence of the Palestinian Refugee Problem, 2. Aufl. Portland 2006

Gensicke, Klaus: Der Mufti von Jerusalem und die Nationalsozialisten: Eine politische Biographie Amin el-Husseinis, Darmstadt (wbg) 2012

Herf, Jeffrey: Hitlers Dschihad: Nationalsozialistische Rundfunkpropaganda für Nordafrika und den Nahen Osten, in: Vierteljahreshefte für Zeitgeschichte, Nr. 58.2/2010, S. 259-286

Hughes, Matthew: Britain's Pacification of Palestine: The British Army, the Colonial State, and the Arab Revolt, 1936–1939, Cambridge (Cambridge UP) 2019

Huneidi, Sahar: A Broken Trust: Herbert Samuel, Zionism and the Palestinians 1920–1925, London, New York (I.B. Tauris) 2001

Kandil, Hazem: Soldiers, Spies, and Statesmen: Egypt's Road to Revolt, London, New York (Verso Books) 2012

Karsh, Efraim: Islamic Imperialism – A History, akt. Ausg. New Haven (Yale UP) 2013

Karsh, Efraim: The Arab Israeli Conflict. The Palestine War 1948, Oxford (Osprey) 2002

Kepel, Gilles: Der Prophet und der Pharao: Das Beispiel Ägypten: Die Entwicklung des muslimischen Extremismus, München (Piper) 1995

Khashan, Hilal: Arabs at the Crossroads: Political Identity and Nationalism, Gainesville/Fl. (UP of Florida) 2000

Krämer, Gudrun: Der Architekt des Islamismus: Hasan al-Banna und die Muslimbrüder, München (C. H. Beck) 2022

Lewis, Bernard: The Emergence of Modern Turkey, Oxford (Oxford UP) 1968

Mallmann, Klaus-Michael, Martin Cüppers: Halbmond und Hakenkreuz: Das Dritte Reich, die Araber und Palästina, 3. Aufl. Darmstadt (wbg) 2011

Morris, Benny: 1948 – A History of the First Arab-Israeli War, New Haven (Yale UP) 2009

Morris, Benny: Israel's Border Wars, 1949–1956: Arab Infiltration, Israeli Retaliation, and the Countdown to the Suez War, Oxford (Clarendon Press) 1997

Morris, Benny: The Birth of the Palestinian Refugee Problem Revisited, 2. Aufl., Cambridge (Cambridge UP) 2004

Osman, Tarek: Egypt on the Brink: From Nasser to Mubarak, New Haven (Yale UP) 2011

Pappe, Ilan: The Ethnic Cleansing of Palestine, Oxford (Oneworld Publications) 2006

Pipes, Daniel: Greater Syria: The History of an Ambition. Oxford (Oxford UP) 1990

Pollack, Kenneth M.: Arabs at War: Military Effectiveness, 1948–1991, Lincoln (Bison Books) 2004

Ranko, Annette: Die Muslimbruderschaft: Porträt einer mächtigen Verbindung, Hamburg (Edition Körber-Stiftung) 2014

Rashed, Haifa, Damien Short, John Docker: Nakba Memoricide: Genocide Studies and the Zionist/Israeli Genocide of Palestine, in: Holy Land Studies. Nr. 13.1/2014, S. 1–23

Reinharz, Jehuda: The Balfour Declaration and its Maker: A Reassessment, in: The Journal of Modern History, Nr. 64.3/1992, S. 455-499.

Rhett, Maryanne A.: The Global History of the Balfour Declaration: Declared Nation, New York (Routledge) 2016

Roubiçek, Marcel: Echo of the Bugle: Extinct Military and Constabulary Forces in Palestine & Transjordan, 1915–1967, Jerusalem (Franciscan Printing Press) 1974

Rubenstein, Richard L.: Jihad and Genocide: Religion, History, and Human Rights, Lanham (Rowman & Littlefield) 2011

Rubin, Barry, Judith Colp Rubin: Yasir Arafat: A Political Biography, Oxford (Oxford UP) 2003

Salibi, Kamal: The Modern History of Jordan, 2. Aufl. London (I. B. Tauris) 1993

Segev, Tom: Es war einmal ein Palästina: Juden und Araber vor der Staatsgründung Israels, München (Pantheon) 2006

Shapira, Anita: Yigal Allon, Native Son: A Biography, Philadelphia (University of Pennsylvania Press) 2008

Tal, David: War in Palestine 1948. Strategy and Diplomacy, London (Routledge) 2004

Wagemakers, Joas: The Muslim Brotherhood: Ideology, History, Descendants, Amsterdam (Amsterdam UP) 2022

Wilford, Hugh: America's Great Game: The CIA's Secret Arabists and the Making of the Modern Middle East, New York (Basic Books) 2013

Wilson, Mary C.: King Abdullah, Britain, and the Making of Jordan, Cambridge (Cambridge UP) 1987

Zamir, Meir: The Secret Anglo-French War in the Middle East: Intelligence and Decolonization, 1940-1948, London (Routledge) 2014

7. Nora Schirrmacher: Oktober 2023: Das Pogrom der Hamas

Nora Schirrmacher ist eigentlich Psychotherapeutin und Personal Trainer. Seit vielen Jahren gelingt es ihr, Klienten aus schweren Burnout-Situationen, aus depressiven Phasen und sonstigen Krisen herauszuhelfen, indem sie Bewegungstherapie, Gruppenerlebnisse und Naturerkundungen zu einem geschlossenen Ganzen vereint. Es war daher fast naheliegend, dass jemand, der jeden Tag für die Überwindung individueller Ausweglosigkeiten und Krisen arbeitet, sich nun auch der anscheinend ähnlich unlösbaren Krise im Nahen Osten zuwendet.

Noch ein Wort zur Aktualität dieses Beitrags: Wie auch schon Shelley Burnside und Karsten Ahldner bei der Abfassung ihres Beitrags zum russischen Krieg gegen die Ukraine war Nora Schirrmacher sich klar, dass ihre Ausführungen rasch überholt sein würden. Tatsächlich sind schon jetzt, da ich diese einleitendenden Bemerkungen verfasse, einige Protagonisten ihres Beitrags nicht mehr am Leben, darunter Ismail Haniyya und Mohammed Deif. Der Krieg gegen die Hamas ist inzwischen auch ein Krieg gegen die Hisbollah geworden, und wer weiß, wenn dieser Band gedruckt ist, brennt vielleicht längst der ganze Nahe Osten. Trotzdem glauben wir, dass viele der grundlegenden Ausführungen des Beitrags weiterhin relevant bleiben. Es ist also auch hier durchaus nicht nur der Wunsch, den Verlauf der diesjährigen Tagung lückenlos zu dokumentieren, was uns veranlasst hat, Nora Schirrmachers Beitrag hier abzudrucken,

Sehr geehrte TeilnehmerInnen,
es ist erstaunlich, wie bereitwillig schon im Ukraine-Krieg, erst recht aber mit Blick auf den Terrorismus der Hamas Emotionalität an die Stelle von politischer Analyse tritt. Allein, gerade hier ist es vernünftig,

Geschichte, Position und Motive der Hamas, aber auch der Fatah oder der Hisbollah, zu verstehen, bevor man sie zurückweist. Sonst zeichnet man leichtfertig ein Bild von irrsinnigen Massenmördern, die in ein friedliches Land einfallen und mit keinem anderen Motiv als schlichtem Blutdurst Hunderte von Menschen niedermetzeln.

7.1. Die Sonderrolle des Gaza-Streifens

Nach dem Ende des Ersten Weltkriegs wurde Großbritannien vom Völkerbund die Verwaltung von Palästina übertragen. Hierzu gehörte neben dem jüdischen Siedlungsgebiet und dem Westjordanland auch Gaza mit dem zugehörigen Umland, also der heutige Gaza-Streifen, ein Gebiet von ca. 360km², mithin etwa halb so groß wie Hamburg. Gaza ist eine der ältesten Städte im Mittelmeerraum. Zu Beginn des 20. Jahrhunderts lebten etwa gleichviel jüdische und islamische Bevölkerungsteile in der Region, wobei der jüdische Anteil im Süden, der islamische im Norden stärker war. Die ägyptische Regierung strebte aber danach, diese wichtige Hafenstadt zum Teil ihres 1922 selbstständig gewordenen Staats zu machen. Daher förderte sie über mehr oder weniger schlecht getarnte Einflussnahmen eine antijüdische und antibritische Propaganda in Gaza. Zudem verhängte der Großmufti von Jerusalem, Mohammed Amin al-Husseini, eine Fatwa, um den Verkauf von Land in Gaza an jüdische Siedler zu verhindern.[1] Hier traten bereits al-Husseinis antisemitische Verschwörungsideologien zutage, die ihn wenige Jahre später dann zum engen Verbündeten des NS-Regimes und zum aktiven Unterstützer der Shoah machten.[2]

---

[1] Rubenstein: Jihad, S. 60.

[2] Black: Banking, S. 313. Vgl. auch die detaillierte Dokumentation bei Herf: Hitlers Dschihad, v.a. S. 274-276.

Die Gesamtheit der Propaganda fiel auch deswegen auf fruchtbaren Boden, weil nach dem Ersten Weltkrieg in Europa und in den USA ein Markt für Zitrusfrüchte entstanden war. Deren Anbau erfolgte in großen Plantagen, denen das bisherige Kleinbauerntum rund um Gaza im Wege stand. Die Existenzangst der Landbevölkerung und der breit angelegte Verkauf von Pachtland, der eigentlich schlicht ökonomische Gründe hatte, wurden auf diese Art zu einem antisemitischen Narrativ zusammengeführt, obgleich hier vorwiegend ägyptische und z.T. britische Investoren führend waren.[3] Zudem hatte man in dieser Region das Schicksal zahlreicher Kleinbauern in Ägypten vor Augen. Die faktische Kolonialherrschaft Großbritanniens hatte die ägyptische Agrarproduktion von einem Schwerpunkt im Getreideanbau auf Baumwollproduktion verlagert, was sich mit der Schaffung großer Plantagen und entsprechend der Landvertreibung zahlreicher Familien verband. Als es am 23.08.1929 zu landesweiten Pogromen in Palästina kam, ereigneten sich auch in Gaza zahlreiche Übergriffe. In deren Gefolge wurden mit Billigung der britischen Behörden fast alle jüdischen Einwohner, etwa 50 Großfamilien, aus der Region vertrieben. Dadurch entstand Raum für ägyptische Einwanderer, die hier in den 1930er Jahren sesshaft wurden, vor allem aber für ägyptische Investoren und ihre jetzt entstehenden Plantagen für Zitrusfrüchte, die bis heute die Region prägen.

Als noch vor der Gründung Israels der Palästinakrieg als eine Art Bürgerkrieg begann, verließen Zehntausende von Palästinensern ihre Heimat. Einige freiwillig, viele unter Zwang. Diese Zahlen erhöhten sich noch einmal deutlich, als die arabischen Staaten den gerade erst gegründeten Staat Israel überfielen, aber dann ein weitgehendes militärisches Desaster erleben mussten. Da Israel den Geflüchteten das

---

[3]   Filiu: Twelve Wars, S. 54.

ihnen eigentlich zustehende Rückkehrrecht verweigerte, war klar, dass die jetzt über mehrere Nationen verstreuten Palästinenser sich vor Ort heimisch machen mussten.

Für Gaza hieß das, dass die hierher Geflüchteten – zunächst etwa 200.000 - zu einer festen Größe im Sozialgefüge dieser vergleichsweise kleinen Region wurden. Der Gaza-Streifen wurde zunächst selbstständig, wenn er auch faktisch von Ägypten beherrscht wurde. Die Arabische Liga setzte al-Husseini, der den Titel des Großmufti von Jerusalem eingebüßt hatte, zum Präsidenten ein. Dies endete 1956, als Israel den Gaza-Streifen im Zuge der Suez-Krise erneut eroberte und erst nach Ende der Krise wieder räumte. Danach wurde die Verwaltung auch offiziell von Ägypten übernommen, während jetzt eine UNO-Truppe vor Ort stationiert wurde, was vor allem die Angriffe der Fatah aus dieser Region weitgehend beenden konnte.[4] Ägypten hatte damit auch offiziell wenigstens eines seiner Kriegsziele von 1948 verwirklicht.

Aber diese Gegebenheiten änderten sich ein weiteres Mal infolge des Sechstagekriegs und der nächsten ägyptischen Niederlage im Juni 1967. Israel eroberte jetzt nicht nur das Westjordanland, sondern erneut auch den Gaza-Streifen. Hier übernahm Israel für die nächsten 38 Jahre die Kontrolle. Die 1948 im Gefolge des Palästinakriegs dorthin geflüchteten oder dorthin vertriebenen Palästinenser bzw. ihre Nachfahren gerieten also in den Herrschaftsbereich genau desjenigen Staats, aus dem sie ursprünglich geflüchtet waren. Zudem begann Israel nun damit, im südlichen Gaza-Streifen Siedlungen durchzuführen. Insgesamt ca. 8.000 Siedler lebten danach in dieser als Gush Katif bezeichneten Region. Dies Gebiet erhielt eine eigene Infrastruktur, vor allem ein Straßennetz als enge Verbindung mit Israel. Dies

---

[4]   Finkelstein: Image, S. 271-278.

empfanden die Palästinenser als existenzielle Bedrohung, zumal auch befürchtet wurde, Israel würde schrittweise die großen Plantagen für Zitrusfrüchte und Schnittblumen übernehmen und dann mit eigenen Arbeitskräften betreiben.

Das verweigerte Rückkehrrecht der Geflüchteten und die Lebensbedingungen der Palästinenser im Gaza-Streifen bildeten und bilden somit eine wesentliche Antriebskraft des Widerstands gegen Israel. Wichtiger noch aber sind die Legenden hierüber, welche vor allem von der ägyptischen, dann auch von der eigenen Propaganda seitens der Fatah und der PLO lanciert wurden und inzwischen weltweit ungeprüft wiederholt werden. So lebten 1967 im Gaza-Streifen knapp 400.000 Menschen. Die 8.000 israelischen Siedler bildeten also keine nennenswerte Minorität, wurden aber als Versuch dargestellt, nach und nach die gesamte islamische Bevölkerung aus dem Gaza-Streifen zu verdrängen.

In den folgenden Jahren kam es auf palästinensischer Seite zu einem massiven Bevölkerungswachstum von durchschnittlich 3,3%, sodass 2022 über zwei Millionen Menschen im Gaza-Streifen lebten, ohne dass es nennenswerte Zuwanderungen aus anderen Regionen gegeben hätte. Die Bevölkerungsdichte ist mit ca. 6.200 Personen pro Quadratkilometer sehr hoch, in den Siedlungskernen, vor allem in Gaza selbst, und naturgemäß in den aktuell acht Flüchtlingslagern noch einmal deutlich höher.

Das Bevölkerungswachstum ist umso erstaunlicher, als das Gesundheitswesen in einem annähernd irreparabel desolaten Zustand ist.[5] Die Kindersterblichkeit beträgt lediglich 1,5%, bei 4,1% weltweit. Hingegen ist es eine weitere Legende, dass die Versorgungslage katastrophal schlecht wäre, mindestens, soweit es um die Ernährung geht. Die

---

[5]   Jebril/Deaking: Policial Economy, passim.

FAO geht von einem durchschnittlichen Nahrungsbedarf von ca. 7,5
MJ pro Tag aus, unterhalb dessen man von Hunger sprechen kann.
Die Versorgung im Gaza-Streifen aus Israel heraus liegt bei aktuell 9,5
MJ pro Tag. Hinzu kommen im Land angebaute Nahrungsmittel und
illegal ins Land gebrachte Nahrungsmittel aus den Anrainerstaaten,
vor allem aus Ägypten. Etwa 70% der Bevölkerung im Gaza-Streifen
sind zum Überleben auf diese Nahrungsmittel angewiesen.[6] Jedoch
handelt es sich hierbei um Spenden ohne Gegenleistungen, vor allem
durch den Staat Israel, was bei der Bevölkerung des Gaza-Streifens,
insbesondere bei jungen Männern, oft als beleidigende Tatsache empfunden wird.

Diese jungen Männer stellen eine signifikante Gruppe im Gaza-Streifen da. Das Durchschnittsalter beträgt hier gerade mal 17,9 Jahre,
gegenüber 29,6 Jahren weltweit. In Ägypten liegt der Wert bei 29,1, in
Israel bei 30,4. 50% der Bevölkerung im Gaza-Streifen sind jünger als
19 Jahre. Da Polygynie hier weit verbreitet ist und mehr Jungen als
Mädchen geboren werden, wachsen ca. 20% aller jungen Männer in
der sicheren Gewissheit auf, nie das gesellschaftliche Ideal eines
Manns mit einer oder mehreren Frauen und einem oder mehreren
Söhnen verwirklichen zu können. Dies gilt vor allem für junge Männer
mit geringem Einkommen, die sich die Aufwände für eine Heirat nicht
leisten können. Diese jungen Männer können noch nicht einmal auf
die zwar verbotene, aber dennoch weit verbreitete Prostitution zurückgreifen, da auch hierfür ihnen die Mittel fehlen.

Die Arbeitslosigkeit in dieser Gruppe ist kritisch, auch wenn es Vorbehalte gegenüber der Belastbarkeit vorliegender Zahlen geben mag.
Zum einen gibt es verdeckte Arbeitslosigkeit, wo mehrere Personen
sich eine Stelle teilen, aber gegenüber dem Arbeitgeber nur als eine

---

[6]   www.fao.org/4/a0256e/a0256e0g.htm.

194

Person auftreten. Umgekehrt ist hier wie in vielen schwierigen Lebenssituationen weltweit der Anteil der Schwarzarbeit vermutlich sehr hoch. Trotzdem kann man insgesamt davon ausgehen, dass etwa 74% aller Männer ohne geregeltes Einkommen sind.[7] Es ist daher wenig überraschend, dass auch der Drogenkonsum in dieser perspektivlosen Gruppe besonders hoch ist.[8] Dabei ist aber unklar, in welchem Umfang die verschiedenen Interessengruppen im Gazastreifen, vor allem die Hamas, vom illegalen Import oder vielleicht auch von Herstellung und Verkauf synthetischer Drogen profitieren.

7.2. Die Gründung der Hamas

Die Lebensverhältnisse und die Perspektivlosigkeit vor allem junger Männer im Gaza-Streifen erklären z.T. ihre erhöhte Gewaltbereitschaft. Hinzu kam das mit der Ersten Intifada signifikant gewordene Versagen der Fatah, diese Gruppen hinreichend zu integrieren. Vor allem die Muslimbruderschaft gehörte weiterhin zu den schärfsten Kritikern jeder nationalistischen und linksliberalen Ausrichtung von Fatah und PLO, vor allem, wenn diese mit dem panarabischen oder eigentlich panislamistischen Anspruch der Muslimbruderschaft kollidierte.

Trotz der Kritik aus der Muslimbruderschaft blieb die PLO über lange Zeit die wesentliche Vertretung der Palästinenser. Aber die Annäherung zwischen Ägypten und Israel im Camp-David-Prozess und dann das weitgehende Ende der Unterstützung aus dem Warschauer Pakt im Zuge des Zusammenbruchs der UdSSR schwächten die PLO deutlich, auch wenn sie das teilweise durch Zweckentfremdung von Geldern aus der EU ausgleichen konnte. Zudem wandte die PLO unter

---

[7]   Eisenring: Hamas-Herrschaft, S. 5.

[8]   Progler: Drug Addiction, passim.

Führung der Fatah in der Mitte der 1980er Jahre sich zunehmend realpolitischen Positionen zu und näherte sich auch der Möglichkeit, die bis dahin radikal abgelehnte Zwei-Staaten-Lösung als Alternative zu betrachten. Damit wurde sie aber von einer in gewissem Maße noch panarabischen zu einer eindeutig nationalstaatlichen Stimme, zudem mit einer eher linksliberalen Prägung und deutlichen Tendenzen zu einem laizistischen Staatskonzept. Insbesondere bei den Anhängern der Muslimbruderschaft und bei den Jugendlichen der Flüchtlingslager verlor sie dadurch erheblich an Einfluss. Auch deshalb wurden ihr Verrat und Käuflichkeit vorgeworfen, wenngleich die Fatah und die PLO auch insgesamt sich in diesen Jahren als hochgradig korrupt erwiesen.

Die Führer der PLO erschienen also vor allem in der Propaganda der Muslimbruderschaft und in den Augen der jüngeren Generation im Gaza-Streifen als zunehmend in Korruption und in von westlichen Zahlungen ermöglichtem Wohlstand versunkene Greise. Als ihr Gegenpart etablierten sich Ende der 1980er Jahre der Islamische Dschihad und vor allem die Hamas. Diese war also zunächst keine im Wesentlichen gegen Israel gerichtete Kampforganisation. Sondern sie propagierte eine Rückkehr zu den Idealen der Muslimbruderschaft: Abkehr von westlichem Gedankengut wie Demokratie und Frauenemanzipation, Rückkehr zum traditionellen panarabischen Gesetzeskodex der Scharia und eine panarabische Sammlung mit Entmachtung der traditionellen Eliten, was auch eine antinationalistische Dimension besaß.

Die israelischen Behörden verkannten weitgehend den in der Fatah in Gang gekommenen Wandlungsprozess. Statt bei allen Vorbehalten die entsprechenden Kräfte zu stärken, gewährte man vielerorts, darunter auch im Gaza-Streifen, der Muslimbruderschaft größere Freiräume, da man hier einen Konkurrenten zur Fatah aufbauen wollte.[9] Bereits ab 1967, als Israel erneut den Gaza-Streifen eroberte, versuchte die israelische Verwaltung, durch eine Förderung der Muslimbruderschaft die Bevölkerung der bisherigen ägyptischen Elite zu entfremden und insgesamt lokale Sympathien aufzubauen.[10] Daher wurde direkt nach der Eroberung das Zentrum der Muslimbrüder in Gaza, das Al-Mudschama Al-Islami gegründet und anscheinend z.T. auch von Israel finanziert.

Am Mudschama trat rasch ein im Rollstuhl sitzender Prediger in Erscheinung, dessen religiöser Fanatismus ihm viele Anhänger sicherte. Es war dies der spätere Gründer der Hamas, Ahmad Yasin.

Yasins Familie war während des Ersten Palästinakriegs vor den Kampfhandlungen nach Gaza geflohen. Damals war er nach eigenen Angaben etwa zehn Jahre alt. Nach einem Sportunfall war er schwerbehindert, verfügte aber über erhebliches rhetorisches Talent. Dies verhalf ihm rasch zu einer Karriere innerhalb der Muslimbruderschaft und verschaffte ihm zudem den Ehrentitel "Scheich", der eigentlich alten Männern mit weißen Haaren und großer Weisheit vorbehalten war.[11]

Yasin begnügte sich bald nicht mehr mit einer reinen Lehrtätigkeit am Mudschama, sondern forderte eine Rückkehr der Gesellschaft in Gaza zu den Regeln der islamischen Tradition und organisierte unter seinen Schülern und Studenten bewaffnete Schlägertrupps, um dies auch aktiv zu betreiben. Diese Gruppen begannen, Andersdenkende zu bespitzeln und schwarze Listen zu führen. Angegriffen, z.T. vergewaltigt wurden Frauen, die unverschleiert auftraten oder an den

---

[9]   Croitoru: Hamas, S. 43–48.

[10]   Khalidi: Hundred Years' War. S. 223.

[11]   Chehab: Inside Hamas, S. 14-16.

Mittelmeerstränden des Gaza-Streifens beim Schwimmen beobachtet wurden. Aber auch diverse Morde an Diskotheken-Besitzern und Videothekenbetreibern sind bereits diesen frühen Kampfeinheiten zuzurechnen. Gleiches gilt für eine Serie von Brandstiftungen Mitte 1980, als diverse Gebäude in Gaza, vor allem des Roten Halbmonds, dem eine unterschiedslose Behandlung von Patienten vorgeworfen wurde, zerstört wurden.

Yasin sah sich in der Tradition des syrischen Terroristen und Hitler-Sympathisanten Izz ad-Din al-Qassam, der mit seiner Terrorbewegung „Al Kaff Al-Awad" zahlreiche jüdische Siedler ermordet hatte, ehe er Ende 1935 in einem Feuergefecht mit der britischen Mandatspolizei getötet wurde.[12] Obwohl seine Opfer fast ausschließlich unbewaffnete Zivilisten und Kinder waren, gilt al-Qassam bis heute als eins der großen Vorbilder für den bewaffneten Kampf der Palästinenser gegen Israel und wird als solcher auch von der Fatah und anderen Organisationen zitiert.

Ende 1987 kam es zu einer Revolte junger Männer in Dschabaliya, einem Flüchtlingslager im nördlichen Gazastreifen. Hieraus entwickelte sich die Erste Intifada, eine Protestwelle meist junger, arbeitsloser Männer gegen die israelischen Militär- und Polizeikräfte. Die hiervon völlig überraschte Fatah versäumte, sich an die Spitze dieses Aufstands zu setzen. Dies machte den Weg frei für Yasin, der auf Basis der Schlägertrupps des Mudschama am 10.12.1987 die Hamas gründete. Es ist also nicht davon auszugehen, dass das Mudschama bzw. Yasins Anhänger den Aufstand initiierten, wie sie später für sich beanspruchten. Aber mindestens profilierte die gerade erst gegründete Hamas sich in seinem Verlauf und definierte eine Revolte in einem isolierten Flüchtlingslager zu einem breiten Aufbegehren gegen die

---

[12]   Segev: Palästina, S. 290–295.

israelische Besetzung des Gebiets, was diese Erste Intifada nie gewesen ist. Im Gegenzug brachen sich hier aber auch Konflikte innerhalb des bereits in dieser Phase viel zu dicht besiedelten Gaza-Streifens Bahn, sodass zwar 1.162 Palästinenser in Auseinandersetzungen mit israelischen Sicherheitskräften getötet wurden, aber gleichzeitig mehr als 1.000 Palästinenser von ihren Landsleuten ermordet wurden.[13] Grund hierfür waren manchmal Verdächtigungen, das Opfer sei ein Spitzel der Israelis oder auch der Fatah. Nicht selten wurden im Zuge der allgemeinen Gewalt aber auch alte Rechnungen beglichen und lang aufgeschobene Ehrenmorde vollzogen.

7.3.　　Die Ideologie der Hamas

Am 18.08.1988, auf dem Höhepunkt der Ersten Intifada, veröffentlichte die Hamas ihre Charta. Dieses Grundsatzpapier der Hamas gilt bis heute, auch wenn ein Strategiepapier 2017 einige Begriffe zu relativieren versuchte, vorwiegend, um als diplomatischer Vertreter der palästinensischen Sache neben die PLO treten zu können.[14]
Weitgehend von Ahmad Yasin verfasst, stellt die Charta ein klares Bekenntnis zur Vernichtung Israels und Ausrottung aller Juden dar. Mit Bezug auf ein angebliches Mohammed-Zitat wird ausgeführt, die Vernichtung des Judentums sei der historische Wendepunkt, mit dem der Sieg des Islams besiegelt werde.[15] Sich selbst betrachtet die Hamas

---

[13]　Zusammenstellung der Opferzahlen durch palästinensische Autoren (Palestinian Human Rights Monitor, Okt. 2001).

[14]　Radonić: New Antisemitism, S. 127.

[15]　In verschiedenen Sammlungen von Hadithen, angeblichen Aussprüchen Mohammeds, finden sich Aussagen zum Endkampf, aus dem das Reich Allahs hervorgehen soll. Das Sahīh Muslim, im 9. Jahrhundert von Muslim ibn al-Haddschādsch zusammengestellt, gibt das entsprechende Hadith so wieder: „Die letzte

danach als palästinensischen Zweig der Muslimbruderschaft und beruft sich auf eine von Al-Qassam hergeleitete Tradition des Kampfes gegen die jüdisch-zionistische Besiedlung Israels. Stattdessen solle ein palästinensischer Staat auf Basis einer islamistischen Staatsdoktrin entstehen. Die Hamas ist also islamistisch, aber zugleich nationalistisch, was auf die Enttäuschung angesichts der Annäherung der meisten arabischen Staaten und Israel zurückzuführen sein dürfte und keine grundlegende Abkehr vom völkervereinenden Anspruch des Islam darstellt.

Yasin führte gegen diese exterminatorische Sicht auf das Judentum in verschiedenen Interviews aus, dass er nicht gegen Juden insgesamt eingestellt sei, sondern lediglich das 1948 verloren gegangene Land zurückgewinnen, ja vielleicht sogar nur den Status vor dem Sechstagekrieg von 1967 wieder herstellen wollte. Natürlich kann man dies als tagespolitische Lippenbekenntnisse abtun. Aber man kann hier auch Hinweise sehen, dass selbst im Kern der Hamas die im Islam von Beginn an uneinheitliche Sicht auf das Judentum fortbesteht.[16]

Die Hamas propagiert in ihrem Programm die Legitimität asymmetrischer und klandestiner Kriegführung gegen Israel – also verdeckte Operationen und Terroranschläge. Diese Vorgehensweise rechtfertigt die Hamas mit dem Ungleichgewicht der Kräfte, aber auch damit, dass es gegenüber Israel bzw. gegenüber Juden keine moralischen Pflichten

---

Stunde wird nicht kommen, solange nicht die Muslims gegen die Juden kämpfen. Und die Muslims werden sie töten, bis die Juden sich verstecken hinter Steinen und Bäumen. Doch jeder Stein und jeder Baum wird sagen: ‚Muslim, Diener Allahs, da ist hinter mir ein Jude! Komm und bring ihn um!' Aber der Gharqad-Baum wird nichts sagen, denn er ist der Juden Baum."; https://sunnah.com/muslim:2922.

[16] Schmemann: Sheik, passim.

geben könne. Sie erklärt die Protokolle der Weisen von Zion zu authentischen Originalen und warnt entsprechend vor einer drohenden jüdischen Weltherrschaft. Damit bewegt sie sich in einem breiten Konsens der meisten arabischen Staaten, auch wenn die Formulierungen hier je nach politischen Gegebenheiten mal mehr oder weniger radikal ausfallen.

7.4.   Die Hamas als paramilitärische Organisation

Trotz ihrer vielleicht befremdlichen, aber in sich weitgehend logischen Ideologie, wie sie vor allem in der Charta niedergelegt ist, stellt die Hamas bei weitem nicht die homogene Terrororganisation dar, als die sie häufig – auch in der eigenen Außendarstellung – abgebildet wird.[17] In ihrem Grundkonsens von einem exterminatorischen Antisemitismus, einer nationalistischen Staats- und islamistischen Religionsauffassung geprägt, unterscheiden sich die Strömungen innerhalb der Hamas vor allem in der Frage, welche kurz- und mittelfristigen Ziele daraus abzuleiten sind. Dabei gibt es einen pragmatischen Flügel der Hamas, der sogar eine mindestens zweitweise Koexistenz mit Israel hinzunehmen bereit ist. Die Anhänger dieser Richtung finden sich vorwiegend in den politischen Kadern der Hamas um Ismail Haniyya. Hingegen sind die zahlreichen paramilitärischen Gruppen deutlich stärker auf Vernichtungsfeldzüge und eine eschatologische Endzeitideologie eingestellt. Sie sammeln sich aktuell vor allem um Yahya Sinwar. Dieser begann seine paramilitärische Karriere ca. 1982, indem er mehrere Jahre lang vor allem angebliche Kollaborateure und Denunzianten, aber auch Religionsfrevler im Gazastreifen ermordete.

---

[17]   Chehab: Inside Hamas, S. 31-41.

Hierfür verbrachte er 22 Jahre in israelischen Gefängnissen, ehe er im Rahmen eines Gefangenenaustauschs 2011 freigelassen wurde.[18]

Sinwar hat seit 2021 Haniyya weitgehend aus der Führung der Hamas verdrängt, auch wenn dieser – der in der Türkei und in Katar lebt – weiterhin als der offizielle Führer der Hamas gilt. Anders als Haniyya ist Sinwar ein Gegner einer engen Anlehnung an Ägypten und die Türkei und propagiert stattdessen eine Kooperation mit dem Iran, was die Natur der Hamas in den letzten Jahren deutlich verändert hat. Gleichzeitig hat dies eine Annäherung an die vor allem vom Libanon aus operierende Hisbollah als deutlich größere, schiitischer Organisation ermöglicht, auch wenn nach wie vor keine gemeinsamen Operationen durchgeführt werden.

Der bewaffnete Zweig der Hamas, faktisch unter Sinwars Führung, besteht vor allem aus den nach Izz ad-Din al-Qassam benannten Al-Qassam-Brigaden. Wie andere Terrorgruppen sind sie in Zellen organisiert, unterstehen aber einem gemeinsamen Kommando, aktuell geführt von Mohammed Deif. Sie werden seit dem Putsch im Gaza-Streifen durch von der Hamas ins Leben gerufene Milizen und die deutlich aufgestockten Polizeikräfte verstärkt, tragen aber bis heute die Hauptlast der gegen Israel und gegen konkurrierende Palästinenser-Organisationen gerichteten Angriffe.

Neben den Al-Qassam-Brigaden sind zudem weitere paramilitärische Organisationen im Gazastreifen aktiv. Hierzu gehört vor allem die wesentlich von Sinwar aufgebaute Munazzamat al Jihad w'al-Dawa, kurz Al-Majd, die sich zunächst kaum gegen Israel engagiert hat, sondern Abweichler, Kollaborateure, Homosexuelle und Anhänger einer westlich-liberalen Lebensführung im Gaza-Streifen ermorden sollte, womit

---

[18]   Da Sinwar zuvor bereits einmal im Gefängnis gewesen war, hat er insgesamt sogar knapp 24 Jahre in israelischer Haft verbracht.

sie in direkter Nachfolge von Yasins Schlägertrupps der 1970er Jahre stand.[19] Diese Rolle als Gesinnungspolizei und Unterdrückungsinstrument nimmt die Al-Majd weiterhin wahr, ist aber in der jüngeren Vergangenheit zunehmend auch in Angriffe auf Israel involviert gewesen, insbesondere in das Pogrom vom Oktober 2023.

7.5.   Der Putsch von 2007

Die Hamas erhielt erheblich größeren Spielraum, nachdem Israel sich 2005 aus dem Gaza-Streifen zurückgezogen hatte, der seit dem Sechstagekrieg besetzt gewesen war. Auch die israelischen Siedlungen wurden aufgelöst. Eine taktische Bewertung der Sicherheitslage dort und im Westjordanland hatte ergeben, dass diese Siedlungen im Ernstfall ohnehin nicht zu verteidigen wären. Daher wurde ein Rückzug auf das israelische Kernland empfohlen. Eine Rückgabe des Streifens an Ägypten kam aber nicht in Frage, vielmehr gehörte der Gaza-Streifen ab da zu den palästinensischen Autonomiegebieten.

Die neue Lage im Gaza-Streifen veranlasste die Hamas aus diversen Gründen, hier relativ rasch eine Okkupation der Macht in dieser Region anzustreben. Dabei wird der finanzielle Aspekt in den meisten Darstellungen nur unzureichend gewürdigt. Eine der größten Herausforderungen der Hamas war nämlich seit ihrer Gründung die Finanzierung ihrer Operationen.[20] Es gibt Spekulationen ihrer Verwicklung in Herstellung und Vertrieb synthetischer Drogen und in

---

[19]   "Madschd" oder "Majd" bedeutet "Glorie" und ist eigentlich vor allem ein Name diverser Fußballclubs in Syrien und im Libanon. Es ist relativ wahrscheinlich, dass hier eine Nähe zur auch im Gaza-Streifen präsenten Hooligan-Szene der 1980er Jahre gezielt angestrebt wurde, um sich diese als Rekrutierungspotenzial zu sichern.

[20]   Grundlegend Peddinghaus: Hamas, S. 70–74.

Schutzgelderpressungen, vor allem in Mitteleuropa.[21] Sie erfährt zudem finanzielle Unterstützung aus mehreren Staaten. Diese Gelder kamen zunächst vor allem aus Saudi-Arabien und Katar, dann wohl auch aus der Türkei und mittlerweile vor allem aus dem Iran. Die Hilfszahlungen der EU stellen ebenfalls ein Standbein der Finanzierung dar.[22] Ein Teil dieser Gelder wurde und wird mehr oder weniger offen zweckentfremdet, aber vor allem erlauben diese Zahlungen, andere Mittel für den Kampf gegen Israel und gegen die Fatah freizuspielen. Des Weiteren wird durch die Hamas seit 2007 das Steueraufkommen im Gaza-Streifen zur Finanzierung von Operationen gegen Israel zweckentfremdet – mit katastrophalen Folgen für die Infrastruktur, das Gesundheitswesen und den Bildungssektor. Auch Teile der Nahrungsmittelspenden aus Israel wurden von der Hamas einbehalten und in andere arabische Staaten verkauft.

Eröffnet wurde der Zugriff auf Mittel der EU und auf die Steuern im Gaza-Streifen durch den Putsch, mit dem die Hamas im Gaza-Streifen 2007 die Macht an sich riss. Hierdurch entstand eine groteske Situation, da der Gaza-Streifen Teil der palästinensischen Autonomie-Gebiete ist und somit eigentlich der palästinensischen Autonomiebehörde unter ihrem Präsidenten, aktuell Mahmud Abbas, untersteht. Die palästinensische Zentralverwaltung war aber nicht gewillt, einen offenen Schlagabtausch mit der Hamas zu riskieren, da sie einen palästinensischen Bürgerkrieg fürchtete. Also überließ man der Hamas den Gaza-Streifen und delegierte diese eigentlich innerpalästinensische Konfliktlage an die israelischen Sicherheitskräfte.

Der Putsch von 2007 war Folge der Wahlniederlage der Hamas bei den Kommunalwahlen im Januar 2006 im gesamten palästinensischen

---

[21] Clarke: Terrorism, S. 5-6.
[22] Ehrenfeld: Funding Evil, S. 277-284.

Autonomiegebiet, nachdem sie sich zunächst einen triumphalen Erfolg versprochen hatte. Aber faktisch gelang es ihr nur im Gaza-Streifen, eine absolute Mehrheit zu erringen, wo sie von 132 Sitzen im Regionalparlament immerhin 76 einnahm. Angesichts der schwierigen Gesamtlage versuchte man zunächst, eine Große Koalition zu etablieren, der auch die Fatah angehörte. Dies wurde als „Regierung der Nationalen Einheit" bezeichnet, ein hochtrabender Name, da es hier nur darum ging, den lokalen Bürgermeister zu wählen.

Die Koalition scheiterte rasch an den tiefen Gegensätzen von Fatah und Hamas. Die Hamas vertrieb die Fatah aus der Region, wobei es zahlreiche Tote gab. Daraufhin setzte Mahmud Abbas als Präsident der Autonomiebehörde eine neue Regierung für den Gaza-Streifen ein, was die Hamas jedoch nicht akzeptierte. Sie deklarierte ihre Alleinherrschaft über den Gaza-Streifen, zerschlug die anderen Parteien und errichtete ein Terrorregime, welches bis zur israelischen Offensive 2023 das Leben in dieser Region geprägt hat.

7.6. Der Konflikt zwischen der Hamas und Israel

Die Hamas lag von Beginn ihrer Regierung an mit allen drei lokalen Mächten im Konflikt: mit Ägypten als Unterstützer der Fatah und Gegner jeder panarabischen und islamistischen Ideologie; mit der Fatah selbst und natürlich – als offizieller Hauptfeind – mit Israel. Gegen Israel richtete sich daher auch bereits 2007 eine Intensivierung der Raketenangriffe der Hamas. Israel reagierte in der erhofften Weise, indem mit „Miwtza Oferet Jetzukader", der „Operation Gegossenes Blei", seit Ende Dezember 2008 versucht werden sollte, die Stellungen der Hamas durch massive Luftschläge dauerhaft zu vernichten. Diese Versuche zeigten aber nur wenig Effekt. Damit war für die Hamas diese Operation in dreifacher Hinsicht ein Erfolg:

- Internationale Medien hatten hier von einem „Krieg" berichtet, was es eigentlich nur zwischen Staaten gegeben sein kann. Aber weder Gaza noch der Gaza-Streifen stellen einen Staat oder auch nur eine autonome Region dar, sondern sind eigentlich Teil der Palästinensischen Autonomie-Gebiete.
- Die Popularität der Hamas im Gaza-Streifen ging nur mäßig zurück, während sie gleichzeitig im Westjordanland und insgesamt in der arabischen Welt deutlich anwuchs.
- Die Hamas begreift ihre Auseinandersetzungen immer auch als „Krieg der Bilder". Schon in dieser ersten Operation der israelischen Luftwaffe gegen die Hamas sah man fast nur Bilder aus Gaza, scheinbar mit Hunderten von Opfern in der Zivilbevölkerung und einem hohen Anteil getöteter Kinder.

Die folgenden Jahre sahen ein fortgesetztes Auf und Ab von Konfrontation und instabiler Waffenruhe. Dabei war die Hamas mindestens in Teilen auch geprägt von islamistischen Endzeitvisionen. Mit einem großen Konflikt im Nahen Osten, so hoffte man, werde es zu einem Zusammenschluss aller islamischen Kräfte kommen. Dies entsprach der Ideologie der Muslimbruderschaft. Aber jetzt war man auch bereit, durch große Opferzahlen unter der palästinensischen Bevölkerung diesen letzten Kampf quasi zu erzwingen. So versuchten z.B. die Al-Qassam-Brigaden bereits 2014, durch Raketenbeschuss den israelischen Kernreaktor nahe Dimona zu zerstören, um eine Nuklearkatastrophe in der gesamten Region auszulösen, was aber an der israelischen Raketenabwehr scheiterte.[23] Die Opferzahlen wären natürlich auch unter der palästinensischen Bevölkerung und in der Folge vor allem in Syrien und im Libanon erheblich gewesen. Aber genau

---

[23] Halevi: Hamas Threat, passim.

hiervon erhoffte man sich den lange erwarteten Beginn eines nationenübergreifenden Vernichtungsfeldzugs gegen Israel.

Diesen Ideen ist die Hamas seitdem treu geblieben. Nach dem gescheiterten Angriff auf Dimona war der nächste große Schlag das Anfang Oktober 2023 initiierte Pogrom im israelischen Grenzland zum Gaza-Streifen. Dieser breit angelegte Überfall wurde von der Hamas als „Al-Aqsa-Flut" deklariert, um eine propagandistisch nützliche Verbindung zum Massaker zu ziehen, welches die Kreuzritter im Rahmen des Ersten Kreuzzugs in der Moschee auf dem Tempelberg in Jerusalem 1099 verübt hatten.[24] Zudem wurde eine Linie zu den Auseinandersetzungen um die Moschee im April 2023 gezogen. Dabei hatten orthodoxe jüdische Gruppen versucht, mit der Opferung einer Ziege auf dem Tempelberg am Pessah-Fest eine lang nicht mehr praktizierte Ritualhandlung wieder aufzunehmen. Dass dies zudem in den Ramadan fiel, wurde als besondere Provokation der islamischen Bevölkerung betrachtet.

Das Pogrom war von Beginn an geprägt von der Hoffnung, durch eine Kaskade möglichst abscheulicher Morde, Vergewaltigungen usw. eine harsche Reaktion Israels zu provozieren, die dann wiederum eine Solidarisierung der arabischen Welt auslösen sollte.

Es gelang den Al-Qassam-Brigaden und den Milizen, den von Ägypten und Israel errichteten Sperrzaun um den Gaza-Streifen an etlichen Stellen zu durchbrechen. Die israelische Armee wie auch die israelischen Geheimdienste wurden hiervon völlig überrascht, was es

---

[24] Es ist nicht sicher, wie viele Opfer dies Massaker hatte. Während in der islamischen Welt bis heute Zahlen von bis zu 70.000 Toten kursieren, geht man heute eher von ca. 3.000 Ermordeten aus, wobei ein erheblicher Teil zur jüdischen Minderheit in Jerusalem gehört haben dürfte; Kedar: Jerusalem Massacre, S. 64.

ermöglichte, nicht nur mehr als 1.200 Personen zu ermorden, über 4.000 Personen mehr oder weniger schwer zu verwunden, eine unbekannte Anzahl von Frauen zu vergewaltigen und im großen Umfang Wertgegenstände zu plündern. Sondern es wurden auch über zweihundert Menschen als Geiseln in den Gaza-Streifen entführt.

Israel begann daraufhin wie von der Hamas erhofft einen Vernichtungsfeldzug gegen die bewaffneten Gruppen im Gaza-Streifen, also neben der Hamas auch gegen den Islamischen Dschihad. Ziel war es erstmals, nicht nur die Führung der Hamas zu liquidieren. Vielmehr ging es darum, wesentliche Teile der Mannschaft zu töten, Ressourcen und Waffenvorräte zu vernichten und so insgesamt auf geraume Zeit der Hamas jede Art Operation gegen Israel unmöglich zu machen.

Dieser Feldzug ist aus mehreren Gründen ein Fehlschlag. Zwar gelang es, der Hamas schwere Schäden zuzufügen und etliche ihrer Führer zu töten. Aber folgende Punkte stellen letztlich einen Erfolg der Hamas dar:

- Sie hat rechtzeitig wichtige Führungskader ins Ausland verbracht, insbesondere nach Katar und in den Libanon, sodass Israel gegen diese nicht vorgehen kann, wenn man nicht einen Krieg an der israelischen Nordgrenze, also auch mit der ungleich mächtigeren Hisbollah und letztlich mit dem Libanon, mittelfristig auch mit Syrien und dem Iran riskieren will.

- In den arabischen Staaten wird die Rolle der Hamas uminterpretiert. Dadurch ist ein breiter gesellschaftlicher Konsens entstanden, dass Israel der Aggressor sei, der gegen den berechtigten Selbstbehauptungswillen des Gaza-Streifens mit brutaler Gewalt vorgehe.

- Weltweit ist es zu einer Renaissance von Antisemitismus in diversen Spielarten gekommen.

- Der Hamas gelang durch teilweise Freilassung der Geiseln die Befreiung von Hunderten inhaftierter Anhänger, auch wenn es sich hierbei durchweg nicht um Personen handelte, die wegen schwerer Straftaten – Mord, Brandstiftung etc. – im Gefängnis saßen.
- Sie etablierte sich endgültig neben der Fatah als die zweite legitime Stimme des palästinensischen Volks. Der Gaza-Streifen wird von vielen Menschen inzwischen als eigener Staat wahrgenommen.
- Sie erlebte im Westjordanland vor allem unter der jungen Bevölkerung einen erheblichen Zuwachs von Popularität und Unterstützung in vielfältiger – auch monetärer – Form
- Weltweit wird kaum noch das Pogrom, sondern vor allem das israelische Vorgehen im Gaza-Streifen thematisiert. Dabei enthalten sich allerdings fast alle Kritiker einer Antwort, welche Alternativen direkt nach dem Überfall oder in der Folge offen gestanden wären. Zudem vermeidet man tunlichst alle Parallelen zu entsprechenden Reaktionen, wie sie etwa die NATO nach dem 11. September 2001 in Afghanistan, dann auch im Irak umsetzte.

Was überdies ärgerlich ist: Eine militärwissenschaftlich begründete Auseinandersetzung mit der Frage, wie eine dicht besiedelte Stadt erobert und eine in dieser tief verzahnte und verwurzelte Terror-Organisation besiegt, womöglich vernichtet werden kann, ohne dass es eine große Zahl ziviler Opfer gibt, findet nur in wenig beachteten Medien statt. Die Eroberung von Großstädten in den letzten hundert Jahren hat gezeigt, dass das kaum machbar ist. So wurde bei der Eroberung Berlins durch die Rote Armee 1945 eine große Anzahl von Zivilisten getötet, auch wenn die Schätzungen bis heute lediglich sehr allgemein von mehreren zehntausend ausgehen. Bei der Eroberung Manilas zwischen dem 03.02. und dem 03.03.1945 starben wenigstens 150.000 Zivilisten – nicht gerechnet die etwa 100.000 Einwohner, die in den Gefechtspausen von den japanischen Besatzungstruppen ermordet wurden. Selbst die regelmäßigen Kämpfe der brasilianischen Polizei gegen das der Hamas ähnliche PCC in São Paulo fordern wieder und wieder zahlreiche Opfer unter der Zivilbevölkerung, ohne dass hier bereits von kriegsähnlichen Bedingungen gesprochen werden könnte.[25] Man muss an dieser Stelle fragen, welche Optionen für Israel im Oktober 2023 bestanden. Anders gesagt, war der Angriff auf den Gaza-Streifen, mit dem Israel auf das Oktober-Pogrom reagierte, völkerrechtlich legitim und sowohl militärisch als auch politisch sinnvoll.

Ein Staat A kann sich drei Arten von organisierter Gewalt ausgesetzt finden:

- innerhalb A entstehende Gewalt;
- Gewalt einer oder mehrerer Nationen gegen A;
- im Ausland entstehende Gewalt mehr oder weniger großer Gruppen.

Den ersten Fall beantwortet ein Staat mit seinem innenpolitischen Gewaltmonopol, also mit dem Einsatz von Polizeikräften und Justiz. Der zweite Fall ist ein klassischer Kriegsgrund, wobei A sich entscheiden muss zwischen militärischem Widerstand, Kapitulation und Appellation an andere Staaten und übernationale Organisationen wie NATO oder UNO. Aber im dritten Fall übt eine Gruppe, die in einem Staat B

---

[25] Eine Ausnahme bildete die Eskalation im Mai 2006, als die Polizei auch Panzer und Angehörige der Streitkräfte einsetzen musste, um Angriffe der PCC zurückzuschlagen; hierbei wurden mehrere hundert, wahrscheinlich weit über 1.000 Zivilisten getötet. Seit damals setzt die Polizei immer wieder auch Panzer zur Bekämpfung der PCC ein.

beheimatet ist, Gewalt aus. Mit Duldung, vielleicht sogar gegen den Widerstand der Regierung des Staates B.

Solange die Gewalttäter sich auf dem Territorium von A befinden, ist A wie im ersten oben ausgeführten Fall berechtigt, alle Mittel staatlicher Gewalt zum Tragen zu bringen. Aber was, wenn die Gegner sich bereits wieder nach B zurückgezogen haben? A kann nicht einfach in B einmarschieren, um die Gewalttäter zu verfolgen. Denn das wäre eine Invasion von B und damit völkerrechtlich inakzeptabel. Stattdessen richtet A an B ein Rechtshilfe-Ersuchen, dass B die Täter festnimmt und vielleicht auch nach A überstellt, damit sie dort verurteilt werden können. Oder B führt diese juristische Verfolgung selber durch. Weigert B sich oder ist – warum auch immer – außerstande, die entsprechenden Maßnahmen zu ergreifen, bleibt A allenfalls der Weg zur UNO oder einer sonstigen übernationalen Organisation, wobei deren Möglichkeiten in aller Regel begrenzt sind. Das Selbstverteidigungsrecht, welches im Völkerrecht festgelegt ist, lässt eine Invasion des entsprechenden Staatsgebiets von B also allenfalls – auch das ist nicht unstrittig – zu, wenn B die eigentlichen Gewalttäter aktiv unterstützt und als Helfer der eigenen Politik begreift.[26]

Die Hisbollah, welche vom Südlibanon aus immer wieder Israel beschießt, ist geradezu exemplarisch für den dritten Fall, auch wenn nicht ganz klar ist, wie weit der Libanon als Staat und Regierung dies nur ohnmächtig duldet, wie weit er das vielleicht auch unterstützt. Die Hamas hingegen operiert vorwiegend aus dem Gaza-Streifen heraus. Wie zuvor ausgeführt, ist Gaza kein eigenständiger Staat, auch wenn die Hamas gern so tut, als wäre das so. Gaza gehört auch nicht zu Ägypten. Zwar hat Ägypten nach dem Palästinakrieg 1949 die Kontrolle über den Gaza-Streifen übernommen. Aber anders als Jordanien

---

[26]   Brownlie/Crawford: Brownlie's Principles, S. 3.

mit dem Westjordanland verfahren ist, hat Ägypten den Gaza-Streifen nie annektiert. Auch nach dem ägyptischen Rückzug und der Besetzung durch Israel ist es zu keiner Annexion gekommen.

Als Israel sich 2005 aus dem Gaza-Streifen wieder zurückgezogen hat, wurde das Gebiet Teil der Palästinensischen Autonomiegebiete. Hier stellt sich für eine völkerrechtliche Bewertung die Frage, ob es sich dabei um einen Staat handelt. Wenn das so ist, dann wäre die entsprechende Regierung unter Mahmud Abbas verantwortlich für die Strafverfolgung der Hamas. Allerdings hat die Fatah ja nicht einmal den Putsch von 2007 und die Ermordung von Tausenden von Palästinensern durch die Hamas in irgendeiner Weise geahndet, schon um einen palästinensischen Bürgerkrieg zu vermeiden. Dennoch wäre Mahmud Abbas der Vertreter des Staates Palästina und damit der für eine Strafverfolgung der Hamas verantwortliche Partner.

Nun hat aber Israel Palästina bisher nicht als eigenen Staat anerkannt. Damit ist aus israelischer Sicht ein Rechtshilfe-Ersuchen nicht an Abbas zu richten. Denn wenn man dieser Logik folgt, dann ist aus einem Teil des britischen Mandatsgebiets Palästina der Staat Israel geworden. Der Rest, darunter auch Gaza, ist hingegen immer noch Mandatsgebiet, auch wenn durch den britischen Mandatsverzicht diese Aufgabe aktuell verwaist ist Damit gehört sie wieder in die unmittelbare Zuständigkeit der UNO, die somit auch für die Strafverfolgung der Hamas zu sorgen hätte. Israel müsste das Rechtshilfe-Ersuchen daher nach New York schicken, zu Händen António Guterres. Hier ergibt sich aber das Problem, dass eine große Mehrheit der UN-Mitglieder – 138 Staaten – Palästina als eigenen Staat anerkannt hat. Lediglich 45 Staaten, darunter die USA, Israel und Deutschland, haben das nicht getan. Folgt aber Guterres der Mehrheitsmeinung der UNO, würde er das Rechtshilfe-Ersuchen zurückweisen, da Abbas der richtige Empfänger wäre. Und was immer man über die von Abbas geführte Regierung sagen mag, sie gehört ganz sicher nicht zu den Unterstützern der Hamas oder eröffnete entsprechenden Kreisen auch nur einen „safe harbour".

Damit gibt es keinen Empfänger für ein solches – ohnehin mehr oder weniger aussichtsloses – Rechtshilfe-Ersuchen, solange Israel Palästina nicht als Staat anerkennt. Und selbst wenn man das täte, wäre ein israelischer Angriff auf Palästina völkerrechtlich nicht statthaft.

Selbst wenn Israels Pläne von Erfolg gekrönt sein könnten, was eher unwahrscheinlich ist, stellt aus den oben ausgeführten Gründen die israelische Militäroperation im Gaza-Streifen ab dem Oktober 2023 einen eklatanten Bruch des Völkerrechts dar. Es gibt völkerrechtlich kein grenzüberschreitendes Strafverfolgungsrecht. Ohnehin ist der israelische Angriff deutlich mehr, nämlich eine Mischung aus Rettungsexpedition, um die Geiseln zu befreien, aus Strafexpedition und dem Versuch, die Hamas so zu schädigen, dass sie auf lange Zeit keine Gefahr für Israel mehr darstellt.

Wäre Gaza ein eigener Staat, dann wäre der Versuch, die Hamas und ihre Anhänger umfassend zu liquidieren, ein genozidaler Kreuzzug. Da Gaza weder aus Sicht Israels noch aus Sicht der UNO ein eigener Staat ist, ähnelt ein stark exterminatorisches Vorgehen Israels einem Genozid, wäre aber im Wortsinne nicht als solcher zu werten. Ein Kriegsverbrechen und Verbrechen gegen die Menschlichkeit bliebe es natürlich trotzdem.

Aber nicht einmal die Geiselbefreiung, erst recht nicht die anderen beiden Motive sind durch das Völkerrecht abgedeckt. In anderen Fällen, etwa der erfolgreichen Befreiung der entführten Lufthansa-Maschine LH 181 „Landshut" am 18.10.1977, hatte die vor Ort aktive ausländische Einheit, hier die westdeutsche GSG-9, vorher eine entsprechende Freigabe vom Präsidenten von Somalia, Siad Barre, erhalten. Aber als zwei Jahre zuvor die nach Entebbe entführte Maschine der Air France von einem israelischen Kommando der Sajeret Matkal befreit wurde, geschah dies ohne vorherige Abstimmung mit dem Diktator von Uganda, Idi Amin, der ohnehin die Terroraktion unverhohlen unterstützte. Auch diese Aktion war durch das Völkerrecht nicht abgedeckt und wurde entsprechend in der UN-Vollversammlung von diversen Vertretern auch ohne jede Sympathie für die Terroristen deutlich kritisiert, außerdem auch vom damaligen UN-Generalsekretär Kurt Waldheim.

Man mag tiefstes Verständnis für die israelische Aktion hegen, genau wie für die Befreiungsaktion in Entebbe oder die Entführung Adolf Eichmanns aus Argentinien im Juni 1960. Aber Recht, auch das Völkerrecht, darf in seiner Anwendbarkeit nicht von Sympathie und Antipathie gesteuert werden. Sonst kann es seiner eigentlichen Funktion von Recht und Gesetz, den Schutz der Schwachen vor den Starken, nicht mehr gerecht werden. Zudem machen solche von Sympathie getragenen Zugeständnisse eine schiefe Ebene auf, die ganz schnell in die rechtliche Beliebigkeit führt. Wenn die Entführung von Eichmann legitim war, wie hält man es dann mit der Entführung von Mordechai Vanunu?[27] Wie mit der Ermordung der Drahtzieher des Olympia-Attentats und zahlreicher weiterer Personen durch die Mossad-Spezialeinheit Caesarea, einschließlich der in Kauf genommenen oder irrtümlichen Ermordung von Unbeteiligten? Der Ermordung von Ahmed Yasin und weiterer Führern der Hamas, aber auch von iranischen Militärs? Und was ist mit den wenigstens sechs iranischen

---

[27] Vanunu machte 1986 das israelische Kernwaffenprogramm der Welt bekannt. Er wurde daraufhin aus Rom entführt und nach Israel geschmuggelt, um dann nach einem Scheinprozess für 16 Jahre im Gefängnis zu verschwinden, davon elf Jahre in strikter Isolationshaft; Cohen: Whistleblower, S. 33-37, zu Vanunus Motiven.

Kernphysikern, die zwischen 2007 und 2020 mitten im Iran von israelischen Agenten ermordet wurden?[28]

Es entsteht der Eindruck, dass Israel dem Völkerrecht spätestens seit der Verweigerung des Rückkehrrechts der Palästinenser keine sonderliche Bedeutung beimisst. Dabei orientiert man sich offensichtlich an den USA, vielleicht auch an Russland, die eine ähnliche Gleichgültigkeit an den Tag legen. Es fragt sich aber, ob das aus Sicht einer kleinen Nation klug ist, da das Völkerrecht gerade zum Schutz der kleinen Nationen eigentlich ein unbedingt zu wahrendes Gut darstellt.

Dabei nützt es auch nichts, wenn man wie die USA, Russland oder eben Israel argumentiert, man „wisse" ja schließlich, wen man da töte und wie viele Leben allein durch diese Tat gerettet werden. Erstens ist das schlichter Unfug. Die USA etwa sind ein Paradebeispiel, dass trotz endloser Ermittlungen, wissenschaftlicher Analysen, kostspieliger Verfahren usw. eine Fülle von Fehlurteilen ergeht. Aber bezüglich eines im Ausland aktiven Geschäftsmanns, Militärs, Predigers will man mit absoluter Sicherheit wissen, dass dieser der Drahtzieher von Angriffen in der Vergangenheit war oder zukünftig sein wird. Vielleicht sagt man auch gleich noch die nächsten fünf Erdbeben voraus, wenn man schon mal dabei ist. Aber zweitens, und das ist vielleicht noch wichtiger, rechtlich gesehen war die Tötung von Yasin, von Bin Laden, al-Zawahiri, al-Ata, Soleimani usw. ein jeder Rechtsgrundlage entbehrender Auftragsmord, durchgeführt ohne Wissen und gegen den klar anzunehmenden Willen der jeweiligen Regierung des Staats, wo der

---

[28]   Israel hat sich nie offiziell zu diesen Morden bekannt. Da aber alle Opfer wichtige Mitarbeiter im Kernwaffenprogramm des Irans waren, ist eine Zuordnung der Tat auf Basis der Interessenlage Israels sehr wahrscheinlich; Bergman: Schattenkrieg, S. 163-165.

Mord durchgeführt wurde.[29] Und dabei ist die große Zahl von achsel-zuckend in Kauf genommenen Unbeteiligten, die den entsprechenden Raketen, Bomben usw. zum Opfer gefallen sind, noch nicht einmal berücksichtigt.

Nebenbei, wir sollten auch die Ungleichheit unserer Haltung gegen-über verschiedenen Mordkommandos zu überwinden trachten: Der russische Berufsmörder Wadim Nikolajewitsch Krassikow ist wegen der Ermordung von Selimchan Changoschwili im Berliner Tiergarten völlig zu Recht zu lebenslanger Haft verurteilt worden, auch wenn er kurz darauf im Rahmen eines Gefangenenaustauschs zurück nach Russland reisen durfte. Aber so wie man diesen Mörder verurteilt, wäre eigentlich auch eine Strafverfolgung von Robert O'Neill zu for-dern, der nach eigenem Bekunden am 02.05.2011 Osama Bin Laden ermordet hat.

Die völkerrechtliche Fragwürdigkeit des israelischen Vorgehens macht insgesamt den Erfolg der Hamas durch das Oktober-Pogrom unüber-sehbar. Dass der Preis dafür Tausende Tote auf palästinensischer

---

[29] Heranzuziehen ist für Binnenkonflikte wie die Situation im Gaza-streifen das Vierte Genfer Abkommen, Art. 3, von 12.08.1949, welcher Angriffe auf Zivilisten mit militärischen Mitteln untersagt. Abschn. 1.d bezeichnet als verboten: „the passing of sentences and the carrying out of executions without previous judgment pro-nounced by a regularly constituted court, affording all the judicial guarantees which are recognized as indispensable by civilized peoples."; https://ihl-databases.icrc.org/en/ihl-treaties/gciv-1949/article-3. In Kriegen oder kriegsähnlichen Situationen gilt für Unbewaffnete, Zivilisten und Wehrlose lt. Art. 27: „They shall at all times be humanely treated, and shall be protected especially against all acts of violence or threats thereof and against insults and public curiosity."; https://ihl-databases.icrc.org/en/ihl-trea-ties/gciv-1949/article-27.

Seite und eine weitgehende Zerstörung des ohnehin maroden Verkehrs-, Gesundheits- und Wirtschaftslebens im Gaza-Streifen ist, spielt für die Hamas keine nennenswerte Rolle bzw. ist ihr mit Blick auf die arabische Öffentlichkeit wahrscheinlich sogar ausgesprochen willkommen. Und dass es jedenfalls bisher nicht gelungen, durch den Schlag vom 07. Oktober eine panarabische Erhebung gegen Israel auszulösen, dürfte kaum überrascht haben.

Israel sollte in der jetzigen Situation auf Deeskalation abzielen und vor allem eine enge Kooperation mit der Fatah suchen, daneben auch mit Ägypten und Saudi-Arabien. Sonst könnte dieser lokale Konflikt sich ohne Weiteres auch auf den Libanon, vielleicht weit darüber hinaus ausweiten.

Vielen Dank.

7.7.　Literatur

Ben-Eliezer, Uri: War over Peace: One Hundred Years of Israel's Militaristic Nationalism, Oakland (University of California Press) 2019

Bergman, Ronen: Der Schattenkrieg: Israel und die geheimen Tötungskommandos des Mossad, München (DVA) 2018

Brownlie, Ian, James Crawford: Brownlie's Principles of Public International Law, Oxford (Oxford UP) 2012

Chehab, Zaki: Inside Hamas: The Untold Story of Militants, Martyrs and Spies, New York (Nation Books) 2007

Clarke, Colin P.: Terrorism, Inc.: The Financing of Terrorism, Insurgency, and Irregular Warfare. London (Bloomsbury Publishing) 2015

Cohen, Yoel: The Whistleblower of Dimona: Israel, Dimona & the Bomb, New York (Holmes & Meier) 2003

Croitoru, Joseph: Hamas: Auf dem Weg zum palästinensischen Gottesstaat, München (C. H. Beck) 2010

Ehrenfeld, Rachel: Funding Evil: How Terrorism is Financed - and How to Stop it, Chicago (Bonus Books) 2003

Eisenring, Christoph: Hamas-Herrschaft im Gazastreifen: Jeder Zweite in Armut, drei Viertel der Jungen ohne Arbeit – und jetzt kommt alles noch schlimmer, in: NZZ, 10.10.2023, S. 5

Filiu, Jean-Pierre: Gaza: A History, 2. Aufl., London (C. Hurst) 2024

Filiu, Jean-Pierre: The Twelve Wars on Gaza, in: Journal of Palestine Studies, Nr. 44.1/2014, S. 52-60

Finkelstein, Norman G.: Image and Reality of the Israel-Palestine Conflict, 2. Aufl., New York (Verso) 2003

Frampton, Martyn: The Muslim Brotherhood and the West: A history of Enmity and Engagement, Cambridge/Ms. (Belknap Press) 2018

Halevi, Jonathan D.: The Hamas Threat to the West Is No Different from ISIS, 04.08.2014, https://jcpa.org/hamas-threat-no-different-from-isis/

Jebril, Mona, Simon Deakin: The political economy of health in the Gaza strip: Reversing de-development, in: Journal of Global Health (2022), www.ncbi.n lm.nih.gov/pmc/articles/PMC8974317/

Kedar, Benjamin Z.: The Jerusalem Massacre of July 1099 in the Western Historiography of the Crusades, in: Jonathan Riley-Smith, et al. (Hrsg.): The Crusades, Bd. 3, London (Taylor & Francis) 2004, S. 15–76

Kepel, Gilles: Der Prophet und der Pharao: Das Beispiel Ägypten: Die Entwicklung des muslimischen Extremismus, München (Piper) 1995

Khalidi, Rashid: The Hundred Years' War on Palestine, New York (Metropolitan Books) 2020

Khashan, Hilal: Arabs at the Crossroads: Political Identity and Nationalism, Gainesville/Fl. (UP of Florida) 2000

Krämer, Gudrun: Der Architekt des Islamismus: Hasan al-Banna und die Muslimbrüder, München (C. H. Beck) 2022

Lockman, Zachary, Joel Beinin (Hrsg.): Intifada: The Palestinian Uprising Against Israeli Occupation. Cambridge/Ms. (South End Press) 1989

Palestinian Human Rights Monitor, Okt. 2001, www.phrmg.org/monitor2001/oct 2001-palestinian_fatalities.htm

Peddinghaus, Dirk: Die HAMAS und die Finanzierung des Terrorismus im Nahen Osten: Eine Analyse anhand offener Quellen, Hamburg (tredition) 2021

Progler, Yusef: Drug addiction in Gaza and the illicit trafficking of tramadol, in: Journal of Research in Medical Sciences, Nr. 15.3/2010, S. 185–188

(https://www.ncbi.nlm.nih.gov/pmc/articles/PMC3082799/)

Radonić, Ljiljana: New Antisemitism and New Media: Leftist Derealization of Islamist "Emancipation", in: Armin Lange, Kerstin Mayerhofer, Dina Porat und Lawrence H. Schiffman (Hrsg.): Confronting Antisemitism in Modern Media, the Legal and Political Worlds, Berlin (De Gruyter) 2021, S. 111-132

Ranko, Annette: Die Muslimbruderschaft: Porträt einer mächtigen Verbindung, Hamburg (Edition Körber-Stiftung) 2014

Schmemann, Serge: Sheik Vows to Continue the Hamas Holy War Against Israel, New York Times, 23.10.1997, https://www.nytimes.com/1997/10/23/world/sheik-vows-to-continue-the-hamas-holy-war-against-israel.html

Segev, Tom: Es war einmal ein Palästina: Juden und Araber vor der Staatsgründung Israels, München (Pantheon) 2006

Wagemakers, Joas: The Muslim Brotherhood: Ideology, History, Descendants, Amsterdam (Amsterdam UP) 2022

8. Tim Scheelebeek: Wenn ich damals Atheist gewesen wäre

Was soll man einleitend zu Tim Scheelebeek sagen? Zweimaliger Olympiasieger in der 49er Jolle, danach dreimal Skipper beim World Ocean Race, zuletzt als Sieger auf der Wavelength III., *die mit einem regenbogenfarbigen Segel über die Ziellinie fuhr. Sie werden sich an die entsprechenden Proteste diverser Weltverbände gewiss noch erinnern. Daneben ist er weltweit in Fragen des Umweltschutzes, vor allem, aber nicht nur mit Blick auf die Zukunft der Weltmeere aktiv und vertritt dieses Thema aufgrund einer Promotion in Meeresbiologie nicht nur mit großer Leidenschaft, sondern auch mit Sachkunde. Auf der diesjährigen Tagung hat er sich allerdings mit einem Thema befasst, das mindestens auf den ersten Blick weder etwas mit Segeln noch gar etwas mit Meeresbiologie zu tun hat. Die humoristische Form seiner Ausführungen geben wir hier unbearbeitet, wenn auch ohne die zahlreichen Lacher im Publikum wieder.*

Meine sehr verehrten Damen und Herren,
eigentlich ist schon diese Eingangsphrase eine alberne Formulierung. Die meisten von Ihnen kenne ich gar nicht, daher ist es eher unwahrscheinlich, dass ich Sie verehre. Und die wenigen, die ich in diesem Kreise kenne, schätze ich zwar, mal mehr, mal weniger, aber, nun ja, Verehrung? Ein großes Wort.
Ein Wort natürlich, dass wir gern im religiösen Kontext verwenden. Da immerhin wäre ich heute im Vorteil. Da ich an keine Götter glaube, die zu verehren einen nennenswerten Teil meiner diesbezüglichen Ressourcen verbrauchte, könnte ich dieselben natürlich ganz und gar Ihnen zuwenden.

Aber warum eigentlich bin ich in unseren Zeiten Atheist? Wäre es nicht viel vornehmer, sich auf eine agnostische Haltung zurückzuziehen? Ich komme dazu gleich, aber vorweg dies.

8.1. Antike Atheisten

Atheismus ist keine Erfindung des Heute, Atheisten hat es zu jeder Zeit, mal offen, mal eher verdeckt gegeben. Vielleicht gibt es prozentual und in absoluten Zahlen mehr von uns als in Mittelalter, Antike oder Steinzeit. Aber ein Novum stellt der Atheismus keineswegs dar.

Umso erfreuter wäre ich, Atheist schon in antiken Zeiten gewesen zu sein. Nicht nur, weil man vielleicht noch viel Elend und Verzweiflung hätte verhindern können, dass späterhin aus Christentum und Islam entstand. Nein, ich hätte so viel besser gewusst, wogegen ich eigentlich bin, was ich nicht glaube, was ich kritisiere. Besser jedenfalls, als dies heut der Fall ist.

Wie hätte ein antiker Atheist, sagen wir mal in Athen, sagen wir mal ein atheistischer Sokrates, wie hätte dieser argumentiert im Gespräch mit einem Gläubigen?

„So, du glaubst also an die Götter. Du glaubst also zunächst mal, dass unsere Welt, wir, alles in dieser Welt nicht zufällig entstanden ist, sondern planhaft."

„Jawohl, o Sokrates."

„Nun gut. Aber was heißt das? Zunächst, meinst du alle Welt oder nur unsere Erde?"

„Gibt es denn andere als diese?"

„Vielleicht nicht. Aber vielleicht sind da oben jenseits des blauen Himmels auch tausende weiterer Erden, und natürlich der Himmel selbst, die Sterne, die Unterwelt. Hat all das dieser eine Gott erschaffen? Oder waren es mehrere? Oder ist wenigstens ein Teil davon ganz aus sich heraus, also ohne Plan und göttlichen Eingriff entstanden?"

„Nein, o Sokrates, unzweifelhaft ist diese Erde, sind Unterwelt und der Himmel mit seinen Sternen das Werk dieses planenden Gotts."

„Aber nur eines Gotts? Zeus vielleicht? Und alle anderen wären wiederum auch Teil seiner Schöpfung."

„Nun, du hast, o Sokrates, einen solchen schon einmal als Demiurgos bezeichnet. Doch wie wären der Götter Zwistigkeiten und die Wirkung auf der Menschen Leben zu erklären, wenn es nur diesen einen Gott gäbe?"

„Also gibt es mehrere Götter und keinen Plan, die Welt zu gestalten, sondern jeder dieser Götter verfolgt seinen eigenen Ziele, und die stehen manchmal in Konflikt zueinander, oft aber lassen sie sich auch gut vereinbaren."

„So ist es, o Sokrates."

„Aber dann ist keiner dieser Götter allmächtig. Und folglich unterliegt auch die Welt keinem wie auch immer gearteten göttlichen Plan."

„Gewiss nicht, o Sokrates."

„Nun gut. Die Götter sind also mehrere, sind nicht allmächtig und auch oft genug in Zank miteinander. Und wo leben sie, diese Götter?"

„Auf dem Olymp natürlich, wo denn sonst?"

„Natürlich, auf dem Olymp. Den aber noch keiner hat zu ersteigen vermocht, um einmal zu schauen, was wirklich dort oben ist."

An dieser Stelle eine kleine Anmerkung aus der Regie. Was wir heute Olymp nennen, wurde erst von Herodot als Wohnsitz der Götter bezeichnet, davor war der Begriff diffuser und wurde verschiedenen Bergen zugewiesen. Immerhin aber war der Berg nahe Katerini in der Antike tatsächlich völlig unbezwingbar. Mehr noch, erst 1913 hat ein Team aus Christos Kakkalos, Fred Boissonnas und Daniel Baud-Bovy den Hauptgipfel des Bergs erklimmen können. Doch fahren wir mit der sokratischen Plauderei noch ein bisschen fort.

„Sage uns doch, o weiser Sokrates, warum du all diese Fragen stellst. Ist denn nicht das Sein und Wirken der Götter offensichtlich und vor unser aller Augen?"

„Ist es das?"

„Nun, wie wolltest du, Sokrates, denn wohl die Blitze erklären, wenn nicht durch des Göttervaters Hand, der sie zur Erde schleudert?"

„Nun, dann immerhin denke ich mal, zielt er nicht gut, gehen doch die meisten Blitze im Wald nieder, spalten einen Baum oder setzen eine Wiese in Brand. Doch die Argen unter uns, die Götterfrevler, die Mörder und Tyrannen, wann hörte man je, dass einen von jenen ein Blitz erschlagen hätte?"

„Und dass Tag für Tag die Sonne über den Himmel wandert, wie dies erklären als durch Helios' Karren, der sie trägt?"

„Rolle ich eine Kugel über den polierten Marmor einer Tempelhalle, bedarf es keines Pferdekarrens, der die Kugel weiterträgt. Und ohnehin habe jedenfalls ich die Pferde und den Karren nie entdecken können, nur die Kugel, die von Ost nach Westen wandert und auf der anderen Seite unserer Erde, wenn dies denn auch eine Kugel ist, wieder nach Osten gelangt."

„Aber dass die Seelen der Toten hinabsteigen in des Hades düsteres Reich, daselbst vor den Totenrichtern befragt und endlich mit einem Urteil beschieden zu werden, das wirst doch selbst du nicht leugnen wollen. Oder doch?"

„Doch sagen manche, nur das Elysion erwartet uns dort, oder? Gleichviel, nehmen wir an, dort tagt das Totengericht. Und wer richtet dort? Drei Totenrichter, deren Namen wir kennen, doch nicht die Gesetze, die ihren Urteilen zugrunde liegen. Alle drei waren zu Lebzeiten gerechte Könige, heißt es. Also gab es vor ihrem Tod kein Totengericht? Zwei, Rhadamanthys und Minos, waren Söhne des Zeus und der Europa, der dritte, Aiakos, hatte denselben Vater, doch Aigina war seine

Mutter. Aiax und Achilles waren seine Enkel, sodass er vielleicht sechzig Jahre vor dem Kampf um Troja geboren ward. Ähnlich Minos, dessen Enkel Idomeneus in diesen Krieg gezogen sein soll. Dann gibt es also das Totengericht nicht mehr als vielleicht acht Jahrhunderte, richtig? Und was war davor? Und außerdem, soll nicht Sarpedon, der dritte Sohn von Zeus und Europa, im Trojanischen Krieg gefochten haben? Wie dies? Als uralter Großonkel von Achill und Aiax? Und wieso setzt Hades drei Söhne des Zeus als Richter ein? Hatte er keine eigenen Söhne?"

„Sokrates, du verspottest uns. Natürlich ist in den Geschichten um die Götter und ihre Gefolgsleute nicht jedes Wort gleichermaßen mit dem scharfen Gerät des Münzprägers zu messen!"

„Natürlich! Wie dumm von mir! Doch sagt mir noch, ihr Weisen, wie der Gläubige weiß, was er wörtlich, was hingegen er nur als Andeutung, was vielleicht sogar er als zu ignorieren werten soll?"

Nun gut. Verlassen wir diese Plauderei, als die alten Männer sich zu kloppen beginnen. Sie haben vielleicht bemerkt, warum ich diese Zeit für so erstrebenswert halte. Sie konnten mit einem Gläubigen sprechen und bekamen – jedenfalls zumeist – klare Antworten. Die zwölf Hauptgötter wohnen auf dem Olymp, Zeus schmeißt Blitze, keiner ist allmächtig, aber alle dem Menschen vielfach überlegen. Es gibt Männer unter ihnen und Frauen, ein unsterbliches Kind mit Flitzebogen, und einer hat einen Dreizack und beherrscht die sieben Meere.

8.2.   Nicht ganz so antik

Man kann diese antiken Stimmen fragen nach dem, was sie glauben. Kann sagen: „Von diesem oder jenem Gott behauptest du das und das? Glaube ich nicht. Warum soll ich das glauben? Welche Gründe gibt es für diesen Glauben? Gibt es nicht eher Gründe, genau das nicht zu glauben?"

Wer in der Antike Zeus für den Herrn der Blitze hielt, musste sich wohl schon von je diverser Zweifel seiner Zeitgenossen erwehren. Aber der Sitz der Götter auf dem Olymp beispielsweise war zunächst unkritisch, da wie gesagt dieser ja noch für zwei Jahrtausende unerklommen blieb. Aber heute wären die griechischen Götter deutlich in der Defensive. Welterforschung, Naturwissenschaft, Menschheitsgeschichte gäben den griechischen Göttern keinen Raum mehr. Auch Odin, Freya und Thor sind längst nach Bayreuth verbannt, genau wie Osiris, Thot und Amun-Ra, wenn auch letztere nicht nach Bayreuth. An ihre Stelle sind heute andere Götter getreten, die dem Atheisten das Leben deutlich freudloser machen. Damit meine ich jetzt nicht Hab und Gut, Rasse und Nation, Taylor Swift und Bayern München. Aber schauen wir mal Richtung von Christentum und Islam. Die antike Religion war letztlich ein Aussagen-Agglomerat der Form: „Es gibt ein X, das nenne ich Zeus, und diesem kommen folgenden Eigenschaften A, B, C zu.“ Der kritische Geist kann dann diese Eigenschaftszuweisungen A bis, keine Ahnung, Q nehmen, jeweils prüfen und am Ende sagen: „Die deinem Gott zugewiesene Eigenschaft F kann er nicht haben. Wir wissen, wie Blitze entstehen. Zeus schleudert sie nicht. Wir wissen, wie die scheinbare Bahn der Sonne um die Erde entsteht. Pferde sind daran nicht beteiligt.“

Heutige Religionen haben meist die Form: „Es gibt ein X, das nenne ich Gott, und Gott kommen mindestens die Eigenschaften A, B, C zu.“ Aber wenn dann der Atheist diese Eigenschaftszuweisungen überprüft, wird dies auf mehrere Arten beantwortet. Also etwa: „Mit unserem begrenzten menschlichen Fassungsvermögen wird uns Gott in seiner Majestät ein auf ewig unfassbares Rätsel bleiben.“ oder „Ein Mensch, der Gott mit menschlichem Verstand versuchen will, ist wie eine Auster, die Aspekte des Möwenflugs erörtert.“ Beliebt ist auch: „Gott verstehen kann nur, wer glaubt. Du, der du nicht glaubst, wirst vor dem Wunder des göttlichen Seins und Wirkens stets wie ein Blinder stehen vor der Mona Lisa."

Dann lehnt man sich entspannt zurück und sagt: „Gut, ich verstehe, Gott ist also nicht beschreibbar, noch hat er eine berichtsfähige Biografie."

„Jetzt hast du es verstanden!" kommt dann freudevoll zur Antwort, und ein Spielverderber, der dann sagt: „Ein X, dem man keinerlei Eigenschaften zuweisen kann, bleibt immerfort nur ein X. Dem werden wohl nur die allerhärtesten Solipsisten widersprechen. Es gibt ein X, und das nennen wir Gott, über den wir aber nichts aussagen können. Das ist nur die Aussage: Es gibt außer mir noch etwas namens Gott, aber keine Ahnung, was das ist."

Merkwürdigerweise wissen dieselben Leute bei anderer Gelegenheit sehr viel von den Eigenschaften dieses Gottes, auch von seiner wenigstens in Teilen in der Bibel dargelegten Geschichte. Er wird zwar meist nicht mehr als alter Mann mit weißem Bart dargestellt, auch nicht als entsprechend gefärbte Taube und ohne erkennbaren Bart. Wohl aber weiterhin als Opfer römischer Folter- und Hinrichtungsmethoden, die man in dieser Form sicher nicht im Kinderfernsehen, wohl aber im Kindergottesdienst darlegen und vielfarbig illustrieren darf.

Mehr noch, auch über die Regeln, Verordnungen und Gesetze dieses Gotts, von dem man doch angeblich nichts aussagen kann, weiß jeder Gläubige stundenlang zu berichten. Insbesondere wird mahnend jedem Anders- oder Gar-Nicht-Gläubigen in detaillierter Darstellung die ihm unweigerlich bevorstehende Höllenqual geschildert.

Wer das alles ernst nimmt und sich nicht daran stört, dass bei anderer Gelegenheit dieser so ewige Gott sich wie Proteus höchstselbst in ein Unsagbarkeitsrefugium flüchtet, der darf dann immerhin rückfragen: „Und wieso eigentlich soll ich auch nur irgendwas davon glauben?"

Was in der Bibel steht, ist falsch. Fast komplett. Die Erde ist nicht, schon gar nicht in der beschriebenen Weise erschaffen worden, in der Bibel gibt es keine Dinosaurier, Wale sind keine Fische, Frauen entstanden nicht nach den Männern, und wenn Noah wirklich zwei von jeder Art dabei hatte, wäre selbst ein Öltanker zu klein gewesen. Schiffe dieser Größe lassen sich aber aus Holz sowieso nicht bauen. Wie bitte zeugte Kain ein ganzes Volk mit nichts als nur sich selbst, da er ja nach dem Mord an Abel floh, aber als jüngster von zu dieser Zeit nur noch drei Menschen in fremden Landen viele Nachkommen hatte? Ich kann das lang fortsetzen, aber kritischer scheint mir, dass auch die Handlungsvorschriften der Bibel schlichter Quatsch sind: Sklaverei ist Teil der Gesellschaft. Seine Kinder soll man oft und mit der Rute verprügeln. Es gibt Hexen, und sie sind gerade so wie Schwule totzuschlagen. Die Monarchie ist der natürliche Herrschaftszustand, und Frauen und Kinder sind genau wie Sklaven beiderlei Geschlechts des Mannes Eigentum. Polygamie ist in Ordnung, Polyandrie hingegen verwerflich. Eroberst du eine Stadt im Feindesland, bring alles um, was atmet. Mindestens aber schicke einen Teil der Gefangenen neben Schafen, Ziegen, Rindern und Eseln auf den Altar des Herrn, damit sie dort zu seinem Lobe geschlachtet werden. Steht auch in der Bibel, als Moses sauer wird, weil nach dem Sieg über die Midianiter man zwar die Männer samt und sonders ermordet hat, nicht aber die Frauen und Kinder.

8.3.   Weichgespülte Religion

Wenn solche Diskussionen entstehen, kommen früher oder später die Weichspüler. Damit meine ich ausnahmsweise nicht die Agnostiker, also Leute, die zwar den Bauplan eines Kühlschranks sehr genau kennen, aber trotzdem eine Restmöglichkeit sehen, dass das Licht an ist, wenn die Tür zu ist. Und vielleicht auch noch, wenn der Stecker gezogen ist und der ganze Kühlschrank vor zehn Jahren im Meer versunken ist. Diese Haltung ist nichts als intellektuelle Feigheit; man drückt sich vor den stets unerfreulichen Zankereien mit Gläubigen und Priestern, indem man sich an dieser einen Stelle als notorisch verunsichert hinstellt. Warum nicht die gleiche Haltung auch beim Autofahren? Ich bin zwar sicher, dass in meinem Auto Bremsen sind, trotzdem bleibt es möglich, dass sie sich in Luft aufgelöst haben, also fahre ich auf der Autobahn höchstens 5km/h, da kann ich zur Not noch rausspringen, wenn es gefährlich wird.

Nein, die Agnostiker dieser Welt sind sicher gelegentlich auf ihre Ernsthaftigkeit hin zu befragen. Aber im Folgenden geht es um Äußerungen von Vertretern des Glaubens, die mit der Bibel oder dem Koran in der Hand Sätze sagen wie „Das darf man nicht wörtlich nehmen!“, „Das war für eine andere Zeit geschrieben.“, „An anderer Stelle der Schrift wird dies relativiert, aufgehoben, anders festgelegt.“

Was diese Stimmen sagen, ist: „Nimm das, was da steht, nicht ernst. Pick an Rosinen raus, was dir passt. Was zu den aktuellen Gesetzen nicht in Widerspruch steht. Was dich nicht als antiquierten Spinnkopf, Esoteriker und Sado-Maso-Fan erscheinen lässt.“

Das macht aus der Bibel einen Selbstbedienungsladen zur zweckgebundenen Bereitstellung von Argumentationshilfen für die eigenen Positionen. Ich will Sklaverei fordern? Da greife ich mir die Bibel, wo Gott diese als normal bezeichnet, und schon darf kein Christ noch was dagegen sagen. Ich will wieder ein Kaiserreich in Deutschland? Besiegte Heere dezimieren? Eroberte Städte in Trümmer legen? Prima, mit der richtigen Bibelstelle im Gepäck wird mir keiner widersprechen können, der sich selbst als Christ bezeichnet.

Aber dann verliert Religion ihre normative Kraft. Sie ist auch kein Halt in schwierigen Zeiten mehr. Sie ist nur noch Legitimationssoße über den kaum verhohlenen Machtansprüchen jener, die festlegen dürfen, wie die Bibel zu lesen ist. Und wie nicht.

Aber entscheidend ist hier, dass die Einladung zu Religion und Glaube die Aufforderung ist, den eigenen Verstand, Bildung, Kultur, Mitmenschlichkeit auf den Müll zu schmeißen. Man kann nicht gleichzeitig auf den eigenen Verstand bauen und die Vorgaben der Religion glauben. Denn dem eigenen Verstand nur dann zu trauen, wenn irgendwelche Kirchenfürsten festlegen, wann dies erlaubt sein soll, heißt letztlich, nach Libretto zu denken und dem eigenen wie den allgemeinen Fortschritt eine fremde Steuerung zuzumuten. Und es heißt, dass anderen Menschen Rechte nur so weit zukommen, wie man dies als dem aktuellen Gottesplan entsprechend anzunehmen bereit ist. Unveräußerliche Menschenrechte, unbedingte Freiheit usw. kennt keine der Weltreligionen, weil Gottes Handlungsfreiheit - mithin auch die seiner Hohepriester – entscheidend eingeschränkt wäre. Mithin könnte man auch überlegen, ob nicht jedwede Religiongemeinschaft als verfassungsfeindliche Organisation zu werten und damit vielleicht auch zu verbieten ist, da sie der unverbrüchlichen Menschenrechtsdeklaration jedenfalls der deutschen Verfassung nicht beizustimmen vermag. Aber sicher wird der eine oder andere Kleriker auch wieder eine salbungsvolle Formulierung finden, wie sich das eine mit dem anderen in Einklang bringen lässt.

Was nun bringt Menschen dazu, den fremdbestimmten Pfaden dieser weichgespülten Religion ein ganzes Leben lang zu folgen? Fremdbestimmt, wohlgemerkt, nicht einfach vorbestimmt. Nicht von einem ominösen Schicksal festgelegt, von Nornen in ein endloses Tuch gewoben. Sondern von Menschen beschlossen, deren Interessen und moralische Defizite oft genug allgemein bekannt und kritisiert sind.

Man muss mehrere Arten von Gefolgsleuten dieser Aufgabe des eigenen Denkens unterscheiden. Da sind jene, welche bestimmen, wann man den eigenen Verstand benutzen darf, wie die Regeln der Religion auszulegen sind und wen diese Religion von Fall zu Fall zum Feind oder auch zum Freund erklärt. Gehört man zu diesen, propagiert man natürlich freudevoll und aus tiefster Überzeugung, dass den Vorgaben dieser Religion unbedingt und in allem zu folgen sei. Und natürlich gilt das auch in der Kaskade des Gehorsams, denn auch wer nicht Papst ist, also sich diversen mehr oder weniger grotesken Regeln ausgesetzt sieht, wird wiederum anderen, ihm unterstellten Menschen einen dem gleichen Kanon entspringenden Katalog von Vorschriften zu oktroyieren suchen. Darin steckt Macht, darin steckt oft auch die befriedigende Vermutung, etwas Gutes zu tun.

Zugleich nimmt in einer intransparenten, bedrohlichen Welt ein Regelkatalog vielen Menschen einen Teil ihrer Angst. Von Kindheit an dazu gebracht, dem eigenen Verstand zu misstrauen, hat es etwas Beruhigendes, Regeln zu folgen, die angeblich Klügere, angeblich Weisere, angeblich von Gott Erleuchtete ersonnen haben. Man macht selbst so viele Fehler, dass man lieber den erprobten Regeln folgt, die ja auch schon seit Jahrhunderten das Leben geordnet haben. Zwar sagt der eigene Verstand, dass viel davon schlichte Narretei ist. Aber der eigene Verstand hat sich nachweislich schon so oft als bestenfalls medioker erwiesen, weshalb man ihm in wichtigen Dingen weniger traut als Traditionen, Autoritäten, Herrschaftsmacht und Priestertum. Traditionen, die uns auch – als Antithese zu einer immer schneller erscheinenden Veränderung der Welt ringsum – mit lang verstorbenen Eltern, mit unserer christlichen Kulturgeschichte, mit unserer individuellen, familiären, sozialen, nationalen Identität verzahnen. Als sei die Zeithaftigkeit und Hinfälligkeit dieser Lebensbausteine dadurch weniger bedrohlich, weniger unmittelbar.

Aber genau diese Beruhigung wird umso weniger verlässlich, je beliebiger, je bezweifelbarer die Inhalte der Religion werden. Eine Religion, eine Priesterschaft, welche sich dem Setzen von Regeln verweigert und des Menschen Hinwendung zu Gott als alleiniges Kriterium des gottgefälligen Lebens ansieht, reduziert sich zum Steigbügelhalter dieser Hinwendung. Dafür brauchen Menschen keine Religion. Im Gegenteil, wer einem imaginierten Olymp aufrecht entgegentritt, hat keinen Bedarf mehr für Religion und Priesterschaft.

Damit aber sind Kirchen, Moscheen, Tempel, sind Priester, Imame und Pastoren ein Anachronismus. Menschen, die anderen einfach vorschreiben, was sie zu denken, wie sie zu handeln haben, machen vielleicht das Leben bequemer und nehmen Angst und Orientierungslosigkeit. Aber der freie Diskurs als wesentlicher Baustein einer freiheitlichen Gesellschaft verträgt sich damit schlecht. Und die agnostischen Freidenker auf ihrer Suche nach Gott brauchen schon gleich gar keine Religion, keine Kirche, keine Priester.

8.4. Die Verwirrtheit des Atheisten

Ich weiß gar nicht, warum ich Ihnen das alles erzählt habe. Ich finde das alles so trivial, so offensichtlich, dass ich jeden Tag verwirrt das Läuten der Glocken vom nahe gelegenen Münster höre. Mich hilflos frage, warum es das alles noch gibt. Vielleicht ist das in unseren Landen nur noch nostalgische Heiligabend-Gläubigkeit. Aber schon die versucht, mit antiquierten oder schlicht blödsinnigen Lehren Menschen die Freiheit des Denkens und die freie Gestaltung des eigenen Lebens zu nehmen. Allein, in den meisten Weltgegenden einschließlich der USA ist Religion – und zwar mit wieder steigender Tendenz – wie vor tausend und viertausend Jahren ein willfähriges Instrument von Herrschaft und Unterdrückung. Werden Menschen im Namen von Religion gegängelt, geknechtet, aber auch auf Scheiterhaufen gebunden, werden ganze Dörfer und Städte in Schutt und Asche gelegt und jeder darin umgebracht.

Daraus folgen vier Statements, und es verwirrt mich zutiefst, dass das nicht längst weltweit Konsens ist:

- Alle Religionen sind intellektuell betrachtet reiner Unsinn.
- Alle Religionen sind Instrumente von Gängelung, Unterdrückung, Gewaltherrschaft.
- Was in die Zukunft geht, lässt jede Art von Gott, Religion und Kirche auf dem Stapel überholter Ansichten zurück.
- Wer sich der Religion heute noch bedient, will damit seine Macht über andere festigen oder sucht nach einer vermeintlichen Stabilität und Kontinuität in einer individuell oder sozial als chaotisch empfundenen Lebenssituation.

Folgt man diesen Statements, dann ist keine Situation vorstellbar, in der Religion auch nur ansatzweise akzeptabel ist. Schlimmer noch, man kann sich des Gefühls nicht erwehren, es habe auch nie eine Situation gegeben, wo sie akzeptabel gewesen wäre. Und das einzige Argument, dass man sie wie Anleitungen zum Bombenbau und Kinderpornographie nicht kurzerhand verbietet, ist, dass ihre Verfolgung mit der Idee freien Denkens schlecht vereinbar ist. Letztere muss nämlich auch umgesetzt werden, wenn unter ihrer Fahne immer wieder Menschen sich für Stuss und Unsinn entscheiden – mindestens solang dadurch, anders als bei Kinderpornografie und Bombenbau – niemand sonst in Mitleidenschaft gezogen wird.

Nun wird zugunsten der Religion oft das Gute angeführt, das in ihrem Namen getan worden ist. Aber abgesehen davon, dass dieses vermeintlich Gute bei näherem Hinsehen sich als nicht so lupenrein erweist, wie man das erhofft hat, abgesehen auch davon, dass es vieler solch guter Werke bedarf, um einen Kreuzzug, eine Ketzer- und Hexenverfolgung auszugleichen: Sollen wir wirklich glauben, all diese guten Menschen hätten nur deshalb so gehandelt, all jene guten Handlungen wären nur deshalb so vollbracht worden, weil in einer verstaubten

Anthologie literarisch, philosophisch und auch zeitlich weit auseinander liegender Autoren sich der Vorschlag gefunden hat, nicht immer nur gemein zu allen anderen zu sein? Sollen wir nicht eher vermuten, jene guten Handlungen wären von ihren Protagonisten zumeist auch dann durchgeführt worden, wenn ihnen nicht eine Begründung aus der Religion verfügbar gewesen wäre? Eine Begründung für eine Handlung, die sie so oder so ausgeführt hätten. Weil sie sich damit keineswegs den zweifelhaften Eintritt in ein vernunftfrei behauptetes Elysium erkaufen wollten. Sondern die sie einfach nur deshalb vollzogen, weil sie mindestens jetzt und hier und in diesem kurzen Moment halbwegs nette Menschen sein wollten und das erstaunlicherweise hin und wieder sogar hinbekommen haben.

Anmerkung hierzu: Die Sprachkundigen unter Ihnen haben natürlich bemerkt, dass ich mit dem letzten Verb aus dem Präteritum ins Perfekt gefallen bin. Grammatikalisch fragwürdig, doch wir verwenden das Perfekt nicht, wenn etwas perfekt war, das waren diese Handlungen nur selten. Nein, wir verwenden es, wenn ein Vergangenes Bedeutung hat für das Hier und Jetzt. Und das darf man diesen Handlungen zurechnen, auch ohne dass sie des Deckmantels göttlichen Wohlwollens bedürften.

8.5. Glauben heißt nicht wissen wollen

Gestatten Sie mir nach diesem versöhnlichen Schlusssatz noch eine Randbemerkung: Eigentlich begeht man Etikettenschwindel, wenn man das, wofür die Religionen stehen, als Glauben bezeichnet. Denn gemeinhin sagen wir, dass wir etwas glauben, wenn wir gute Gründe haben anzunehmen, dass etwas der Fall ist, wir den zwingenden Beweis aber schuldig bleiben müssen. „Ich glaub, es regnet gleich", sagt man nicht, wenn der Himmel strahlend blau ist, sondern wenn da oben dunkelgraue Wolken stehen und der Wetterfrosch die Abdeckung seines Wohnglases prüft.

Sie werden den verschiedentlich, aber wohl fälschlich Augustinus zugeschriebenen Satz kennen: „Credo quia absurdum est", manchmal auch als „Credo quia impossibilis est" wiedergegeben, dann meist mit Bezug auf Tertullian. Dieser meinte damit, dass die Wiederauferstehung des Heilands aller Vernunft, aller Erfahrung, allem Gewohnten entgegensteht. Nur Glaube könne dies überbrücken. Aber genau dies ist ein rhetorischer Trick, da hier eine kontrafaktische Annahme dem Reich des Glaubens zugewiesen wird, wo ansonsten Aussagen beheimatet sind, denen mit hoher Wahrscheinlichkeit Faktizität zugebilligt werden kann. Jemand, der sagt, er glaube, dass Jesus drei Tage nach seinem Kreuzestod wieder auferstanden sei, entspricht jemandem, der sagt, er glaube, dass es bald regnen wird, obwohl über ihm ein blauer Himmel und auf tausend Meilen Umkreis rings die Sahara sich erstrecken. Eine solche Aussage würde man nicht als Glauben, sondern als Irrsinn bezeichnen. Aber die analogen Aussagen der verschiedenen Weltreligionen sind hiervor scheinbar geschützt und dürfen mithin als Glauben bezeichnen, was faktisch nur Unsinn ist. Was keinesfalls Anspruch auf eine auch nur vage, ganz theoretische Nuance von Möglichkeit in der unerbittlichen Welt der uns umgebenden Wirklichkeit erheben kann. Was aber trotzdem als Legitimation verwendet wird, sich selbst und immer wieder auch andere Menschen in ein Regelkorsett zu zwängen, Reichtümer aufzuhäufen, Kriege vom Zaun zu brechen und ganze Völker einfach totzuschlagen. Menschen, die so etwas tun, bezeichnet man als gemeingefährliche Irre. Nicht als Ayatollah, Papst, Mudschaheddin, Kreuzritter, Dschihadist oder Dalai Lama. Ach ja, und alle, die verwirrt sind, weil ich den Dalai Lama in dieser Liste genannt habe, sollten sich mal etwas genauer mit der Geschichte Tibets und vor allem mit Thubten Gyatsho, Vorgänger des aktuellen

Dalai Lama, befassen. Aber das wäre dann schon wieder das Thema
für einen ganz anderen Vortrag.
Ich danke Ihnen für Ihre Aufmerksamkeit.

9. Colleen Sondershjölm: Der Klimawandel aus systemtheoretischer Sicht

Die meisten Teilnehmer unserer diesjährigen Tagung mussten eigentlich gar nicht vorgestellt werden. Mehr noch als sonst galt das aber wohl für Colleen Sondershjölm. Bis zuletzt stand nicht fest, ob es der dänischen Regierung gelingen würde, sie aus der Haft in Italien freizubekommen. Letztlich hat es hier eine Einigung gegeben, die auch ihrer Mannschaft den Rückflug nach Kopenhagen ermöglichte, wogegen ihr Schiff, die Nordlys, aktuell noch in Italien verblieben ist.

Sie wissen, dass Colleen Sondershjölm sich als Kapitänin eines Rettungsschiffs um Flüchtende auf den Gewässern des Mittelmeers kümmert. Sie hat aber auch schon bei mehreren Gelegenheiten darauf verwiesen, dass es nicht so sehr die Attraktivität Europas als vielmehr die wachsende Perspektivlosigkeit und die Unfreiheit in vielen der Herkunftsländer ist, welche Menschen zur Flucht veranlasst. Auch für dieses Thema nimmt die Bedeutung des Klimawandels rasch zu. Daher waren wir sehr glücklich, dass Colleen Sondershjölm sich als Referentin aus einer vielleicht etwas ungewohnten Perspektive dieses Themas angenommen hat. Wir geben ihren Vortrag in deutlich erweiterter Form wieder, was für sich ein Abenteuer war. Denn Colleen Sondershjölm und ihre Mannschaft kreuzen inzwischen bereits mit der Skyhave vor der afrikanischen Westküste, wo zunehmend mehr Menschen die gefahrvolle Überfahrt zu den Kanaren wagen. Umso beeindruckender finden wir, was unter diesen Bedingungen hier im Nachgang aus dem ursprünglich gehaltenen Vortrag geworden ist.

Meine sehr geehrten, verehrten, geschätzten Damen und Herren, nach Tims Ausführung eben musste ich Ihnen wenigstens eine adäquate Auswahl von Adjektiven präsentieren. Sie dürfen sich gern eins auswählen, während ich mich einem Thema zuwende, in dem uns von Tag zu Tag weniger die Wahl bleiben wird.

9.1.   Klimawandel als politische Herausforderung begreifen

Leitfragen der Tagung, auf der wir uns gerade befinden, sind Herrschaft, Gewalt, Unterdrückung und die mehr oder weniger fadenscheinigen Rechtfertigungen hiervon im Fortlauf der Jahrhunderte. Warum eigentlich soll man sich auf einer solchen Tagung mit dem Klimawandel befassen?

Ich denke, es gibt hierfür vier Gründe:

- Der Klimawandel wird alle anderen Momente von Herrschaft, Freiheit und Unfreiheit in den nächsten Jahrzehnten und Jahrhunderten obsolet machen, weil er als kategoriale Befragung unseres Überlebens sich um derlei Themen nicht scheren wird.

- Aber, und das ist der nächste Grund: Vielleicht sind wir gänzlich außerstande, die Herausforderung des Klimawandels zu bewältigen, wenn wir nicht gleichzeitig auch Herrschaft und ihre Rechtfertigung, weltweite Machtverteilung und vor allem Ungleichheit als Herausforderung begreifen.

- Denn, und damit kommen wir zum dritten Grund: Der Klimawandel und wie er verlaufen wird, ist entscheidend von unserer Fähigkeit oder Unfähigkeit bestimmt, das globale politische und wirtschaftliche System gerechter zu gestalten. Wir müssen allesamt verstehen, dass der Klimawandel in Europa, in Nordamerika nicht bewältigt werden kann, wenn man zeitgleich dem Untergang vor allem von Afrika, aber auch von Südamerika nonchalant zuzusehen bereit ist.

Dann noch eins vorweg: Wir wissen inzwischen sehr viel. Über den Klimawandel, seine Ursachen, Randbedingungen, potenziellen Folgen. Aber wir wissen auch sehr viel nicht. Entsprechend kommen regelmäßig neue, z.T. eher vage und unbefriedigende Theorien, Meinungen, Prognosen usw. zum ohnehin schon kaum noch überschaubaren Themenkomplex des Klimawandels hinzu. Die meisten davon sind eher unerfreulich, aber sie sind auch faszinierend. Nehmen Sie etwa die erst nach und nach stärker ins Bewusstsein rückende Möglichkeit, dass durch das teilweise Auftauen der nur durch Permafrost zusammengehaltenen Randgebiete der Antarktis nicht nur in großem Umfang Gletscherabgänge drohen. Sondern hierdurch können sich auch tektonische Effekte ergeben, die vor allem für die südlichsten Regionen der Erde, also vor allem für Australien und Tasmanien das Risiko gewaltiger Tsunamis beinhalten. Zudem erhöht sich durch einen steigenden Meeresspiegel auch die Grundlast auf den unterseeischen Regionen der Kontinentalplatten. Auch das wird tektonische Reaktionen auslösen, die man aber heute nicht einmal ansatzweise abschätzen oder vorhersagen kann.

Aber lassen Sie mich Ihnen jetzt und an dieser Stelle vor allem die Grundmechanismen und Verlaufsformen des Klimawandels erläutern, damit wir alle gemeinsam diese größte Herausforderung für das Überleben der Menschen und den Fortbestand unserer Kultur seit der letzten Eiszeit besser verstehen und einordnen können. Und vielleicht auch verstehen, dass globale Ungerechtigkeit und ungleiche Verteilung immer schon einen wesentlichen Anteil an der Genese dieses Desasters hatten.

9.2.   Klima als System begreifen

Nehmen wir an, Sie fahren mit Ihrem Ferrari durch die Toskana. Natürlich, wo sonst könnte man stilvoll Ferrari fahren? Sie fahren unter

100km/h, sehr entspannt, wie sich das gehört. Aber dann treten Sie stärker auf das Gaspedal. Was passiert jetzt? Es wird mehr Benzin verbrannt, oder anders gesagt, die im Benzin gespeicherte Sonnenenergie wird in erhöhtem Maße freigesetzt. Das hat drei Folgen: Ihr Auto fährt schneller, es wird wärmer, und es wird lauter. Sie haben also eine Energieform, die im Benzin zwischengespeicherte Sonnenenergie, in drei andere überführt. Warum nun gerade diese drei? Weil dies die drei Energieformen waren, in die Ihr Auto, also das System Ferrari, diese zusätzlich frei werdende Energie umsetzen konnte. Andere waren nicht verfügbar: Ihr Auto konnte nicht zu leuchten beginnen, es konnte keine Radioaktivität abstrahlen oder die Energie wieder in gespeicherte Energie rückverwandeln, indem es z.B. Briketts unter dem Beifahrersitz erzeugt.

Ein System existiert also auf einem bestimmten Energielevel, nennen wir das mal L. Diese Energie wird vom System zurückgegeben, etwa durch Reflektion, oder sie wird in kinetische Energie wie Bewegung oder Lärm, alternativ in statische Energie wie Briketts umgesetzt. Wenn nun zusätzliche Energie in das System kommt, etwa im Umfang M, so ist das Energielevel danach L+M. Diese erhöhte Energiemenge wird zumeist aber immer noch den zuvor bereits bekannten Energieverwendungen zugeführt, im Falle Ihres Ferrari also Bewegungsenergie, nur mehr davon, Geräusch und Wärme, aber auch hier von beiden mehr als zuvor.

Nun ist die Erde kein Ferrari. Aber beide, Erde und Auto, sind Systeme, in denen Energie zirkuliert. Und beide Systeme sind nicht hermetisch abgeschlossen von der Welt ringsum.

Das System Erde verfügt über mehrere intrinsische Energieträger. Diese sind teilweise kinetisch, wie etwa die Kontinentaldrift und der Vulkanismus, oder statisch, wie die planetare Schwerkraft oder die Energie, die durch Reaktionen terrestrischer Elemente freigesetzt wird. Aber die weitaus größte Energiemenge der Erde ist extraterrestrisch. Hierzu gehört natürlich auch der Eintrag von Energie in das System Erde durch Meteoreinschläge und Kometen. Aber die für uns relevante Energiemenge resultiert aus solarer Energie, welche die Sonne ununterbrochen verströmt. Davon freilich erreicht überhaupt nur ein winziger Teil die Erde, nämlich im Schnitt 1,361 W pro m² der Außenfläche unserer Atmosphäre, wo das Sonnenlicht senkrecht auftrifft, ansonsten muss man diesen Faktor mit dem Sinus des Winkels der Sonnenstrahlen multiplizieren. Das klingt nach wenig, aber die Energiemenge, welche die Erde auf diese Weise stündlich erreicht, rund 174 Petawatt, entspricht in etwa dem weltweiten Energiebedarf eines Jahres.

Das System Erde strahlt einen Teil dieser Energie in den Weltraum zurück. Etwa ein Viertel prallt bereits an der Außenseite der Atmosphäre ab. Auch in die Atmosphäre vorgedrungene Sonnenenergie wird zu etwa 30 % reflektiert, was man als Albedo bezeichnet. Dies geschieht insbesondere durch die Eisfelder in den Polargebieten einschließlich Grönland und durch die Gletscher der Hochgebirge.

Eine große Menge Energie verbleibt aber in der Atmosphäre. Dort wird sie teilweise in statische Energie verwandelt. Pflanzen verwenden Sonnenenergie, um aus einfachen Molekülen komplexere Moleküle, vor allem Kohlenwasserstoffe und Eiweiße zu synthetisieren, also Sonnenenergie hier zu speichern. Alle übrige Energie wird in unterschiedliche kinetische Energieformen verwandelt. Neben der reinen Wärme der Luft und des Bodens ist das vor allem der Aggregatwechsel von Wasser – schmelzendes Eis, verdunstendes Wasser – und die Bewegung der Atmosphäre, soweit sie nicht von der Erdrotation verursacht worden ist.

Dies sind die wichtigsten Möglichkeiten des Systems Erde, aus dem Weltraum ankommende Energie zu binden: Pflanzenwachstum, wärmere Luft, wärmeres Wasser bis hin zur Bildung von Dampf und Wolken, und schließlich Wind.

Die erste dieser Optionen kann nicht unbegrenzte Energiemengen aufnehmen. Ein Mehr an Energie erhöht das Pflanzenwachstum bis zu einem gewissen Punkt. Geht die Energiemenge darüber hinaus, hört die Pflanze nicht nur auf zu wachsen. Sie und alle anderen ringsum sterben ab, und es bleibt nur Steppe oder sogar Wüste.

Hingegen könnte die Luft sich viel stärker erwärmen, vor allem aber könnten die weltweiten Wassermengen noch deutlich mehr Energie aufnehmen, ehe ein Sättigungspunkt erreicht wäre. Alle Gletscher könnten schmelzen und ins Meer fließen, alle Seen, alle Flüsse, alle Ozeane könnten verdampfen. Und der Wind könnte auf der ganzen Welt viel stärker wehen, bis hin zu den ca. 1.400 km/h, welche heutzutage die Stürme in der Atmosphäre des Jupiters erreichen.

Hier sind wir bei einem verbreiteten Missverständnis hinsichtlich des Klimawandels. Wir kennen alle Horrorszenarien, dass im Zuge des Klimawandels Wüsten entstünden, weil es nur noch an wenigen Stellen Wasser gebe. Das Gegenteil ist der Fall: Durch die Erwärmung der Atmosphäre wird die Menge des in ihr umlaufenden Wassers nicht kleiner, sie wird deutlich größer. Das geschieht zum einen natürlich durch das Abschmelzen der Eisregionen weltweit, aber auch durch erhöhte Verdunstung über allen Wasseransammlungen, also vor allem über den Meeren, aber auch über Seen und kleinsten Teichen und Tümpeln. Diese Erhöhung der Menge des umlaufenden Wassers bindet für gewisse Zeit die aufgenommene Energie. Aber Wasser ist keine Steinkohle. Die erhöhten Windaktivitäten und das Temperaturgefälle zwischen Land und Meer wird zu wachsenden Niederschlagsmengen auf allen Kontinenten führen. Da aber weiterhin immer mehr Sonnenenergie auf die Erde gelang und nicht abgestrahlt werden kann, verdunstet dieser Niederschlag auch viel rascher, als wir oder auch die regionalen Pflanzen und Tiere das gewohnt sind. Anders gesagt, die mittlere jährliche Niederschlagsmenge wird sich deutlich erhöhen. Aber die Verweildauer der Niederschläge an einem bestimmten Ort wird sich verringern.

Ein Beispiel: Spanien leidet seit wenigstens sechs, manche sagen seit über zehn Jahren an einer fast umfassenden Dürre. Aber gleichzeitig gibt es hier hin und wieder Starkregenereignisse, selbst in weitgehend versteppten Gebieten wie Andalusien. Doch das hier niedergehende Wasser verbleibt meist nur eine kurze Weile. Zum einen können die durch die langen Dürren stark verdichteten und verbackenen Böden kaum Wasser aufnehmen. Zum anderen wird dann aber dies an den Oberflächen stehende Wasser sofort wieder zum Rezipienten für die eingehende Sonnenenergie, sodass es rasch verdunstet und dann vom Wind davongetragen wird. In der Regel wird es aufs Meer geweht, wo es als Wasserdampf die Erwärmung des Wassers deutlich beschleunigt, damit die Verdunstungsrate weiter erhöht und so gleich für die nächsten Starkregenereignisse sorgt.

9.3.   Der aktuelle Status des Klimas aus systemtheoretischer Sicht

Eine wesentliche Eigenschaft komplexer Systeme sind Kipppunkte. Stellen Sie sich einen Kreisel vor. Sie können ihn anstoßen, während er sich dreht, und nach einer kurzen Weile des Schwankens wird er wieder in seinen Rotationsstatus zurückfinden. Aber wenn Sie zu stark stoßen, wird er heftiger schwanken und schließlich umfallen. Hier war also der Kipppunkt des Systems Kreisel erreicht und überschritten.

Alle komplexen Systeme, auch das Erdklima, weisen Kipppunkte auf. Sind diese überschritten, ist es nach menschlichem Ermessen ausgeschlossen, dass das System kurzfristig, also in wenigen tausend Jahren, in einen früheren Zustand zurückkehrt. Nach aktueller

Forschungsmeinung sind alle Kipppunkte des terrestrischen Gesamtsystems „Klima" aktuell kritisch:

- Abschmelzen des sommerlichen arktischen Meereises
- Abschmelzen des Grönländischen Eisschildes
- Abschmelzen des Westantarktischen Eisschildes
- Erlahmen der atlantischen thermohalinen Zirkulation
- Veränderung der El Niño-Southern Oscillation (ENSO)
- Zusammenbruch des indischen Sommermonsuns
- Veränderungen im Westafrikanischen Monsunsystem
- Entwaldung des tropischen Regenwaldes
- Rückgang borealer Wälder
- Schmelzen von Teilen des ostantarktischen Eisschilds (am Wilkes-Becken)
- Schwinden der tibetischen Gletscher
- Methan-Ausgasung aus den Ozeanen und aus anderen Methanhydrat-Lagerstätten
- Methan- und Kohlendioxidemissionen aus tauenden Dauerfrostböden
- Austrocknen des nordamerikanischen Südwestens
- Abschwächung der marinen Kohlenstoffpumpe
- Absterben von Korallenriffen
- Destabilisierung der Jet Streams
- Rückgang der Netto-Produktivität der Biosphäre (NPB: Atmosphärische Bindefähigkeit von CO_2)
- Auflösung niedriger Schichten aus Stratokumulus-Wolken über dem subtropischen Meer

Dem entspricht der aktuell konstatierte Verlust von acht der neun Earth System Boundaries, welche als Voraussetzungen eines weltweit gerechten und ungefährdeten Zusammenlebens der Menschheit angesehen werden.[1]

Über den neunten Faktor kann man mit aktuellen Methoden noch keine Aussage treffen, daher ist offen, ob der Bereich der subglobalen Aerosole noch als sicher anzusehen ist.

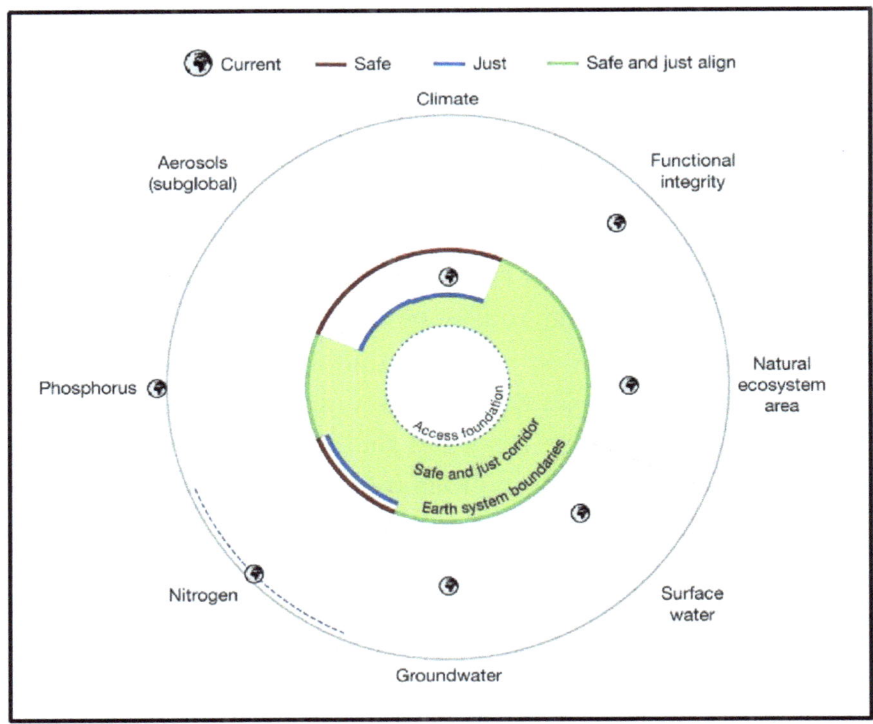

Earth System Boundaries[30]

9.4. Treibhauseffekt und Klimawandel

Nun muss man verstehen, dass Klima und Wetter zwar zusammenhängen, aber nicht einfach identische Begriffe sind. Klima ist die

---

[30] www.nature.com/articles/s41586-023-06083-8

Gesamtmenge aller vorkommenden Wetterlagen in einem längeren Beobachtungszeitraum. So weit, so simpel.

Klima ist auch nicht statisch. So wie das Wetter sich von Tag zu Tag ändert, so ändert sich auch das Klima. Entscheidend ist dabei, wie groß man den Ausschnitt wählt und wie groß innerhalb des gewählten Ausschnitts die Abweichungen vom gewählten Mittelwert sind. Auch das ist trivial.

Wenn man heute in besonderer Weise vom Klimawandel spricht, so meint dies nicht den üblichen langsamen, gleichsam pulsierenden Wandel des Klimas im Laufe der Jahrhunderte und Jahrtausende. Sondern hier meint man einen untypischen, massiv beschleunigten und die Anpassungsfähigkeit des Biosystems Erde voraussichtlich in weiten Teilen überfordernden Prozess. Die Hinweise, dass dieser Prozess aktuell stattfindet und zudem gerade erst begonnen hat, Fahrt aufzunehmen, sind dabei so zahlreich und allgemein bekannt, dass man von der Existenz dieses Klimawandels im engeren Sinn ohne weiteres ausgehen kann. Seine Ursachen sind dabei wahrscheinlich primär anthropogen. Anthropogene Klimaveränderungen sind aber kein Novum. So wurde z.B. die Kleine Eiszeit zu Beginn der Neuzeit nicht allein durch Vulkanausbrüche oder Schwankungen der Sonnenaktivität, sondern mindestens teilweise auch durch den Bevölkerungsschwund in Europa im Zuge der Pest-Epidemien ab 1348 ausgelöst, in deren Gefolge ca. ein Drittel der europäischen Bevölkerung starb. Dadurch eroberte der Wald große Teile vor allem Mitteleuropas zurück und band entsprechend erhebliche Mengen von bisher atmosphärisch vorliegendem CO_2. Verstärkt wurde dies dann durch das Ende der großflächigen Brandrodungswirtschaft in Südamerika, als innerhalb weniger Jahre wahrscheinlich mehr als 200 Millionen Indigene an von den Europäern eingeschleppten Krankheiten starben. Hierdurch wurde der bisher vor allem am Amazonas generierte Treibhauseffekt deutlich reduziert, sodass der transatlantische Wärmeaustausch, meist fälschlich als Golfstrom bezeichnet, deutlich weniger Energie nach Westeuropa transportierte und insgesamt der atmosphärische Treibhauseffekt an Einfluss verlor.

Dabei ist allerdings der Begriff „Treibhauseffekt" irreführend. Da CO_2 schwerer als Luft ist, müsste es eigentlich zu Boden sinken, und wir wären alle längst erstickt. Das geschieht aber nicht, weil die wetterabhängige Luftverwirbelung große Menge CO_2 in höhere Luftschichten transportiert. Der eigentliche Treibhauseffekt beginnt aber nicht erst, wenn das Gas in der oberen Atmosphärenschicht angekommen ist, sondern bereits in Bodennähe. Das erleben aktuell viele Menschen in Europa. In relativ geringer Höhe sammelt sich immer mehr CO_2, das nach und nach aufs Meer getrieben wird. Dort kommt es zu deutlich erhöhter Verdunstung im Sommer, was wiederum im Herbst und im Frühling zu ungewohnt hohen Niederschlägen führt.

Allerdings wirkt sich CO_2 umso stärker auf das Klima aus, je höher es vom Wetter in die Atmosphäre getragen wird. Das heißt, dass heute erzeugtes CO_2 in seiner Wirkung schrittweise bedeutsamer wird, je weiter es nach oben gelangt. Dieser Transport kann aber mehrere Jahrzehnte dauern, sodass die Wirkung des bereits in die Atmosphäre ausgestoßenen CO_2 sich wohl selbst dann noch über einen entsprechenden Zeitraum verstärken würde, wenn schlagartig keinerlei neues CO_2 erzeugt werden würde – was ohnehin faktisch ausgeschlossen ist.

9.5.   Reflektion und Treibhauseffekt

Ich habe Sie vorhin bereits auf die Bedeutung der Sonnenlichtreflektion sowohl an der Außenseite der Atmosphäre als auch im erdnahen Bereich hingewiesen. Sonnenlicht ist vorwiegend kurzwellig, also energiereich. Trifft es auf die Erdoberfläche, aber auch auf Bäume, Häuser oder Menschen, wird es als Energie aufgenommen und teilweise wieder zurückgegeben. Hierbei wird dem Licht aber ein Teil Energie entzogen, sodass es energieärmer, also langwelliger wird. Dieses langwellige Licht wird von der Erde rückgestrahlt. Hätte die Erde keine Atmosphäre und wäre eine polierte Spiegelkugel, würde die gesamte reflektierte Lichtmenge in den Weltraum zurückgestrahlt. Die Rückstrahlungsquote, die Albedo des Planeten läge dann bei 1, also bei einer Rückstrahlung von 100%. Dann betrüge allerdings die Durchschnittstemperatur auf der Erde über alle Klimazonen lediglich -18 °C, statt heute 14 °C, die erreicht wird, weil die Erde heute nur ca. 50% der aufgenommenen Energie reflektiert. Dadurch, dass der Boden Energie von der Sonne aufnimmt, ebenso Wasser, Pflanzen usw., wird nämlich nur ein Teil des einfallenden Lichts vom Erdboden zurückgestrahlt. Dieses Licht muss nun die Atmosphäre durchqueren und gibt dabei nennenswerte Energiemengen an in der Atmosphäre vorkommende Gase ab. Dabei ist die Energieaufnahme dieser Gase aber durchaus nicht gleich groß. So würde das langwellige Licht in einer reinen Sauerstoffatmosphäre deutlich weniger Energie auf dem Weg zurück in den Weltraum verlieren, als dies bei der irdischen Atmosphäre der Fall ist. Positiv gesprochen speichert also die Atmosphäre einen Teil der von der Sonne zu uns gelangenden Energie.

Dabei ist CO_2 bei weitem nicht der wichtigste derartige Energiespeicher. Den größten Anteil hieran hat Wasserdampf, nämlich über 60%, während CO_2 nur bei ca. 20% liegt. Andere Gase, etwa Methan (CH_4) oder Lachgas (N_2O), kommen hinzu, haben aktuell aber einen deutlich geringeren Anteil an der atmosphärischen Energieaufladung.

Wenn nun der Anteil aller energiespeichernden Gase in der Atmosphäre, also vor allem Wasserdampf und CO_2, sich erhöht, steigt natürlich auch der Verbleib der Energiemenge auf der Erde. Dabei ist der CO_2-Ausstoß hier zum kritischen Faktor geworden. Dieser entspricht aktuell pro Jahr in etwa der Menge an atmosphärischem CO_2, welches vor allem im Pleistozän in ca. 1 Million Jahre gebunden worden ist, vorwiegend in Kohle und Erdöl. Anders gesagt, das CO_2, welches heute in die Atmosphäre gelangt, befand sich mindestens teilweise schon einmal dort, nämlich bis ins Zeitalter der Dinosaurier, der großen Farn- und Schachtelhalmwälder. Ohne dieses atmosphärische CO_2 und den damit verbundenen Treibhauseffekt hätte es auf der Erde wahrscheinlich niemals Leben gegeben. Denn in ihrer Frühphase hat die Sonne deutlich weniger Energie abgestrahlt als heute. Ohne das atmosphärische CO_2 wäre daher die Erde direkt nach ihrer Entstehung so vollständig durchgefroren, dass sie selbst bei aktueller Sonnenaktivität bis heute noch nicht wieder aufgetaut wäre. Dies wird als das Cold-Sun-Paradox bezeichnet.

9.6. Klimatoleranz und Resilienz

Es ist eine weitgehend ungeklärte Frage, wie stark das Klima sich ändern kann, ohne dass unsere aktuelle Kultur, unsere heutige Lebensweise, unsere Wirtschaftsform bedroht sind. Erst recht kann niemand beantworten, wie groß der Klimawandel ausfallen müsste oder wie schnell er erfolgen müsste, um die Existenz der Menschheit oder womöglich die Existenz allen Lebens auf der Erde zu gefährden.

Wer glaubt, dass letzteres schlicht ausgeschlossen ist, sollte sich einmal mit dem Massenaussterben im Übergang vom Perm zum Trias befassen, als fast alles Leben von der Erde verschwand. Dazu muss man wissen, dass zwar in der Frühzeit der Erdgeschichte, also etwa zuzeiten der Dinosaurier und der bereits erwähnten Farnwälder, die Atmosphäre mehr CO_2 enthielt als heute. Ein erheblicher Teil aber wurde aus dem Erdmantel in die Luft freigesetzt, als vor etwa 252 Mio. Jahren der wahrscheinlich größte Vulkanausbruch der jüngeren Erdgeschichte stattfand. Das daraus resultierende Basaltfeld, das Sibirische Trapp, reicht vom Ufer des Tobol im Westen bis zur Lena im Osten, insgesamt eine Fläche von mehr als 2 Mio. km² bei einer Dicke von bis zu 3.000m.

Die nächste Chart zeigt Ihnen die Hitliste der terrestrisch nachweisbaren Trapps. Der Zweitplatzierte, das Dekkan-Trapp, stand übrigens gelegentlich im Verdacht, für das Aussterben der Dinosaurier verantwortlich gewesen zu sein, war aber insgesamt wohl äußerstenfalls halb so groß wie der Ausbruch in Sibirien am Ende des Perm. Immerhin lag das Zeitalter der Dinosaurier ziemlich genau zwischen der Entstehung des Sibirischen Trapps und der Entstehung des Dekkan-Trapps.

	Volumen (Mio. km³)	Fläche (Mio. km²)	Beginn (Mio. Jahre v.u.Z.)	Dauer (Mio. Jahre)
Sibirischer Trapp	1-4	7	252	0,9
Dekkan-Trapp	0,5	1,5	60	0,5-9
Emeishan-Trapp	0,3	0,5	265	6
Columbia-Plateau	0,17	0,16	17	0,8

Nachweisbare terrestrische Trapps

Bei jedem dieser Ausbrüche, aber vor allem am Ende des Perm sind gigantische Mengen diverser Gase, u.a. CO_2, frei geworden. Erst allmählich wurde dieses CO_2, zudem die große Menge an freigesetztem SO_2, wieder gebunden. Es dauerte jedoch etwa 15 Mio. Jahre, eh die zunächst fast verschwundenen terrestrischen Wälder sich hiervon erholten.

Das zeigt, dass einerseits das Leben sich unter deutlich höherem CO_2-Anteil in der Atmosphäre entwickelt hat, aber eine Überbelastung mit CO_2 auch schon einmal fast das gesamte Leben auf der Erde vernichtet hätte. Dennoch wäre das Leben an sich – wenn auch vielleicht nicht unsere Lebensform, erst recht nicht unsere Lebensweise – mit einem höheren CO_2-Anteil in der Atmosphäre nicht unausweichlich überfordert. Kritisch ist allerdings neben dem Umfang vor allem die Geschwindigkeit, mit der die Veränderung aktuell erfolgt. Für die Frage, ob eine Kultur, eine Lebensform usw. mit einer Veränderung des Klimas umgehen kann, sind nämlich vier Fragen entscheidend:

- Wie groß ist das klimatische Delta, also der Unterschied zwischen dem bisherigen und dem neuen Klima?
- Wie schnell erfolgt der Übergang zu diesem neuen Zustand?
- Welches Delta kann die Lebensform in ihrem jetzigen Zustand bewältigen?
- Reduziert die Veränderungsgeschwindigkeit diese Fähigkeit, und wenn ja, im welchem Umfang?

Eine Biosystem, dass stabil und zugleich flexibel genug ist, eine etwa 300 Mio. Jahre umfassende Reduzierung des CO_2-Anteils in der Atmosphäre zu bewältigen, ist vielleicht vollkommen überfordert, wenn die gleiche Menge CO_2 der Atmosphäre in nur wenigen Jahrhunderten entzogen wird. Oder in wenigen Jahrhunderten dorthin zurückgelangt und damit auch die nicht reflektierte Menge von Sonnenenergie wieder auf frühere Werte hochschnellt.

Diese Veränderungsfähigkeit einer Lebensform hängt von vielen Faktoren ab. Was die Menschen betrifft, reden wir uns gern ein, wir seien viel krisenresistenter und wandlungsfähiger als unsere Vorfahren. Aber jede noch so kleine Krise – politisch, meteorologisch, pandemisch – demonstriert uns, wie fragil unsere komplexes, weltweit vernetztes Kultur- und Wirtschaftssystem geworden ist.

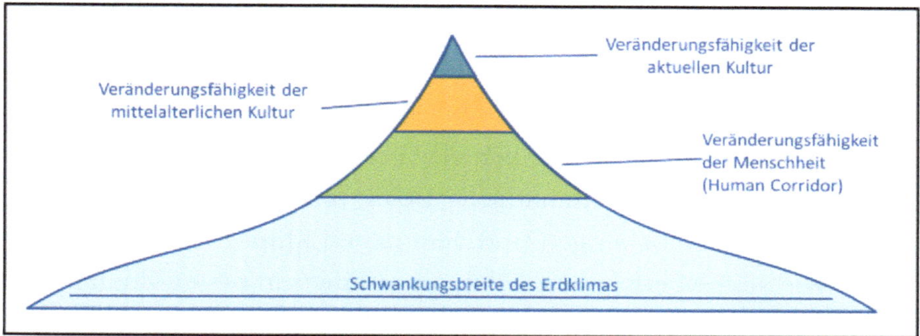

Korridor-Resilienz

Eine pessimistische Sicht lautet, dass die Schwankungstoleranz hinsichtlich Umfang und Volumen eines Klimawandels umso kleiner wird, je höher entwickelt die menschliche Kultur sich darstellt. Im Falle eines Klimawandels, der zu schnell oder zu umfangreich für die Schwankungstoleranz der aktuellen Kulturstufe ist, würde die Menschheit dann auf eine niedrigere Kulturstufe mit einem breiteren Toleranzkorridor zurückfallen müssen. Gelingt ihr das nicht, würde sie teilweise oder sogar ganz von der Erdoberfläche verschwinden. Fiele aber im Zuge eines massiven Klimawandels Deutschland, nur als Beispiel, auf das kulturelle und wirtschaftliche Niveau des Hochmittelalters zurück, dann ließe sich in dieser Gesellschaft auch eine insulare Fortexistenz von High Tech und IT nicht abbilden. Schlimmer noch: Selbst eine mit modernen wissenschaftlichen Erkenntnissen betriebene Landwirtschaft könnte in Deutschland keinesfalls die jetzige Bevölkerung ernähren. Wahrscheinlich würde in wenigen Jahrzehnten die Bevölkerungszahl durch furchtbare Hungerkatastrophen und hungerbegünstigte Pandemien auf wenig mehr als ein Viertel des jetzigen Volumens fallen.

Die Geschichte kennt zahlreiche Fälle eines Rückschreitens einer Kultur auf eine niedrigere Komplexitätsstufe, um einen Klimawandel zu überstehen.

- Verschwinden der Euphrat- und Indus-Kulturen nach dem Ausbruch des Hekla ca. 1159 v.u.Z.
- Niedergang der antiken Kultur durch die Dunkelphase am Ende des Justinianischen Zeitalters ab 541
- Verschwinden zahlreicher Maya-Städte durch Klimaschwankungen im 9. und 10. Jahrhundert
- Zusammenbruch der indianischen Hochkulturen durch die Pandemien und die Abkühlung des 16. Jahrhunderts
- Verschwinden von Teilen der mittelalterlichen Kultur durch die Abkühlung im 16. und 17. Jahrhundert

Der Rückfall auf eine niedrigere Kulturstufe findet meist sehr rasch statt, geht aber nie ohne viele Hunderttausende oder sogar Millionen Tote vonstatten. Ein bewusster Rückzug einer Kultur auf eine resilientere Stufe ist hingegen nicht bekannt, auch wenn es Überlegungen gibt, die Maya hätten das Leben in urbanen Siedlungsräumen angesichts des Klimawandels irgendwann bewusst aufgegeben und wieder nomadisierende Waldbauern geworden.

9.7. Direkte und indirekte anthropogene Treibhauseffekte

Sind nun Szenarien zu Kulturzusammenbruch und Massensterben von Millionen Menschen nicht nur Schwarzmalerei? Wäre durch ein geringes Maß kollektiven Bemühens nicht das Ruder noch rasch herumzureißen?

Nun, abgesehen davon, dass solche Bemühungen heutzutage in weiter Ferne zu liegen scheinen, muss man zunächst verstehen, welche

Phänomene man bewältigen müsste, um den Klimawandel zu stoppen oder vielleicht sogar umzukehren.

Unterscheiden kann man dabei zwischen direkten und indirekten Klimaeffekten. Klimaveränderungen lösen Prozesse aus, die ihrerseits zu ähnlichen Effekten beitragen. Ganz offensichtlich ist das bei der eingangs bereits geschilderten Wasserdampf-Rückkopplung. Der erhöhte CO_2-Anteil bindet mehr Sonnenlicht in bodennahen Regionen. Dies führt zu einer stärkeren Verdunstung der großen Wasserflächen, sodass der Wasserdampf-Anteil in der Atmosphäre, also des wichtigsten Treibhausgases, in einem zweiten Schritt deutlich erhöht wird.

Ebenso steigt z.B. durch eine CO_2-induzierte Steigerung der mittleren Jahrestemperatur und Reduzierung der Regenmenge in klassischen Waldregionen das Risiko riesiger Waldbrände. Durch diese Waldbrände werden erneut gigantische CO_2-Mengen freigesetzt, welche wiederum den Treibhauseffekt verstärken. Zunächst in der Region, wo sie entstehen, aber im Zuge ihrer Verwirbelung in der Atmosphäre dann auch im globalen Maßstab.

Man kann damit unmittelbar anthropogene Beiträge zum Klimawandel unterscheiden von weiteren Effekten, welche mindestens teilweise auf den anthropogenen Klimawandel zurückzuführen sind, nun aber ihrerseits den Klimawandel weiter verschärfen. So führen z.B. die Waldbrände in Kanada und Sibirien nicht nur zu einem erheblichen Freiwerden von bis dahin in Bäumen gebundenem CO_2. Sondern es werden auch enorme Mengen von Ruß in die Atmosphäre abgegeben, die früher oder später als Teil von Niederschlägen, v.a. von Schnee, auf die Erde zurückgelangen. Dies ist in Grönland längst nachweisbar. Der dort fallende Schnee ist weniger weiß als normal und legt sich als graue Deckschickt über das bereits vorhandene grönländische Binneneis. Damit wird aber die Reflektion von Grönland reduziert, was einerseits das Abtauen dort beschleunigt, da es unter der grauen

Deckschicht wärmer wird, andererseits aber auch insgesamt die Energiebilanz der Erdatmosphäre weiter verschiebt.

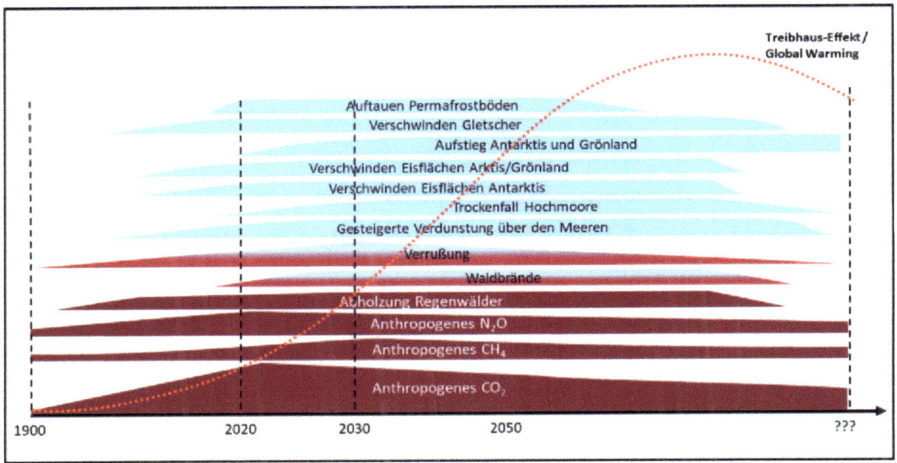

Treibhauseffekte

Ein ähnlicher Effekt als Folge der bereits stattfindenden Klimaveränderung ist das Auftauen der Permafrostböden, v.a. in Kanada und in Sibirien sowie in den Gebirgsregionen. Das hat kritische Folgen wie das Abrutschen bisher durch den Frost gehaltener Berghänge oder die Aufweichung des bisher durchfrosteten Bodens, auf den man in den wenigen sibirischen Großstädten nach dem Zweiten Weltkrieg Hochhäuser errichtet hat. Aber vor allem wird hierdurch das im Erdreich gebundene CO_2, wichtiger noch das hier gebundene Methan freigesetzt. Denn hierbei handelt es sich zu einem großen Teil um vor Jahrtausenden gefrorene Hochmoore, die der Atmosphäre große Mengen CO_2 entzogen haben und in denen beim Verrotten organischer Substanzen freiwerdende Gase gebunden worden sind, die nun wenigstens teilweise in die Atmosphäre aufsteigen würden.

9.8. Der Klimawandel als selbsterhaltender Prozess

Die indirekten Effekte des Klimawandels stellen sich aber nicht schlagartig ein, sondern sind mehr oder weniger zeitnahe Reaktionen mit z.T. Jahrzehnte dauernden Hochlaufkurven. Das führt dazu, dass selbst ein schlagartiger Stopp der Freisetzung von Treibhausgasen, also vor allem von CO_2 aus der Verbrennung fossiler Energieträger, nur einen Teil der entsprechenden Effekte, nämlich die Folgen der erdnahen CO_2-Anreicherung, kurzfristig beenden würde. Also z.B. Starkregenereignisse über Norddeutschland, Südspanien oder Marokko infolge einer starken Erwärmung der entsprechenden Meeresgebiete durch in unmittelbarer Nähe erzeugtes CO_2. Das wäre natürlich bereits ein erheblicher Gewinn, daher lohnt es sich, daran zu arbeiten. Aber durch CO_2 in den oberen Schichten der Atmosphäre ausgelöste Effekte würden sich hierdurch auf Jahrzehnte, vielleicht Jahrhunderte kaum beeinflusst zeigen, weil erst in den nächsten Jahrzehnten das in der jüngeren Vergangenheit erzeugte CO_2 dort ankommen wird. Daher sind die bereits angelaufenen Prozesse wahrscheinlich hinreichend, um über geraume Zeit weiteres CO_2 und weiteren Dampf in die Atmosphäre einzutragen, sodass die Folgen über lange Zeit fortdauern, ja wahrscheinlich noch weit über das aktuelle Maß bzw. die momentane Geschwindigkeit der Veränderung hinausgehen werden. Das liegt nicht zuletzt daran, dass der Klimawandel ein vernetzter Prozess ist. Ihn zu verstehen, macht es also notwendig, die Korrelation zahlreicher Faktoren zu berücksichtigen, statt über monokausale Wirkungsketten zu diskutieren, welche sich relativ rasch ad absurdum führen lassen.

Das zeigt ein Blick auf die Korrelationen der aktuellen Waldbrände in vielen Teilen der Welt mit anderen klimakritischen Faktoren.

Beginnen wir mit der Erwärmung der Atmosphäre. Diese führt u.a. zu einem Abtauen der polaren und subpolaren Regionen Sibiriens. Dies erhöht dort die Wald- und Moorbrandgefahr. Entsprechend sprunghaft ist dort die Zahl solcher Brände angestiegen, wobei ein Teil anscheinend menschengemacht, ein größerer Teil aber wohl autochthon, also ohne Einfluss des Menschen z.B. durch Gewitter entstanden ist, aber nur aufgrund der anthropogenen Trockenheit solche Dimensionen annehmen konnte.

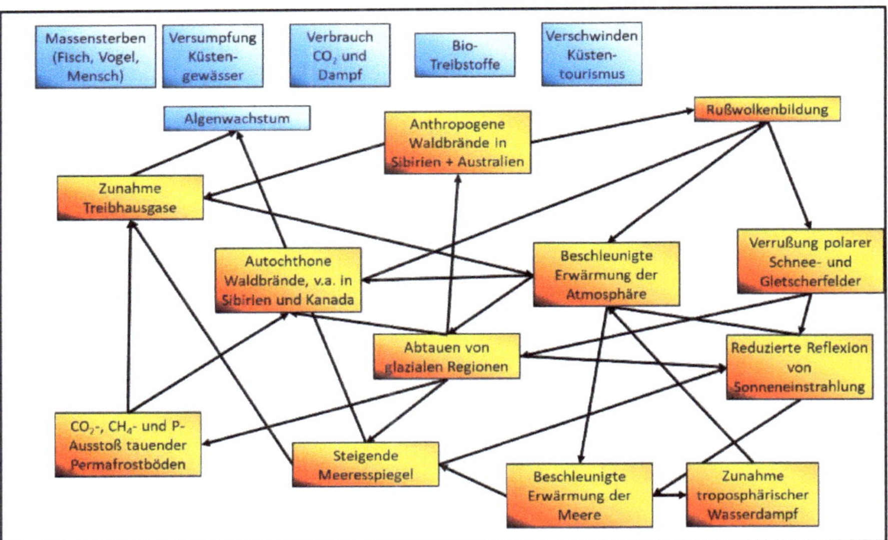

Kausale Netze im Klimawandel

Wenn aber die Permafrostböden auftauen, wird dabei nicht nur CO_2 und Methan freigesetzt, sondern auch im Zuge von Verrottung entstandene Phosphorverbindungen, die in Verbindung mit Methan für Waldbrände sorgen können, sobald sie mit Sauerstoff in Verbindung kommen. Zudem ist die explosionsartige Abbrennung aufsteigender Methaneinlagerungen auch eine der Erklärungen für diverse neu entdeckte Krater in den sibirischen Wälder, ein meist als Kryo-

Vulkanismus bezeichnetes Phänomen. Hier bersten unter hohem Druck stehende Gasblasen, die in vielen polaren Regionen bisher meist als kleine Hügel, so genannte Pingos, vorkommen.

Die Bedeutung der sibirischen Permafrostböden hat man lange Zeit nicht hinreichend berücksichtigt oder analog zu anderen Permafrost-Regionen sehen wollen. Dabei übersieht man aber, dass der sibirische Permafrost viel dicker als entsprechende Böden in den meisten anderen Regionen ist, nämlich bis zu zwei Kilometer. Und er besteht zu einem großen Anteil aus einem Gemisch von Wasser und organischem Material, mithin aus viel weniger Sand, als man bisher gedacht hat. Schmilzt der sibirische Permafrost, wird daher mehr CO_2 freigesetzt, als bisher insgesamt in der Atmosphäre vorkommt. Vor allem aber erzeugen Bakterien gleich nach dem Auftauen durch Zersetzung der ebenfalls getauten organischen Materialien große Mengen an CO_2, vor allem aber an Methan, was das Waldbrandrisiko weiter erhöht – von den Auswirkungen von Methan auf die Atmosphäre gar nicht zu reden. Die Gesamtmenge der weltweit zunehmenden Waldbrände erzeugt die schon erwähnten Rußwolken, die als Niederschlag in den Polarregionen oder über Grönland die Reflektionsfähigkeit der dortigen Schnee- und Eisflächen reduzieren, den Abtransport der eingestrahlten Sonnenenergie auf diese Art weiter reduzieren und damit die Erwärmung in Gang halten. Diese sorgt für weitere Verdunstung über den Ozeanen, sodass durch den Wasserdampf noch wesentlich mehr Sonnenenergie nicht wieder in den Weltraum abgestrahlt wird, sondern auf der Erde verbleibt. Zudem kommt es zu einer Erwärmung der Ozeane, was vor allem in den Polarregionen früher oder später auch die Permafrostböden in den dortigen Meeresgebieten betreffen könnte. Sicher ist das nicht, weil der Wärmeaustausch nur in relativ flachen Gewässern auch diese unteren Regionen erreichen dürfte. Aber auch das würde bereits ausreichen, dort gespeicherte Treibhausgase freizusetzen. Und seit relativ kurzer Zeit gibt es auch starke Hinweise, dass auch in den Glazialregionen dort vorkommende Bakterien unter Luftabschluss organisches Material zu Methan zersetzen. Ein Abtauen der Gletscher weltweit, aber vor allem in Grönland, würde also die Freisetzung weiterer sehr großer Mengen von Treibhausgasen bewirken, die bisher noch im Eis gebunden sind.

Daraus ergibt sich, dass zwar mit sehr großer Wahrscheinlichkeit der jetzige Klimawandel von Menschen ausgelöst worden ist, vor allem durch die explosionsartige Freisetzung von CO_2. Aber vielleicht könnten wir ihn nicht einmal dann noch stoppen, wenn die CO_2-Emission schlagartig enden würde. Die durch die Erwärmung in Gang gekommene gesteigerte Verdunstung, die Waldbrände, das Abschmelzen der Eisflächen wird lange Zeit unbeeindruckt davon andauern, durch entschlossene Maßnahmen allenfalls verlangsamt, aber nicht mehr aufhaltbar.

Wird dies sich dann ewig fortsetzen, bis die Erde ein unbewohnbarer Hitzekloß geworden ist? Wahrscheinlich nicht. Das Eis ist irgendwann bis auf ganz kleine Rückzugsgebiete abgetaut, die Wälder weitgehend abgebrannt. Aber die Verdunstung auf den Ozeanen ist der entscheidende Faktor. Denn, wie gesagt, obgleich diverse Gegenden heute ein erhebliches Risiko von Aridisierung und Wüstenbildung aufweisen, wird insgesamt die im terrestrischen Biosystem zirkulierende, also nicht in Seen und Meeren dauerhaft befindliche Wassermenge nicht kleiner, sie wird größer. Das bedeutet, dass für diverse Gegenden von deutlich mehr Regen als heute auszugehen ist. Vor allem aber wird sich eine viel dichtere Wolkendecke bilden, als dies heute der Fall ist. Diese wird einen erheblichen Teil des Sonnenlichts reflektieren und vom Rest einen großen Teil aufnehmen, sodass er gar nicht zur Erde gelangt, oder allenfalls in Form von Regen, der deutlich wärmer sein wird als heute.

Leider dauert es wahrscheinlich noch Jahrhunderte, bis die Wolkenbildung eine ausreichende Dimension erreicht hat, um die Temperaturen auf der Erde wieder zu senken. Die heutige Menschheit, ihre Kinder, Enkel, wahrscheinlich noch diverse Folgegenerationen werden also unter dem Einfluss des Klimawandels zu leben und wohl auch in erheblichem Umfang zu leiden haben, der mit gewissen Vorläufern mehr oder weniger ab der Mitte des 20. Jahrhunderts, also in nicht einmal hundert Jahren verursacht worden ist. Daher ist es einerseits sinnvoll, den weiteren Eintrag von Treibhausgasen in die Atmosphäre zu reduzieren sowie sie, wo sie schon dort sind, schnellstmöglich wieder zu entfernen. Aber zugleich muss man sich mit den mehr oder weniger unausweichlichen Effekten des Klimawandels befassen und, insbesondere wo sie existenzbedrohend werden, frühzeitig Maßnahmen ergreifen, um die Schwere des Effekts wenigstens zu reduzieren.

Im Gegenzug macht es aber auch Sinn, sich zu fragen, wo der Klimawandel langfristig auch Chancen bietet, etwa wenn es um die Erschließung von Rohstoffvorkommen geht, die aktuell noch unter Hunderten Metern von Gletschereis liegen, oder wenn man an eine ganzjährige Schiffbarkeit der Nordwestpassage nördlich von Kanada denkt.

Aber was eigentlich sind die negativen Klimafolgen, mit denen man sich befassen muss?

Grundsätzlich werden Aussagen hier schwierig, wenn man den Zeithorizont zu weit spannt oder einen globalen Maßstab angelegt. Sie werden aber paradoxerweise auch schwierig, wenn man zu kleinräumig schaut, also etwa Klimaprognosen für die nächsten zwei Wochen oder für einzelne Straßenzüge erstellen will. Denn jede Prognose ist nur eine wahrscheinlichkeitsbehaftete Projektion aus dem Aktuellen in die Zukunft, und die Wahrscheinlichkeit sinkt, je exakter die Prognose gestellt und je weiter in die Zukunft geschaut wird.

Wie am Beispiel des Sibirischen Trapps gezeigt, kann ein einziger großer Vulkanausbruch alle jetzigen Prognosen vom Tisch fegen. Auch
ein Meteoreinschlag könnte das vielleicht bewirken. Und natürlich vermögen auch Pandemien Einfluss auf das Klima zu nehmen, wenn
auch wohl in viel geringerem Umfang.

Mit diesen Vorbehalten lässt sich aber für Deutschland und die umgebenden Staaten durchaus eine Anzahl von relativ wahrscheinlichen
Entwicklungen darlegen, immer eingedenk der Tatsache, dass die verwendeten Klimamodelle bei weitem simpler als das tatsächliche Klima
ausfallen.

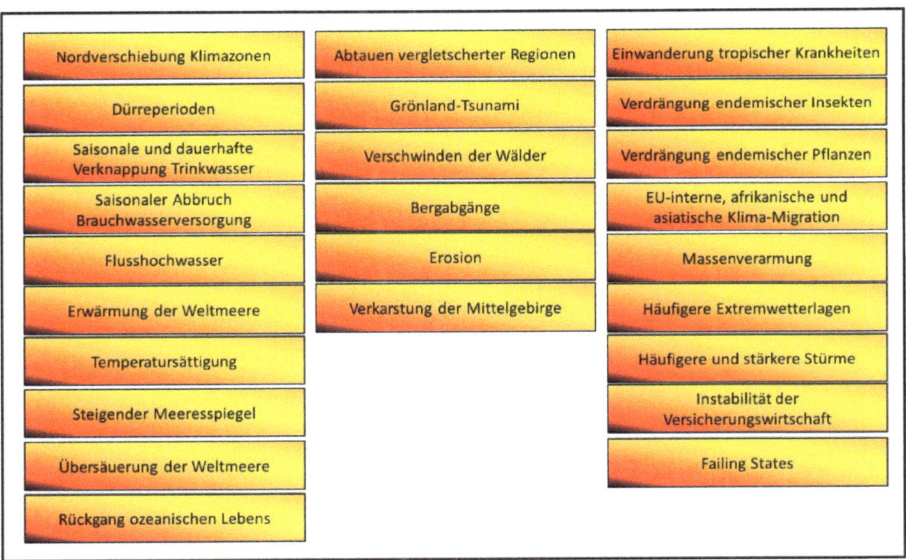

Klimafolgen in Mitteleuropa

Bei Fortgang der aktuellen Entwicklung scheinen mehrere Szenarien
recht wahrscheinlich. Diese kann man zunächst einteilen in ihre pri-
mären Felder. Dies wären Auswirkungen auf die globale, nationale,
regionale und lokale Wasserwirtschaft, maritime Effekte, alpine

Effekte, Biosphäre-Effekte, medizinische, wirtschaftliche und schließlich politische Effekte. Dabei überlappen sich die meisten dieser Effekte allerdings, sodass jede Einteilung nicht allzu scharf gesehen werden sollte.

9.9.1.   Wasserwirtschaftliche Effekte

Wie eingangs gesagt, wird durch den Klimawandel die Menge des weltweit verfügbaren Wassers deutlich größer werden, auch wenn seine
Verweildauer an einzelnen Orten häufig kleiner werden wird oder es
größere Schwankungen in der saisonalen Verfügbarkeit von Wasser
geben wird.

Der weitaus größte Teil des zusätzlichen Wassers wird sich in den
Weltmeeren sammeln. Wasserwirtschaftlich interessanter ist aber,
dass sich einerseits die gewohnte Wasserverteilung verschieben wird,
also Gebiete, die traditionell hinreichend Wasser bekamen, zukünftig
mit weniger Wasser auskommen müssen, während andere Gebiete
deutlich mehr Wasser haben werden als bisher. Auf beides muss man
vorbereitet sein, sonst kommt es zu katastrophalen Dürren bzw. zu
Überschwemmungen mit allen zugehörigen Folgen. Zudem führt aber
eine Erhöhung des Energiepotenzials eines Systems dazu, dass die
natürlichen Schwingungen des Systems eine wachsende Amplitude
und Frequenz aufweisen. Auf die Wasserwirtschaft übertragen heißt
das, dass nicht nur aride oder regenreiche Regionen sich verschieben.
Sondern Regenphasen und Trockenphasen folgen auch in höherer
Frequenz aufeinander, und zwar in derselben Region, und sie fallen
auch deutlich heftiger aus als gewohnt. Das heißt zum einen, dass die
Regenmengen in Regenphasen umfangreicher werden. Aufgrund der
Korrelation zwischen beiden Pendelausschlägen des Systems trifft dieser Regen aber möglicherweise an vielen Orten auf einen zuvor von
einer langen Trockenphase ausgedörrten und verhärteten Boden, der

die dann fallenden Regenmengen nicht mehr aufnehmen kann. Das gilt zusätzlich natürlich vor allem dort, wo Ackerbau mit schweren Landmaschinen und ein Pestizid-bedingter Rückgang der Bodenfauna, vor allem der Regenwürmer, einer jahrelangen Bodenverdichtung ohnehin Vorschub geleistet haben. Die Folge sind Hochwasserstände, für die alle Teile der Wasserwirtschaft als Ableitungen nicht mehr ausreichend sind. Das betrifft menschengemachte Ableitungen wie etwa Regenwasserkanäle oder Zisternen ebenso wie natürliche Elemente, also Moore, Teiche, Seen, Bäche und Flüsse.

Als Folge hiervon können auch Gebiete insgesamt arid werden, die phasenhaft und damit auch in der Wahrnehmung der Bewohner eher zu viel als zu wenig Wasser haben. Aber in der Folge dieser Aridisierung kann es eben nicht nur zu mehr oder weniger periodischen Hochwassern kommen, sondern es wird auch lange Phasen geben, in denen die lokale Versorgung mit Trink-, evtl. auch mit Brauchwasser nicht mehr sichergestellt ist. Nehmen wir als Beispiel noch einmal Andalusien. Hier fielen im September 2019 vor allem in der Region Murcia und nördlich von Valencia weit über 100l Regen pro m². Damit wären auch regenverwöhnte Gegenden überfordert; im regenverwöhnten Niedersachsen fallen z.B. im Schnitt pro Monat ca. 50l pro m². Für das seit Jahrzehnten sehr trockene Andalusien aber war diese Regenmenge katastrophal, weil der Boden das Wasser nur zu einem kleinen Teil aufnehmen und speichern konnte. In der Folge kam es daher zu umfangreichen Überschwemmungen, auch mit mehreren Toten. Und weil der Boden das Wasser nicht halten konnte, war es relativ rasch im Mittelmeer verschwunden, sodass sich am grundsätzlichen Problem der Aridisierung Andalusiens nichts geändert hat.

Wenn nun, wie eben gesagt, der Regen aus Andalusien rasch ins Mittelmeer geströmt ist, so darf man davon ausgehen, dass er weitgehend auch von dort bzw. vom Atlantik ursprünglich gekommen war. Denn die Meere sind ein wesentlicher Schlüssel zum Verständnis der Folgen des Klimawandels.

Zunächst einmal speichert Wasser einen sehr großen Teil der Sonnenenergie, da es – anders als Schnee oder Eis – eine relativ geringe Albedo hat. Daher wird das Wasser wärmer, aber nicht gleichmäßig von den oberen Schichten bis in tiefste Tiefen. Licht dringt im Meer nicht sehr tief. Dabei gelangt der energiereichste Teil des Lichts auch am tiefsten, nämlich bis über 50m, weswegen in solchen Tiefen alles blau erscheint, bevor dann die lichtlose Finsternis beginnt, die den weitaus größten Teil des Meeres ausmacht, auch wenn geringe Restlichtmengen bis zu 1000m Tiefe nachgewiesen werden konnten.

Die Erwärmung der Ozeane beginnt also mit der obersten Schicht. Ein Durchtausch mit tieferen Meeresschichten erfolgt vor allem durch Wind und Sturm, durch die Gezeiten und durch diverse Meeresströmungen. Dadurch kann man heute von einer Erwärmung der Meere bis in eine Tiefe von ca. 3.000m sprechen – und einem Tauen subozeanischer Permafrostböden, wo die Meere nicht tiefer als diese 3.000m sind. In den oberen Wasserschichten liegt diese Erwärmung aktuell bei scheinbar unspektakulären 0,6 °C im Mittel, insgesamt ist die Temperatur der Ozeane wegen der riesigen Tiefseeareale sogar nur um 0,04 °C gestiegen.

Aber schon diese Erwärmung hat deutliche Folgen für das Leben im Meer. So wandern Fischschwärme aus den wärmeren Regionen nach Norden, was etwa – neben der fortdauernden Überfischung – eine der Erklärungen für den Rückgang des Kabeljaus in der Nordsee ist.

Zugleich führt diese Erwärmung zu einer Temperatursättigung des Oberflächenwassers. Das meint, dass diese Wasserschicht fortdauernd am Rand der Verdunstung steht. Dann genügen kurze Wärmephasen – etwa ein paar heiße Tage im Sommer – zur Verdunstung erheblicher Wassermengen. Das Temperaturgefälle, was sich vor allem im Übergang zum Land ergibt, führt dazu, dass diese Wolken sofort abregnen. Das erhöht vor allem in küstennahen Regionen bis ca. 400km landeinwärts das Risiko von Starkregenereignissen deutlich und war wohl auch die Ursache für die oben geschilderten Ereignisse in Andalusien im Jahre 2019 oder in Niedersachsen im Spätherbst 2023.

Der zweite wesentliche Effekt in den Meeren ist die erhöhte Bindung von CO2, wenn dessen Atmosphärenanteil sich erhöht. Denn wassernahes CO2 reagiert mit diesem unter Bildung von Kohlensäure, was aktuell einen Rückgang des durchschnittlichen pH-Werts von 8,16 auf 8,05 zur Folge hat. Auch dies wirkt unspektakulär, schädigt aber vor allem kalkschalige Lebewesen, also Muscheln, Schnecken und Korallen, wahrscheinlich aber auch Kleinkrebse und Garnelen einschließlich der Krillschwärme. Und es schadet den diversen Arten, aus denen sich das Plankton zusammensetzt, ohne die Leben im Meer in der jetzigen Form nicht möglich wäre. Auch hier gilt: Mit einer langsamen Veränderung der Lebensbedingungen können sich die meisten Arten durchaus arrangieren, solange keine Extreme erreicht werden. Der rasch wachsende Energie-Eintrag in das Bio-System der Meere erfordert aber offensichtlich eine Anpassungsgeschwindigkeit, der diverse Arten nicht gewachsen sein dürften. Und dies betrifft dann vor allem in den küstennahen Regionen natürlich auch die vom Meer, also von Fischfang, von der Muschelzucht usw. lebenden Menschen. Es betrifft aber z.B. auch die Freunde eines Frühstückseis, denn ohne die zu Fischmehl verarbeiteten vielen hundert Tonnen von Plankton und

Nekton jedes Jahr wird auch die heutige Hühnerhaltung sich kaum fortschreiben lassen.

Viel schlimmer aber wird die Meeresrandbewohner auch in unseren Breiten natürlich das Steigen des Meeresspiegels treffen. Manchmal wird zwar argumentiert, dass das Wasser wenigstens der Arktis sich ja bereits im Meer befände, wenn auch in gefrorener Form. Dabei wird aber vergessen, dass zwar das Eis der Arktis beim Tauen den Meeresspiegel tatsächlich senken müsste, weil Wasser weniger Volumen beansprucht als die gleiche Menge Eis. Aber der Zufluss von Tauwasser aus der Antarktis und aus den kontinentalen Gletscherregionen wirkt sich ungleich stärker aus. Schmilzt z.B. das gesamte Eis ab, das aktuell noch auf Grönland lastet, so ergibt sich weltweit ein Anstieg des Meeresspiegels von ca. 7m.

Hinzu kommt, dass durch die Erwärmung des Wassers auch seine Ausdehnung zunimmt. Wenn – allenfalls kurzzeitig verlangsamt durch das Einströmen polaren Schmelzwassers – der oben erwähnte Trend zur Erwärmung des Meereswassers fortschreitet, dann wird sich in den nächsten hundert Jahren das Volumen des Meeres insgesamt um ca. 0,2% steigern. Und weil das Wasser sich vor allem in den oberen Schichten erwärmt, konzentriert sich auch das Wachstum des Volumens auf den oberen Bereich. Hier ist von einer Erhöhung von bis zu einem Prozent auszugehen. Was zunächst unspektakulär wirkt, wird dramatisch, wenn man die Verflachung des Meeres in den Küstenregionen bedenkt. Das Meer ist kein Topf, eher ein Teller. Entsprechend wirkt sich eine Volumenerhöhung kaum vertikal, sondern vorwiegend horizontal aus, indem der Meeresspiegel nicht nur steigt, sondern vor allem breiter wird. Das bedroht einerseits die Küstenregionen, aber es vergrößert zugleich auch die Verdunstungsfläche des Meeres, sodass die Gesamtmenge des verdunstenden Wassers entsprechend steigen wird.

Auf die zu erwartende Erhöhung und Verbreiterung des Meeresspiegels müsste man wenigstens mit gigantischen Deichbaumaßnahmen reagieren. Also ein bisschen mehr Topd, ein bisschen weniger Teller. Aber nachgerade in den ärmeren Ländern vor allem in der Dritten Welt und in Ländern mit sehr langen, kaum bewohnten Küstenstreifen würde man wahrscheinlich auch hierauf verzichten und Teile von Sibirien, Louisiana, Kanada oder Brasilien schlicht der Überflutung preisgeben müssen.

Nota bene, selbst die hierzu eigentlich befähigten Industrienationen wie Deutschland mit einer relativ kurzen und daher gut abzusichernden Küstenlinie sind aktuell nicht hinreichend tätig bei der Flutsicherung sowohl der Nordseeküste als auch der diversen Bäche und Flüsse in Deutschland. Daher gehören schon bei vergleichsweise harmlosen Starkregenereignissen Überschwemmungen von Dörfern durch über die Ufer getretene Bäche inzwischen fast zum Alltag. Zudem bestehen bei vielen Menschen erhebliche Vorbehalte gegen die zur Flutsicherung nötigen Baumaßnamen. Man möchte weder die idyllischen Ufer durch Stauwände blockiert sehen, noch will man Flussvertiefungen hinnehmen, die ein schnelleres Abfließen des Wassers ermöglichen würden. Ohnehin sind solche Flussvertiefungen fragwürdig, wenn man nicht zugleich Sperrwerke errichtet. Denn sie ermöglichen zwar bei Regenfall im Binnenland einen schnelleren Abtransport der Regenfälle – aber bei Sturmfluten wirken sie wie Einfallstraßen.

Auch die Renaturierung von Wasserläufen erweist sich vielerorts als unmöglich, da auf den trocken gelegten Auen, Seitenarmen usw. inzwischen Häuser und Straßen errichtet worden sind. Und eine rigorose Erhöhung der Meeresdeiche um auch nur einen Meter erfordert eine Verbreiterung der Basis um das wenigstens Fünffache, auf beiden Seiten, sowie die Errichtung weiterer Vordeiche, was Widerstand von Fremdenverkehr und Umweltschutzverbänden wahrscheinlich macht, aber auch mit der Naturschutzregelung für den Nationalpark Wattenmeer kollidiert. Zudem lassen die heute in der Regel verwendeten Sandkerndeiche sich nicht unbegrenzt erhöhen, zumal dann auch die Gefahr einer Unterspülung durch Qualmwasser steigt. Dies gilt vor allem, wenn sich eine Sturmflut mit einem massiven Starkregenereignis verbindet, der Deich also gleichzeitig von der Seeseite und von oben durchnässt wird.

Der Deichbau insbesondere an der hier besonders gefährdeten Nordseeküste wird, wenn er nicht deutlich intensiviert wird, nicht in der Lage sein, die Fluten der nächsten Jahrzehnte gänzlich abzuwehren. Zur Illustration: Von den fünfzehn höchsten Sturmfluten der letzten zweihundert Jahre fanden elf nach 1980 statt. Und für eine Sicherung der Küsten sind sonst zentrale Themen wie gewichtetes Mittel oder Durchschnitt ohne Belang. Interessant ist, wie hoch die höchsten Fluten der nächsten Jahrzehnte ausfallen werden. Hier darf man mit Sicherheit Risikoszenarien von deutlich mehr als 7m über NN am Pegel von St. Pauli annehmen. Aktuell ist eine Deicherhöhung um 25cm geplant, was wahrscheinlich einer Sturmflut von maximal 6m über NN gewachsen wäre. Vor allem berücksichtigen die gängigen Szenarien lediglich eine dem Klimawandel geschuldete Erhöhung des Meeresspiegels und daraus resultierende höhere Sturmfluten. Aber der Klimawandel führt auch zu deutlich stärkeren Stürmen. Drücken Winde von Windstärke 16, also oberhalb von 184 km/h, einen Pegelstand von 7m über NN gegen die Deiche an der Weser- oder der Elbemündung, ist von großflächigen Deichbrüchen und Überflutungen des Landes zwischen Bremen und Oldenburg bzw. südlich von Hamburg auszugehen. Dies gilt besonders dann, wenn, wie erwähnt, Dauerregen im Herbst infolge erhöhter Verdunstung über der Nordsee die Deiche großflächig durchweicht hat oder die Zuflüsse der Nordsee durch zeitgleiche Starkregenereignisse im Binnenland ohnehin bereits

Hochwasser führen. Bei einem dann folgenden massiven Sturm, der die Flut direkt aus nördlicher Richtung drückt, würden zunächst die ostfriesischen Inseln komplett und teilweise vielleicht dauerhaft im Meer versinken. Danach würde irgendwo zwischen Dollart und Jadebusen die Deichlinie einbrechen, die Nordsee würde weit ins Landesinnere vordringen. Zudem ist dabei nur eine Windgeschwindigkeit der Stärke 16 angenommen worden, was bereits aktuell, wenn auch selten, vorkommt. Aber schon jetzt erreichen die stärksten Stürme in Deutschland Geschwindigkeiten oberhalb 200 km/h und verursachen Hunderte Millionen Euro an Schaden, wie die nächste Tabelle zeigt:

Datum	Name	Max. Geschwindigkeit (km/h)	Tote	Schaden (Mrd. €)
13.11.1972	Quimburga	245	73	ca. 0,7
25./26.01.1990	Daria	130	8	4,4
27.02.1990	Vivian	268	64	1,5
28.02. - 01.03.1990	Wiebke	285	35	1,5
26.12.1990	Lothar	272	13	1,2
18.01.2007	Kyrill	200	13	2,3
31.03./01.04.2015	Niklas	192	9	0,75
18.01.2018	Friederike	205	8	0,5
09.11.02.2020	Sabine	178	4	0,6

Zwar kann man das „Sturmjahr" 1990 als seltene Ausnahme bezeichnen. Aber weltweit nimmt die Tendenz zu starken Stürmen zu. Das wird auch an Deutschland nicht vorübergehen. Andernorts werden heute bereits Windgeschwindigkeiten oberhalb 300 km/h, vereinzelt bis nahe an 400km/h gemessen. Die Wirkungen eines solchen Sturms auf eine Flut in der Nordsee lassen sich aus heutiger Sicht nicht hinreichend abschätzen, wären aber unzweifelhaft katastrophal.

Die niedersächsische Landesregierung geht davon aus, dass man die Mittel für den Deichbau – aktuell etwa 60 Mio. € pro Jahr – eigentlich verdreifachen müsste. Das ist momentan aber sehr unwahrscheinlich. Daher ist mit Überflutungen besonders in Ostfriesland zu rechnen, wo über Dollart und Ems das Wasser weitgehend nach Osten drängen wird, was auch am forcierten Deichbau auf dem niederländischen Ufer der Ems liegen wird. Hier kann man ohne weiteres von Überflutungsrisiken auf eine Linie von Papenburg über Bremen bis Lüneburg rechnen. Dabei sind diese Überschwemmungen aber keine dauerhaften Landverluste. Diese drohen vorwiegend direkt am Rand der Nordsee, vor allem am Nordufer der Elbmündung bis zum Friedrichskoog, in Wursten und Butjadingen.

9.9.3.   Alpine Effekte

Das eben genannte Abschmelzen der alpinen Eisflächen und Gletscher wird natürlich auch vor den mitteleuropäischen Gebirgen nicht Halt machen. Dieses Abschmelzen hat mehrere Ursachen, was entsprechend auch eine Eindämmung dieses Prozesses schwieriger macht. Zum einen wirkt hier wie erwähnt die Erwärmung der Atmosphäre als wichtiger Faktor. Zweitens aber erhöht sich auch das Abtauen der Gletscher, wenn diese schneller zu Tal wandern. Dies wird dadurch begünstigt, dass die Permafrostböden und die Hangvegetation unterhalb der Gletscherregionen, welche bisher ein rasches Wandern der Gletscher verhindert haben, ihrerseits unter Druck geraten sind. Und das hat auch nur zu einem Teil die Ursache in der Klimaveränderung. Denn nachgerade im Himalaya, aber auch in einigen Andenregionen führt das Bevölkerungswachstum zu vermehrter Abholzung der Bergwälder und zu einer Überweidung der Almen, sodass

Lawinen, Bergabgänge und die Wanderung der Gletscher insgesamt erleichtert werden. Ähnliches geschieht inzwischen in Rumänien, vor allem durch die illegale Abholzung großer Waldgebiete. Und auch der Ski-Tourismus ist – vor allem in der Tatra, den Alpen und den Rocky Mountains – nach wie vor eine erhebliche Belastung der dortigen Vegetation, zumal man auch weiterhin nicht davor zurückschreckt, in die vorhandenen Waldgebiete breite Schneisen für neue, spektakuläre Skipisten zu schlagen. Der Waldverlust erhöht aber das Risiko von Bergabgängen, vor allem im Sommer und vor allem dann, wenn man dem Ski-Tourismus immer höhere Regionen erschließt, wo man noch auf Schneeperioden hoffen darf, wie man sie vor Jahrzehnten auch in tieferen Lagen offerieren konnte.

Die Folge ist eine großflächige Erosion vor allem der höheren Hanglagen und ein den wechselnden Extremwetterlagen – Dürreperioden, gefolgt von Starkregen – geschuldeter Rückgang der Bestände an Moosen und Flechten sowie der Hangwiesen in mittleren Lagen, die ebenfalls aktuell noch als zuverlässiger Erosionsschutz fungieren. Das birgt zum einen akute Risiken wie Gesteinsabgänge und Erdrutsche. Diese können – vor allem bei entsprechenden Regenereignissen – zur Überschwemmung von Bergtälern führen. Aber ebenso problematisch für die Region ist ein Wegbrechen des alpinen Tourismus durch Fehlen von Schnee im Winter und riskanten Hanglagen im Sommer.

Auch die Land- und Forstwirtschaft wird durch den Klimawandel in den Gebirgsregionen schwere Einbußen erleiden. Und dies alles betrifft – abgesehen vom Abtauen der Gletscher – nicht nur die eigentlich alpinen Regionen, sondern in fast gleicher Weise auch die Mittelgebirge. So gilt z.B. der Baumbestand im Harz infolge der Trockenheit in den Jahren 2018 und 2019 auf weiten Strecken als massiv geschädigt. Das reduziert die Attraktivität der Region für den Tourismus. Vor allem aber stehen Holzproduzenten vor der Frage, ob sie ihre Bäume früher als eigentlich geplant einschlagen, solange diese noch wenig geschädigt sind, also noch halbwegs Profit bringen. Und sie stehen vor der Frage, ob sie erneut Pflanzungen anlegen sollen, und wenn ja, welche Baumarten hierbei sinnvoll sind. Denn anders als die in Vierjahres-Intervallen denkenden Vorstände von Großunternehmen, Regierungen und Grundschullehrern muss die Holzwirtschaft viele Jahrzehnte in die Zukunft planen – und das ist heute ausgesprochen schwierig geworden.

Zugleich ist der Wald heute neben den Weltmeeren und den Mooren auch innerhalb von Deutschland ein wichtiges Medium zur Bindung von CO2. Wenn aus klimatischen Gründen es immer problematischer wird, Bäume zu pflanzen und bis zu einer wirtschaftlichen Verwertbarkeit wachsen zu lassen, dann wird eine Aufforstung zur CO2-Reduzierung ebenfalls schwierig.

9.9.4. Biosphären-Effekte

Ein weiterer Aspekt des Klimawandels ist in den letzten Jahren nur unzureichend diskutiert worden. Die Erwärmung vieler Regionen führt nicht nur dazu, dass diverse Tiere ihr Biotop verschieben müssen. Dabei ist der wesentliche Trend, sich aus der zu heiß gewordenen Zone zu entfernen. Äquatoriale Populationen können nach Norden oder Süden abwandern, alle anderen ziehen auf der Nordhalbkugel nordwärts, auf der Südhalbkugel südwärts, während in Äquatornähe das Leben immer mehr verschwindet. Aber die am weitesten nördlich bzw. südlich lebenden Arten werden dann keinen Ort mehr haben, wohin sie noch ausweichen können. Und in den Meeren, wo den meisten Arten eine weitere Dimension zur Verfügung steht, können manche Arten nicht nur in kältere Meeresregionen abwandern, sondern auch ihr Leben in größere Tiefen verlagern.

Beides zusammen führt schon heute dazu, dass einige Pinguinarten in der Antarktis deutlich weniger Nahrung finden als zuvor. Eisbären am Rand der Arktis hingegen erlernen nach und nach den Fischfang, da sie immer weniger Robben, vor allem Ringelrobben, die bisher ihre Hauptnahrung waren, erbeuten können. Denn im bisherigen Klima mussten Ringelrobben im Winter die wenigen Öffnungen im Eis nutzen, was den Bären eine gute Jagdmöglichkeit bot. Aber diese Perioden werden immer kürzer, sodass die Bären, die z.T. bis zu einem Jahr mit einem im Winter angefressenen Fettvorrat überleben konnten, sich jetzt auf andere Nahrung und zudem auf das Leben im arktischen Festland einstellen müssen.

Auf die Dauer werden viele Arten dem evolutionären Druck des Klimawandels nicht gewachsen sein und aus der Welt verschwinden oder höchstens noch in Zoos und Reservaten überleben. Damit wird der ohnehin bedrohliche Rückgang der Biodiversität, also der Artenschwund, weiter beschleunigt. Schon jetzt sterben jedes Jahr mindestens einhundertmal mehr Arten, als in normalen Evolutionszyklen der Vergangenheit verschwunden sind. Täglich verschwinden aktuell mehr als 300 Tier- und Pflanzenarten unwiederbringlich aus der Welt. Dies betrifft die Megafauna, also große Tiere, zunehmend aber auch die Makro-, Meso- und die Meiofauna, also alle Tierarten von der Größe einer Schnecke bis hin zu dem meist bakteriophagen Kleinsttieren wie Pantoffeltierchen oder Fadenwürmern. Entsprechend verschwinden auch immer mehr Pflanzenarten, wobei auch hier riesige Urwaldbäume so wenig vor dem Aussterben geschützt sind wie Gräser, Wiesenblumen oder Wasserlinsen.

Neben dem Klimawandel gibt es weitere Ursachen dieser Entwicklung, darunter der weltweit kaum gebremste Kahlschlag der Wälder, die Urbarmachung weiterer Acker- und Siedlungsflächen, die Durchseuchung inzwischen des gesamten Planeten bis in die Polarregionen mit

Pestiziden, die Überfischung der Meere, die planhafte oder in Kauf genommene Verbringung von Giftstoffen in die Natur wie Schwermetalle, Nanoplastik, Kohlenstoff- und Fluorverbindungen und Abraum aus Tiefenbergbau, die unplanhafte Verbringung von Giftstoffen, etwa durch die Havarie von Tankern, Katastrophen an Förderanlagen, Freiwerden von Umweltgiften durch dilettantische Entsorgung und, vor allem hinsichtlich der Megafauna, die massive Bejagung, die teils der Ernährung, teils aber auch dem Trophäenhandel dient oder auch dem Ziel, ein weiteres Gebiet der Agrarwirtschaft zu erschließen. Hinzu kommen werden in den nächsten Jahrzehnten die aktuell kaum abschätzbaren Folgen von Tiefseebergbau, der zu einer Zeit intensiviert werden soll, wo die Forschung gerade eben erst begonnen hat, die komplexen ozeanologischen und biologischen Korrelationen zwischen Tiefsee und höheren Meeresregionen zu analysieren.

Der Verlust der Biodiversität weltweit hat natürlich auch emotionale Aspekte. Dennoch ist das Verschwinden des Tigers weniger kritisch als das Aussterben von Wattwürmern in einigen Randmeeren. Aber insgesamt entstehen durch eine geringere Anzahl von Arten auch engere Reaktionskorridore der Natur auf anthropogene oder andersartige Herausforderungen. Und auch der Mensch ist nach wie vor auf Biodiversität angewiesen, etwa um durch Einkreuzung von Wildpflanzen der Landwirtschaft neue Kulturpflanzen zur Verfügung stellen zu können oder um in der Natur vorkommende organische Substanzen zur Basis neuer Entwicklungen in Medizin und Pharmazie zu machen.

9.9.5. Wirtschaftliche Effekte

Schauen wir nun wieder auf die Auswirkungen in Deutschland, und hier auf die vom Klimawandel hervorgerufenen Einflüsse auf die deutsche Wirtschaft.

Eine Häufung von Extremwetterlagen, vor allem von Trockenphasen, von Stürmen und von Starkregen-Ereignissen stellt bereits heute ein erhebliches Risiko für jede Art Industrie dar. Dies berührt sowohl die kurz- und mittelfristigen Folgen eines solchen Ereignisses als auch die entsprechenden Vorsorge-Maßnahmen. So sind z.B. die meisten klein- und mittelständischen Firmen gegen Sturmschäden versichert. Wenn die hierfür notwendigen Ausgaben steigen, weil die Versicherer das erhöhte Risiko eines Sturmschadens an die Versicherten weiterreichen müssen, belastet dies das Betriebsergebnis. Die Installation leistungsfähigerer Systeme zum Abtransport großer Wassermengen vor allem von Hallendächern, aber mitunter auch von Parkplätzen, Fabrikhallen und Parkhausdächern, ist mit der Architektur vieler Gebäude kaum vereinbar. Ebenso stellen möglicherweise notwendig werdende Ausweitungen von Kühlanlagen für die häufiger auftretenden heißen Sommer eine ursprünglich nicht geplante Investition dar. Und selbst wenn man das Gebäude hinreichend kühlen könnte, fragt sich, ob die entstehende Lautstärke der Kühlanlagen, aber auch die zusätzlichen Energiekosten nicht eine hitzebedingte Werksruhe in besonders heißen Phasen sinnvoll machen.

Noch gravierender ist ein durch Heißzeiten eintretender teilweiser Zusammenbruch der Verkehrsinfrastruktur, von der die allermeisten Unternehmen abhängig sind. Dies betrifft Arbeitskräfte, die zukünftig vielleicht wieder wie im 19. Jahrhundert in Nahbereich ihrer Arbeitsstätte wohnen müssen, statt als Pendler täglich zur Arbeit zu fahren und abends wieder zurück. Dies betrifft aber auch die gesamte Fertigungslogistik vor allem großer Unternehmen. Hinsichtlich des Straßenverkehrs geht es hier um LKW, die infolge von Hitzeverwerfungen im Asphalt liegenbleiben oder wegen drohender Überforderung der Kühlsysteme im Fahrzeug auf Ausweichstrecken, Nachtfahrten usw.

angewiesen sein könnten. Zudem müssten immer mehr Produkte in Kühlwagen statt in normalen LKW transportiert werden.

Ähnliches gilt für die Bahn, die schon in den letzten Jahren zunehmend mit Böschungsbränden und ausgefallenen Klima-Anlagen zu kämpfen hatte. Bahnlinien werden durch Sturmschäden unpassierbar oder sind mindestens auf einige Zeit ohne Strom. Bahndämme und Brücken werden durch Überschwemmungen zerstört, Güter- und Verladebahnhöfe durch ihre großen Freiflächen zum Wassersammler mit entsprechenden Schäden an Gleisen, Weichen und Fuhrpark.

Auch dem Flugverkehr drohen durch Extremwetter, aber auch durch langfristige Änderungen des Klimas erhebliche Verluste. Zu denken ist hier u.a. an aufgeweichten Asphalt auf Rollbahnen, an Landungshavarien durch Sturmböen, an sturmbedingte Start- und Landeverbote und vereiste Tragflächen vor dem Abheben.

Aber das größte Risiko stellt für die meisten Unternehmen eine Unterbrechung der Binnenschifffahrt dar. Bereits in den letzten Jahren waren vor allem die großen Ströme – Rhein, Elbe, Donau – zeitweise nicht mehr oder nur noch mit halbleeren Schiffen befahrbar. Noch eklatanter wird das, wenn auch die Kanäle hiervon betroffen sind. Zum Vergleich: Etwa drei Viertel des Fernlastverkehrs werden in Deutschland per LKW abgewickelt, das entspricht mehr als 3 Mrd. Fracht-Tonnen. Auf die Bahn entfallen aktuell etwa 8%, knapp 7% werden per See-Schifffahrt abgewickelt, etwa 5% per Binnenschiff. Bricht auch nur einer dieser Träger weg, können die verbleibenden zwei, die auch jetzt schon völlig überlastet sind, das keinesfalls kompensieren. Die Folge wären wochen-, vielleicht monatelange Produktionsstillstände. Und das kann gerade im Fall der Binnenschifffahrt auch bereits dann geschehen, wenn die Kanäle noch genug Wasser führen. Denn es ist nicht auszuschließen, dass im Rahmen der Sicherstellung der bundesweiten Wasserversorgung die Behörden Flüsse, Seen und Kanäle unter besonderen Schutz stellen und daher ganz oder teilweise für den Verkehr sperren.

Dabei ist dieses Thema, eine kontinuierliche Versorgung mit Trink- und Brauchwasser, ohnehin für die meisten Firmen ein kritischer Punkt, der ihnen jedoch selten ausreichend bewusst ist. Tatsächlich ist ohne Wasserversorgung ein auch nur einigermaßen geregelter Betrieb der meisten Unternehmen nicht einmal für Stunden zu realisieren. Dabei geht es nicht nur um Toilettenspülungen oder Kaffeemaschinen, auch wenn das ein nicht zu unterschätzender Faktor ist. Aber insbesondere industrielle Fertigungsprozesse sind sehr häufig auf Wasser angewiesen, etwa als Bestandteil des entstehenden Produkts, als Kühl- oder Reinigungsflüssigkeit oder als gesetzlich vorgeschriebenes Löschwasserreservoir. Aufgrund des großen Raums, den Wasser einnimmt, ist hier eine langfristige Bevorratung ebenfalls ohne große bauliche Maßnahmen selten machbar und stellt eine weitere erhebliche Investition dar.

Neben der Wasserversorgung und der Verkehrsinfrastruktur ist in wirtschaftlicher Sicht das oben schon erwähnte Risiko für die Holzwirtschaft nicht zu unterschätzen. Die bisher scheinbar unbegrenzte Verfügbarkeit von Holz macht es schwer vorstellbar, wie eine Welt aussieht, in der Holz nicht oder nur zu deutlich höheren Preisen erworben werden kann. Und das betrifft nicht nur Haus- und Möbelbau, die grundsätzlich auch ohne Holz auskommen könnten. Holz ist ein allgegenwärtiger Rohstoff, nicht zuletzt für die Herstellung von Papier und von Textilien. Bis heute übersteigt die weltweite Produktion von Holz deutlich die Produktionsmenge von Stahl oder Beton. Damit stellen die genannten Risiken für die Holzwirtschaft auch ein gesamtwirtschaftliches Problem dar.

Wie sieht es nun mit der Landwirtschaft jenseits des Waldbaus aus? Besteht hier die ganze Herausforderung darin, statt gewohnter Apfel-

und Birnbäume die ererbte Plantage im Alten Land nach und nach auf Pfirsiche und Aprikosen umzurüsten? Offensichtlich nicht.

Die Landwirtschaft – und damit natürlich auch ein erheblicher Teil der Grundversorgung in fast allen Staaten – sieht sich mehreren Problemen gegenüber. Neben den größeren Schwankungsbreiten der zu erwartenden Regenmengen, Trockenzeiten, Hitzeperioden usw. breiten sich mit einem häufig feuchten und insgesamt wärmeren Lebensraum Pilzerkrankungen aus, für die Getreide und Feldfrüchte in Mitteleuropa bisher keine Abwehrkräfte entwickeln mussten. In Südeuropa etwa sterben aktuell über Jahrhunderte gewachsene Olivenbäume an der aus Nordamerika eingeschleppten Pierce-Krankheit, die durch das Feuerbakterium verursacht wird. Überträger sind vor allem Zwergzikaden und Wiesenschaumzikaden, die sich bei gesunden Bäumen und in früheren klimatischen Bedingungen nicht in der aktuellen Weise hätten ausbreiten können. Auch zahlreiche pflanzliche Konkurrenten und Schmarotzer werden mit steigenden Durchschnittstemperaturen nach Norden wandern, ebenso diverse hier bisher unbekannte Pflanzenarten, die sich leider, jedenfalls in agrarökonomischer Hinsicht, wohl kaum als Bereicherung erweisen werden.

Aktuell weniger für Deutschland, aber für große Teile der Weltbevölkerung stellt zudem der steigende Meeresspiegel auch ein unmittelbares Ernährungsproblem dar. Denn es drohen nicht nur Sturmfluten oder der Verlust ganzer Inselgruppen. Ein schleichendes Problem ist auch die Versalzung der großen Flussdeltas weltweit durch vordringendes Meerwasser. Das betrifft in Europa vor allem den Ebro und den Po, in Afrika den Senegal und in Asien den gesamten sogenannten Reisgürtel, also Indien, Thailand, Vietnam und Pakistan, und hier u.a. die Deltaregionen des Indus, des Ganges und des Mekong sowie des Jangtse in China. Zudem sind durch geringere Schneemengen im Winter die Einträge von Schmelzwasser vor allem an Indus und

Ganges, aber z.B. auch am Po deutlich zurückgegangen, was die Relation von Süßwasser und Salzwasser in den Mündungsdeltas weiter verschlechtert hat. Auch der zunehmende Energiebedarf der meisten Länder, der durch den Bau von Stauseen mindestens teilweise befriedigt werden soll, führt mindestens zeitweise zu geringeren Wassermengen in den entsprechenden Mündungsdeltas.

In diesen Deltas wird in großer Menge Reis angebaut, sodass ein Ernterückgang durch Verbrackung des Wassers für die dortige Nahrungsversorgung katastrophale Folgen hätte. Man darf nicht vergessen, dass etwa die Hälfte der Weltbevölkerung vor allem von Reis lebt. Dieser wird fast ausschließlich auf gefluteten Feldern erzeugt, obgleich Reis eigentlich keine Wasserpflanze ist. Für ein Kilo Reis werden je nach Anbaumethode aktuell mindestens 7t Wasser benötigt. Zudem erzeugt die Flutung der Äcker anaerobe Bedingungen des Bodens, was zwar den CO_2-Ausstoß reduziert, aber dafür den Methan-Ausstoß deutlich steigert. Und Methan ist bekanntermaßen für das Klima noch deutlich schädlicher als CO_2.

Durch die Veränderung der Wasserzusammensetzung geht der Ertrag deutlich zurück. Zudem erhöht sich zudem im geernteten Reis die dort aufgenommene Konzentration von Schadstoffen, vor allem von Arsen. Reis neigt ohnehin zur verstärkten Aufnahme von Arsen, sodass auf dem Weltmarkt angebotener Reis im Trockenzustand bei bis zu 900mg/kg Arsen liegt. Zum Vergleich, die zulässige Höchstmenge von Arsen in Trinkwasser liegt in der EU bei 10mg/kg., was einige Mediziner noch als deutlich zu hoch bewerten. Zudem assimiliert Reis auch Cadmium, Acrylamid, Blei und Quecksilber, was bei einem Eintrag von Meerwasser in die Anbaudeltas sich eher verstärken wird. Und natürlich wird man schwindenden Erträgen durch Erschließung weiterer Anbauregionen zu begegnen versuchen – mit den entsprechenden ökologischen Folgen.

Es gibt durchaus Ansätze, für den Reisanbau weniger problematische und zukunftsfeste Methoden zu entwickeln. Aber angesichts der prekären Lebensverhältnisse vieler Reisbauern vor allem in Asien wird es erheblicher nationaler und internationaler Anstrengungen bedürfen, diese schrittweise einzuführen. Und ein kurzfristiger, vielleicht massiver Einbruch der weltweiten Reisversorgung wird dadurch kaum zu erreichen sein.

Aus ökonomischer Sicht liegt ein weiteres Problem im Bereich der Versicherungswirtschaft. Zum einen wird eine Zunahme in Anzahl und Schwere klimabedingter Versicherungsfälle die Versicherungen selbst in vielen Fällen in den Bankrott treiben. Nicht wenige Verträge sind langfristig anlegt und erlauben keine einseitige Kündigung, sofern nicht die andere Partei vertragswidrig gehandelt hat. Damit trifft jeder Tornado, jede Sturmflut, jeder Waldbrand die Versicherungswirtschaft einmal direkt, weil sie hohe Schadensausgleichssummen entrichten muss, aber ihr Kapital mindestens in Teilen auch in geschädigte Industriezweige investiert hat. Ihr wird aber auch nichts anderes übrigbleiben, als mit Blick auf diese erhöhten Risiken nach und nach die Policen zu erhöhen. In diesem Fall werden aber mehr und mehr Kunden auf den Abschluss einer Versicherung verzichten. Das gilt sicher nicht für Hausbesitzer und sonstige Einzelpersonen, wohl aber für größere Unternehmen, welche mehrere Liegenschaften versichern wollen und evtl. wie heute schon die öffentliche Hand und die meisten Konzerne zu der Ansicht gelangen könnten, der gelegentliche Verlust einzelner unversicherter Gebäude wiege wenig gemessen an den Kosten einer alle entsprechenden Immobilien umfassenden Versicherung. Man darf auch nicht vergessen, dass ein erheblicher Anteil des Einlagevermögens aller Versicherer auf den weltweiten Aktienmärkten investiert wird. Ein Zusammenbruch eines lokalen Markts infolge eines dortigen katastrophalen Klima-Ereignisses könnte auch einen

Versicherer in den Konkurs treiben, weil er die jetzt nötigen Mittel für die Schadensregulierung aus seinem deutlich geschrumpften Aktienvermögen nicht mehr bestreiten kann oder weil er trotz gestreuten Investitionen nicht mehr über hinreichende Liquidität zur Weiterführung des Unternehmens verfügt.

Diese Krise der Versicherungswirtschaft wird sich dann aber auch auf den Rest der Volkswirtschaft in zwei Dimensionen auswirken. Zum einen ist das operative Kapital der Versicherungen heute ein tragendes Element des Finanz- und Aktienmarkts. Müssen nun die Versicherungen mehr und mehr dieses Gelds für Schadensregulierung aufwenden, entziehen sie es naturgemäß dem Kapitalmarkt. Das führt zu einem mehr oder weniger einheitlichen Verfall aller Aktienkurse mit den entsprechenden Folgen. Allerdings kann dies auch eine lokale Deflation auslösen, weil die durch diese faktische Kapitalvernichtung erfolgende Reduzierung der Umlaufmenge im Investmentmarkt die Kaufkraft der verbleibenden Mittel natürlich deutlich erhöht. Jedenfalls dann, wenn nicht auch ein erheblicher Teil der Realwirtschaft durch die Klimakatastrophe vernichtet worden ist.

Zugleich haben in den meisten europäischen Ländern und erst recht in den USA die Versicherer auch eine erhebliche Rolle für die Altersabsicherung gewonnen. Das macht eine klimabedingte Krise der Versicherungswirtschaft auch unmittelbar zu einem erheblichen Risiko für die Renten der Bevölkerungsmehrheit – mit den entsprechenden ökonomischen, sozialen und dann auch politischen Folgen. Aufgefangen werden kann dies allenfalls dadurch, dass es zu einer erhöhten Altersmortalität kommt, was die Versicherungen mindestens auf mittlere Sicht entlasten würde. Aber auf solche durch neue Pandemien, durch Hitzetote, Überschwemmungsopfer oder auch erhöhte Suizidraten bei alten Menschen zu setzen, darf man wohl getrost als barbarisches Gedankenexperiment bezeichnen.

9.9.6.   Medizinische Effekte

Diese eben genannte Überlegung führt aber zum nächsten großen Risikofeld, nämlich zu den diversen medizinischen Effekten des Klimawandels. Auch hier kann man direkte und indirekte Folgen unterscheiden. Direkte Folgen meint dabei alles, was unmittelbar auf den Menschen einwirkt. So erhöht sich die Durchschnittstemperatur, was von den meisten Menschen als unkritisch empfunden wird. Es erhöhen sich aber auch die Spitzentemperaturen, und das hat vor allem in urbanen Siedlungsräumen erhebliche Auswirkungen. Nicht nur wird es hier aufgrund der anderen Bebauung ohnehin deutlich wärmer als in ländlichen Regionen. Auch der fehlende Wind bei dichter Bebauung ist nur ein Teil des Problems. Aber alles zusammen führt zu einer deutliche Zunahme der maximalen Ozonwerte in urbanen Regionen, was schon heute für einen Teil der Todesfälle in Hitzeperioden verantwortlich ist. Außerdem erhöhen sich bei höherer Durchschnittstemperatur in windarmen Zeiten auch die weitgehend verkehrsbedingten Konzentrationen von Stickoxid und CO_2, was vor allem Menschen mit Atemproblemen das Leben im städtischen Raum auf Dauer fast unmöglich machen wird. Das gilt insbesondere dann, wenn die Hitze sich mit hoher Luftfeuchtigkeit paart, sodass Schwitzen kaum noch Kühlung bringt. Hier sind vor allem küstennahe Städte besonders gefährdet, das hatte ich vorhin schon erwähnt. Denn für das Überleben der Menschen entscheidender als die Temperatur selbst ist in heißen Zeiten die sogenannte Kühlgrenztemperatur, also die tiefste Temperatur, die durch Verdunstung erreicht werden kann.

Die Möglichkeit unserer Haut, Wasser als Schweiß abzugeben und dadurch die Hautoberfläche zu kühlen, hängt von dem Maß an Wasser ab, das die umgebende Luft aufnehmen kann. Ist diese bereits sehr feucht, kann der Körper durch Schwitzen nicht mehr ausreichend gekühlt werden. Es kommt zu einer möglicherweise lebensbedrohlichen

Überhitzung. Dem kann man dann nur durch Klima-Anlagen entgegen wirken, die ihrerseits aber viel Energie verbrauchen und gerade ärmeren Menschen in den großen Slumgebieten der Dritten Welt nur selten zur Verfügung stehen. Schon heute sterben daher etwa in Kalkutta jedes Jahr zahlreiche Menschen an dieser tödlichen Mischung aus hoher Luftfeuchtigkeit und eigentlich noch moderaten, aber in der Kombination eben tödlichen Außentemperaturen. Und es gibt Planspiele, die zeigen, dass bei einer im aktuellen Tempo fortschreitenden Erwärmung und gleichzeitig entsprechender Verdunstung über den Meeren ganze Weltregionen bis zum Ende des Jahrhunderts weitgehend unbewohnbar werden, insbesondere die dicht bevölkerten urbanen Regionen auf dem indischen Subkontinent und in Südostasien. Denn je stärker sich im Jahresmittel die küstennahen Oberflächenwasser erwärmen, umso schneller wird dort in einer mehrtägigen Hitzephase eine Wasserdampfwolke entstehen, die ein auflandiger Wind vielleicht in die nächste, ohnehin völlig überhitzte Hafenstadt trägt.

Grundsätzlich ist aber auch im Binnenland von einer wachsenden Zahl von Hitzetoten auszugehen, wobei die Risikogruppen in erster Linie Kinder, Alte und kranke Menschen, vor allem Patienten mit Herz-Kreislauf-Erkrankungen sind. Aber auch Menschen jeden Alters, die den entsprechenden Warnungen, mehr zu trinken, keinen Sport im Freien zu betreiben usw. allenfalls mit einem nonchalanten Lächeln oder einem Verweis auf die Notwendigkeiten ihres täglichen Lebens begegnen.

Zunehmen werden bei wachsender Sonneneinstrahlung natürlich auch die auf UV-Licht zurückzuführenden Effekte, also vor allem Hautkrebs, aber auch Grauer Star, dessen Entstehung durch UV-Strahlung mindestens begünstigt wird, auch wenn diese wohl nur selten der eigentliche Auslöser ist.

Die indirekten medizinischen Effekte berühren vor allem die Migration von Krankheiten in von diesen bisher kaum berührte Regionen. Hier geht es vor allem um Vektorenkrankheiten, also Krankheiten, die z.B. durch Mücken oder unreines Wasser übertragen werden. So ist die Malaria nördlich der Alpen seit dem Ende des Mittelalters nicht mehr aufgetreten. Ob sie infolge der Klimaveränderung sich wieder nach Norden ausbreitet, ist umstritten. Mit großer Wahrscheinlichkeit wird sie in ihren aktuellen Verbreitungsgebieten auch in höher gelegene Regionen einwandern, die bisher noch weitgehend malariafrei geblieben sind.

Auch andere Krankheiten sind u.a. wegen des Klimawandels weltweit auf dem Vormarsch. So ist in den letzten zehn Jahren Dengue-Fieber, das ursprünglich auf tropische Regionen beschränkt war, in Südfrankreich heimisch geworden und wird in den nächsten Jahren weiter nordwärts wandern. Die Asiatische Tigermücke, zusammen mit der Gelbfiebermücke die wesentliche Überträgerin, ist inzwischen aber auch schon in weiten Teilen Süddeutschlands bis zur Mainlinie anzutreffen. Ebenso ist das von der Tigermücke übertragene Chikungunya-Fieber inzwischen in ganz Italien und Frankreich vorzufinden, nachdem es noch vor zwanzig Jahren als typische Tropenkrankheit galt. Auch die Leishmaniose hat sich infolge der Nordausbreitung der Sandmücke, die ursprünglich nördlich der Alpen nicht vorkam, inzwischen in Bayern, Baden-Württemberg und Hessen fest etabliert. Und mit der weltweiten Ausbreitung der Aedes-Mücke wird auch das Zikafieber bis etwa 2050 in großen Teilen Europas heimisch werden.

Neben den von Mücken übertragenen Krankheiten stellt insbesondere die Einwanderung neuer Zeckenarten ein Risiko dar. Zum einen breiten sich mit den in Deutschland heimischen Zecken die von diesen übertragenen Krankheiten immer weiter aus. Das betrifft vor allem die

Lyme-Borreliose und FSME. Zudem erschließen neue Arten sich weitere Gebiete Europas. Das betrifft aktuell vor allem

- Hyalomma-Zecken, die als Reservoir und Überträger diverser Krankheiten, vor allem des Krim-Kongo-Fiebers dienen;
- Schafzecken, Überträger zahlreicher Krankheiten, darunter das Q-Fieber;
- Hundezecken, insbesondere Überträger des häufig letalen Mittelmeerfiebers.

Anders als die Schafzecke kann die Hundezecke auch in Wohnhäusern überleben, sodass ihre weitere Ausbreitung als besonders problematisch angesehen werden muss. Dabei wird ihre Migration neben der Klimaveränderung auch begünstigt durch die Angewohnheit vieler Menschen, auf Reisen nach Südeuropa ihre Hunde mitzunehmen oder Hunde von dort zu importieren.

Neben diesen von Insekten und Spinnentieren wie den Zecken übertragenen Krankheiten sind insbesondere die im Wasser lebenden Erreger Nutznießer des Klimawandels. Insbesondere Vibrionen werden, was den deutschen Raum betrifft, aus ihrem hiesigen Schwerpunktgebiet vor der baltischen Küste die gesamte südliche Ostsee erschließen und damit das Baden in den dortigen Urlaubsregionen faktisch unmöglich machen. Denn diese Bakterien erzeugen nicht nur Cholera, sondern in einigen, bisher auf Ostasien beschränkten Arten auch Brechdurchfälle, die vor allem bei älteren Menschen tödlich verlaufen können. Außerdem infizieren bereits heute Vibrionen schon kleine Wunden und Hautrisse von Badenden, was bei geschwächten Patienten sogar letale Folgen haben kann.

Des weiteren habe ich vorhin etwas zu den ökonomischen Folgen der Ausbreitung invasiver Pilzarten gesagt. Aber auch im medizinischen Bereich erscheint das Auftauchen invasiver Pilze infolge des Klimawandels als erhebliches Risiko, zumal Pilzinfektionen schwer zu diagnostizieren und mit aktuellen Antibiotika meist auch nur schwer zu bekämpfen sind. Im Gegenteil scheint es so zu sein, dass die Gabe von Antibiotika etwa im Fall einer Infektion mit Candida Auris eine Vielzahl konkurrierender Bakterien, Pilze usw. im Patienten vernichtet, was für den eigentlichen Erreger erst die nötigen Freiräume zu einer ungehinderten und dann nicht selten letalen Ausbreitung eröffnet, vor allem bei Patienten mit Bluthochdruck oder Diabetes. In anderen Fällen, etwa einer Infektion mit einer pathogenen Aspergillus-Variante, ist es nur sehr schwer möglich, den Krankheitserreger im Gesamtbild zu differenzieren von der großen Zahl von Aspergillus-Sporen, die der Mensch ohnehin täglich einatmet und die fester Bestandteil unseres Lebensraums sind.

Gut, kommen wir von den ganz kleinen zu den größeren Invasoren aus südlicheren Regionen. Denn es siedeln sich mit dem Klimawandel auch Pflanzen in Mitteleuropa an, die hier ursprünglich nicht heimisch waren. So verdrängt aktuell Ambrosia dumosa, eine aus Mittelamerika stammende Taubenkrautart, die hier bisher heimischen Arten. Der starke Pollenflug der Pflanze bildet im Frühjahr für Allergiker ein besonderes Risiko, da in der Regel die Reaktion auf unbekannte Pollen deutlich stärker ausfällt, bis hin zu lebensbedrohlichen Asthma-Anfällen. Ebenso werden auch andere Pflanzen auf veränderte Witterung mit verstärktem Pollenausstoß reagieren, was allergische Patienten und Asthmatiker natürlich besonders in Mitleidenschaft ziehen wird.

Eine weitere indirekte Folge ist die Anreicherung von Rußpartikeln in der Atemluft, vor allem infolge einer zunehmenden Zahl großflächiger Waldbrände. So hat erstmals das wunderschöne Montreal im Sommer 2023 Lagos als Stadt mit der weltweit schlechtesten Luft abgelöst. Auch in Moskau haben lange vor Corona die Waldbrände in Sibirien die Menschen zum Tragen von Atemschutzmasken gezwungen.

Und schließlich muss man auch die psychischen Effekte des Klimawandels berücksichtigen, wenn man über seine gesundheitlichen Auswirkungen spricht. Ich weiß zwar nicht, wer im Publikum angesichts meiner Ausführung bereits Gefahr läuft, in suizidaler Depression demnächst hier aus dem Saal zu spazieren. Aber ganz sicher werden diverse psychische Erkrankungen einschließlich chronisch aggressiver Verhaltensmuster und Realitätsflucht unter Zuhilfenahme von Alkohol und Drogen in den nächsten Jahren und Jahrzehnten deutlich zunehmen.

9.9.7.   Politische Effekte

Die geschilderten Effekte wirken sich auf die Politik aus. Den geschilderten Risiken kann diese nicht tatenlos gegenüberstehen. Und das waren, was Wirtschaft, Infrastruktur oder allgemeine Gesundheit betrifft, nur die bereits absehbaren Probleme. Aber darüber hinaus gibt es unmittelbar politische Risiken, die aus dem Klimawandel resultieren. Das betrifft zum einen die direkten Folgen von Klimakatastrophen in Afrika, Asien und Südamerika. Diese werden zu einer deutlichen Zunahme der aktuell bereits laufenden klimabedingten Migration führen. Insbesondere die südlich der Sahara liegenden Staaten der Sahel-Zone werden sich, trotz in einigen Regionen, vor allem in Westafrika, evtl. sogar steigender Niederschlagsmengen, insgesamt in einer durch Klimawandel und Bevölkerungswachstum verursachten Dauerkrise finden. Erneut gibt es hier eine kritische Wechselwirkung: Da für die wachsenden Bevölkerungszahlen nicht ausreichend Totholz für Kochfeuer zur Verfügung steht, wird man die ohnehin geringen Bestände von Bäumen und Büschen einschlagen, was den Klimawandel, aber auch die unmittelbare Ausbreitung von Steppen und Wüsten weiter beschleunigt.

Dabei ist es unangebracht, das möchte ich hier sehr deutlich sagen, mit Arroganz auf die afrikanischen Staaten zu blicken. Als wären die Menschen dort zu dumm, zu religiös oder zu eigennützig, um die Risiken ihrer aktuellen Situation zu begreifen. Wer heute am Rand von Lagos in einem Slum lebt, hackt einen Straßenbusch nicht weg, weil ihm die mittelfristigen Folgen nicht klar sind. Die Situation der Menschen ist vielerorts bereits jetzt so verzweifelt, dass die Not des Heute allen Blick auf das Morgen verstellt. Und es ist nicht afrikanische Dummheit, Blindheit, Habgier, Religiosität, was die aktuelle Situation herbeigeführt hat. Es war und ist die Dummheit, Blindheit, Habgier, Religiosität der europäischen oder europäisch geprägten Staaten, welche in der Vergangenheit, bis auf den heutigen Tag und wahrscheinlich noch weit darüber hinaus das aktuelle Desaster erzeugt haben und anscheinend noch auf Jahrzehnte ungerührt in Gang halten werden.

Die zweite große Migrationsbewegung, soweit es Mitteleuropa betrifft, wird vorwiegend aus dem sich zunehmend destabilisierenden Mittleren Osten stammen, also vor allem aus Afghanistan und dem Irak, zunehmend aber auch aus Pakistan und Indien, wo vor allem die Randbereiche der Thar-Wüste sich immer weiter in traditionell bewohnte und fruchtbare Gebiet ausdehnen. Auch jenseits dieser Regionen wird der Druck auf den Subkontinent zunehmen, da sich eine zeitliche und räumliche Verlagerung des Monsuns, evtl. auch ein mindestens gelegentliches Ausbleiben desselben abzeichnet und vor allem durch die geschilderte parallele Erhöhung von Temperatur und Luftfeuchtigkeit ein normales Leben in Städten wie Kalkutta oder Chennai, vielleiht aber auch in Hanoi oder Djakarta faktisch unmöglich werden wird.

Der in politischer Hinsicht am schwersten zu bewältigende Migrationsdruck wird allerdings innerhalb der EU auftreten, auch wenn hier die verfügbaren Steuerungsinstrumente noch vergleichsweise leistungsfähig sind. Aber bereits jetzt sind große Teile Südeuropas, vor allem in Spanien, Süditalien und Griechenland, am Rand der Versteppung, weil es hier schon seit Jahren nicht mehr ausreichend geregnet hat und in jedem Sommer Waldbrände riesige Baumbestände vernichten. Auch das aktuelle Sterben der Olivenbäume wird die Situation vor allem in Süditalien und Griechenland dramatisch verschärfen.

Wenn es zu einer Nordwanderung aus diesen Regionen der EU geben wird, fehlen jedenfalls aktuell die Instrumente, fehlt es aber vor allem an einem politischen Weg, eine Eindämmung dieser Migration, sofern überhaupt gewollt, mit den Gedanken der europäischen Einigung wie Freizügigkeit, gemeinsamer Markt usw. auch nur halbwegs in Einklang zu bringen. Es droht ein Zerbrechen der EU in eine Nord- und eine Südgemeinschaft, auch weil man vielleicht die nördliche EU, aber kaum die Mittelmeeranrainer abschotten könnte gegen eine nicht aus der EU stammende Wanderungsbewegung. Europa fehlt nun einmal eine gut zu sichernde Grenze nach Norden, wie sie die USA mit dem Rio Grande besitzen. Hier darf man eher in Kanada besorgt sein, was geschieht, wenn sich Migranten aus den unbewohnbar werdenden Südstaaten der USA nach Norden aufmachen und die dort lebenden Millionen von Menschen weiter nach Norden abwandern wollen.

Aber auch innerhalb Deutschlands werden die Folgen des Klimawandels zu politischen Verwerfungen führen. Zwar wird Deutschland auf absehbare Zeit nicht unbewohnbar werden. Dennoch erhöhen sich die Herausforderungen für jeden Einzelnen allein schon infolge höherer Temperaturen, vermehrtem Auftreten von Extremwettern, instabiler Energie- und Verkehrsinfrastruktur und zeitweise schwieriger werdender Wasser- und damit auch Nahrungsversorgung. Die meisten dieser Probleme kann der Einzelne mit ausreichend finanziellen Ressourcen mindestens aktuell weitgehend abfedern, sodass sich die Lage für diejenigen als besonders kritisch darstellt, denen diese Mittel fehlen. Wenn aber große Teile der Bevölkerung sich mangels ausreichender finanzieller Ausstattung in einem vom Klima erzeugten Prekariat wiederfinden, gerät auch der demokratische Konsens unter Druck. Dann steigt die Empfänglichkeit für Populisten, Welterklärer und Verschwörungstheoretiker.

Zugleich führt die klimabedingte Verarmung – höhere Aufwände für Essen und Trinken bei tendenziell eher geringer werdenden Einkommen – auch zu den bekannten sozialen Folgen von sozialer Ungleichheit und Verarmung: Wachstum von Kriminalität und mafiösen Parallelgesellschaften, Alkohol- und Drogenkonsum sowie Obdachlosigkeit bis hin zur dauerhaften Binnenmigration. Und natürlich wird sich eine Germany First-Bewegung etablieren, die heute bereits in der AFD angelegt ist. Also politischer und gesellschaftlicher Widerstand gegen eine Verwendung von staatlichen Mitteln zur Reduzierung und Milderung der Folgen des Klimawandels jenseits der deutschen Grenzen. Die von Donald Trump ausgegebene Parole „America First", eigentlich „America Only" bzw. „USA Only", die ihre Entsprechung längst bei anderen rechtspopulistischen Parteien in zahlreichen Ländern gefunden hat, beinhaltet eine einfache Botschaft: Die Politik hat sich ausschließlich um die Interessen der eigenen Bevölkerung zu kümmern und um die anderer Völker nur, soweit dies von Bedeutung für die Interessen des eigenen Volkes ist. Und dass die europäischen Regierungen sich nicht geschlossen diese Parole zu eigen gemacht haben, resultiert nicht aus ihrer altruistischen Orientierung. Sondern die europäischen Staaten sind durchweg auf Kooperation mit anderen Staaten, auch außerhalb Europas, dringend angewiesen. Man kann daher, anders als die USA, eine Abschottung vom Rest der Welt noch nicht einmal erwägen.

Auch zur Bewältigung dieser Krisenphänomene hat die Politik bisher keinerlei Konzepte, ja nicht einmal geeignete Fragenkataloge vorlegen können. Stattdessen hat man insbesondere die hier durchaus ermutigenden Forderungen der Fridays-for-Future-Generation ins Lächerliche gezogen und das gesellschaftliche Engagement einer ganzen Generation am hohen Wall aus Sturheit, Geldgier und Inkompetenz abtropfen lassen. Es überrascht daher nicht, dass die aktuelle Generation von Jugendlichen eher unpolitisch und häufig rechtsorientiert denkt.

Dabei wird es auf Dauer mit rein humanitärer Hilfe nicht getan sein. Der Klimawandel wird auch militärische Konflikte nach sich ziehen. Diese werden sich zum einen in klassischer Weise zwischen Staaten entfalten. Bekannt sind die Auseinandersetzungen zwischen Israel und Jordanien um die Wasserentnahme Israels vor allem aus dem See Genezareth, womit vor allem die großen Städte im Norden des Landes versorgt werden. Entsprechend ist der Wasserspiegel des Toten Meers, in das der Jordan mündet, um fast vierzig Meter seit 1960 gefallen, während seine Oberfläche nur noch ca. 600km² groß ist, statt ursprünglich ca. 1.050km². Jordanien und Israel versuchen zwar weiterhin, hier zu einer einvernehmlichen Lösung zu gelangen, doch haben sich die beiderseitigen Vorwürfe und Schuldzuweisungen in den letzten Jahren eher noch verstärkt.

Ähnliche Spannungen gibt es im Nahen und Mittleren Osten auch zwischen anderen Staaten aufgrund unklarer Rechte zur Wasserentnahme aus Flüssen, die mehr als ein Land durchfließen. Beispielweise entsteht der Euphrat durch Zusammenfluss zweier Flüsse in der Türkei, fließt dann durch Syrien und den Irak, wo er sich mit dem Tigris zum Schatt al-Arab vereinigt. Danach fließt er teils auf irakischem, teils auf iranischem Territorium und mündet endlich in den Persischen Golf. Bereits seit einer Reihe von Jahren führen die immer umfangreicheren Wasserentnahmen im türkischen Oberlauf des Flusses zu Protesten seitens des Iran und des Irak. Im Fall einer deutlichen Verschlechterung der anfallenden Niederschläge ist hier auch ein bewaffneter Konflikt vorstellbar, zumal insbesondere das Verhältnis zwischen dem Iran und der Türkei ja auch sonst nicht immer ganz frei von Spannungen ist.

Im Falle eines solchen Konflikts stellt sich für Deutschland die Frage einer militärischen Beteiligung an einer etwaigen Friedensmission der UN, zumal hier mit der Türkei ein NATO-Mitglied der Angegriffene wäre – oder der Angreifer. Mindestens das erste Szenario wäre ein Bündnisfall, obgleich die Rücksichtslosigkeit der Türkei hinsichtlich der Wasserentnahme für die Energiegewinnung sowie für den Getreide- und den Baumwollanbau wichtigster Kriegsgrund werden dürfte.

Schwieriger noch sind diese Konflikte zu bewältigen, wenn sie sich auf einer substaatlichen Ebene entwickeln. Dies kann zum einen geschehen, wenn innerhalb eines Landes bewaffnete Konflikte entstehen, welche die amtierende Regierung aus eigener Kraft nicht mehr beenden kann, sodass sie um internationale Unterstützung nachsucht. Das kann aber auch ein grenzüberschreitender, jedoch nicht staatlich gewollter Konflikt sein, etwa Auseinandersetzungen von grenznah lebenden Stämmen in Westafrika oder zwischen Stämmen, Warlords, Bürgerwehren etc., wie es sie bereits heute im Grenzland zwischen Afghanistan und Pakistan gibt. Auch hier wird früher oder später eine Entscheidung erforderlich, ob man sich in diesem Konflikt im Interesse einer Rückkehr zu geordneten Verhältnissen engagieren soll. Denn letztlich droht unter dem Druck des Klimawandels die Anzahl von „failed states" massiv anzusteigen. Also Staaten, welche wesentliche Eigenschaften von konventionellen Staaten nicht mehr aufweisen bzw. ihre typischen Aufgaben kaum noch wahrnehmen können. Und über kurz oder lang werden die meisten Staaten einer Art Staaten-Prekariat angehören. Sich also in einer Situation finden, wo sie es der eigenen Bevölkerung kaum begreiflich zu machen vermögen, Teile der begrenzten eigenen Kräfte auf weit entfernte Staaten und Völker zu verwenden, wenn es im eigenen Land bereits an allen Ecken und Enden schon am Nötigsten fehlt. Und da wird es auch kaum reichen, auf die mittelfristigen Folgen für das eigene Land zu verweisen, wenn man nicht zu einem Zeitpunkt aktiv wird, da noch mit vergleichsweise geringen Mittel eine Katastrophe wenigstens einzudämmen ist. Denn oft genug könnten sich ansonsten hier neue Kriege, Migrationswellen oder Bedrohungen der eigenen Rohstoffversorgung, der eigenen Handelswege einstellen, die zu bewältigen dann ein Vielfaches an Kosten verursachen würde.

9.9.8. Risikomanagement

Jedes Risiko ist eine Aussage zu einem in der Zukunft möglicherweise eintretenden, nicht wünschenswerten Zustand. Diese Definition eröffnet mehrere Fragen zu jedem Risiko:

- Wie wahrscheinlich ist, dass es zu dem Ereignis kommt?
- Handelt es sich um ein Einmal-Ereignis, oder beginnt zum Eintrittszeitpunkt ein mehr oder weniger langer, nicht wünschenswerter Zustand oder eine Serie vergleichbarer katastrophaler Ereignisse?
- Wie schwerwiegend wäre das Ereignis auf einer Skale von „ärgerlich" bis „katastrophal"?
- Wieviel Zeit bleibt bis zum wahrscheinlichen Eintrittszeitpunkt?
- Was kann man tun, um die Wahrscheinlichkeit des Ereignisses zu reduzieren?

- Wenn die Wahrscheinlichkeit trotz der eingeleiteten Maßnahmen immer noch inakzeptabel hoch ist, was kann man tun, um den Schaden zu minimieren, der aus dem Ereignis resultieren wird?
- Können die angedachten Maßnahmen zur Risikovermeidung oder zur Reduzierung der Auswirkungen bei Eintritt im wahrscheinlich zur Verfügung stehenden Zeitraum umgesetzt werden?

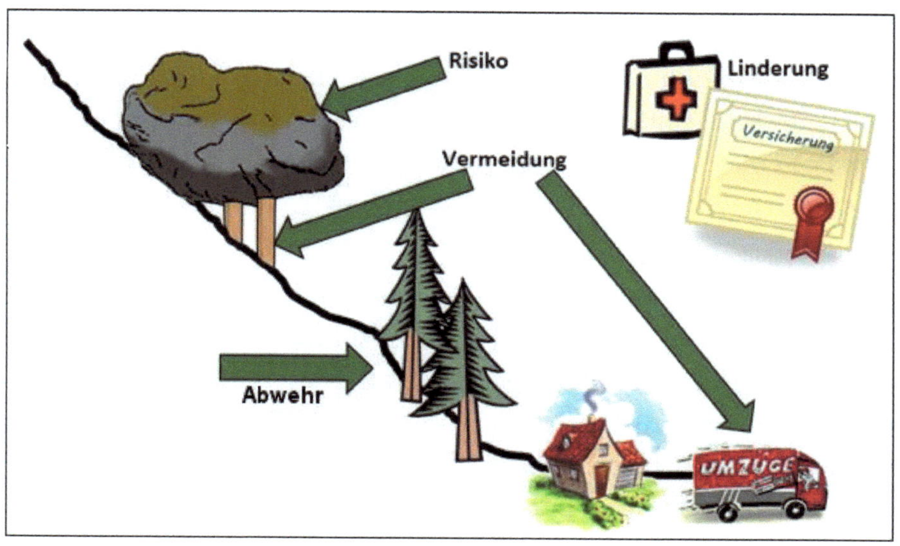

Nachdenklich stimmen müssen einen vor allem Risiken mit hoher Eintrittswahrscheinlichkeit und katastrophalen Auswirkungen, vor allem dann, wenn nur noch wenig Zeit zum Handeln bleibt. Leider handelt es sich bei der Mehrheit der aktuellen Klimarisiken um genau solche Risiken.

Entsprechend müssen die nötigen Maßnahmen zur Vermeidung des Risiko-Eintritts, aber auch zur Reduzierung der Folgen kurzfristig angegangen werden. Etliche hiervon haben zudem eine sehr lange

Hochlaufkurve. So ist es unbedingt sinnvoll, den Ausstoß von CO_2 schon mit Blick auf die Reduzierung von bodennahem CO_2 deutlich einzudämmen und freies CO_2 so weit wie möglich zu binden. Aber Bäume wachsen langsam, insbesondere wenn man auf die den künftigen Klimabedingungen entsprechenden Bestände umstellt. Steineichen brauchen nun einmal hundert Jahre und mehr, um eine entsprechende Größe zu erreichen, Olivenbäume eher noch länger, sofern sie die aktuelle Krankheitswelle überhaupt überleben. Zudem binden ausgewachsene Bäume tagsüber nur wenig mehr CO2, als sie nachts wieder ausstoßen. Technische Absaugverfahren sind kostspielig, energieaufwendig und insbesondere für Staaten in Südeuropa kaum realisierbar. Also müsste man eigentlich alle Wälder flachlegen und das Terrain für den Getreideanbau nutzen. Die Ernte nutzt man für die vollvegetarische Ernährung der Weltbevölkerung, während man die hierfür nicht verwendbaren Reste – Stroh und Spreu – verpresst und zur Endlagerung in stillgelegte Bergwerke verfrachtet. Oder man daraus Baumaterial für die weltweit dringend benötigten Deichbauten bzw. -erhöhungen. Klingt irrsinnig und politisch keinesfalls durchsetzbar? Mag sein. Umso dringlicher ist es, intensiv das in der jeweiligen Region Machbare zu erarbeiten. Um umgehend zu tun, was noch möglich ist, um die Folgen des Klimawandels zu lindern. Denn verhindern wird man ihn, bei allem Optimismus, nicht mehr können.

9.10.   Klimawandel als politische Herausforderung

Politik und Politiker haben die Aufgabe, das Wohl des eigenen Landes zu fördern. Man muss kein Trump-Fan sein, um das so zu sehen. Auf andere Länder und Völker sollten sie nur insoweit Rücksicht nehmen oder gar für diese aktiv werden, wie es dem eigenen Volk nützt. Sonst werden sie ihrem von der Verfassung vorgegebenen Auftrag nicht gerecht.

Das führt aber mit Blick auf das eben zum Risikomanagement Gesagte zur Frage, was Politiker denn angesichts des Klimawandels tun müssten. Müssen sie überhaupt aktiv werden, oder kann man die Bewältigung dieser Situation dem freien Spiel der marktimmanenten Kräfte überlassen?

Mindestens diese Frage kann man eindeutig beantworten: Die Konstruktion einer liberalen Marktwirtschaft dient der aktuellen Gewinnmaximierung. Daher werden zukünftige Erträge und Kosten mit jedem Jahr, das sie weiter in der Zukunft liegen, höher diskontiert. Erstens, weil Kapital, das heute für Risikomaßnahmen investiert wird, keinen monetären Ertrag bringt. Es ist also nicht nur das investierte Kapital verloren, sondern auch der ansonsten mit seiner Hilfe erwirtschaftete Gewinn der nächsten Jahre. Zweitens sind Aussagen über die Zukunft bekanntermaßen umso unsicherer, je weiter sie in die Zukunft schauen. Daher wird üblicherweise für jedes weitere Jahr in der Zukunft eine um einen Standardfaktor erhöhte Abzinsung vorgenommen. Nehmen wir an, zwei Handlungsoptionen stehen zur Verfügung, um ein Risiko hinreichend zu beantworten. Entweder man investiert heute 100.000€ oder in zwanzig Jahren eine Million. Selbst wenn man mit äußerst moderatem Faktor von 12% diskontiert, wird man nach dieser Arithmetik sich für die spätere Maßnahme entscheiden, da aus heutiger Sicht die dann anfallenden Kosten lediglich mit 88.000€ zu bewerten sind. Die dadurch zunächst gesparten 100.000€ haben selbst bei moderater Rendite von 5% sich hingegen bereits auf über 250.000 aufsummiert, sodass der dann nötige Aufwand zur Risikoabwehr – wenn er denn in so endlos weit entfernter, nebulöser Zukunft überhaupt noch nötig wird – eigentlich nur noch 750.000€ beträgt. Also aus heutiger Sicht 66.000€.

Mir scheint, dass die aktuelle Situation ein fundamentales Versagen unserer Wirtschaftsordnung aufdeckt. Die Erwartung, der freie Markt werde den Schaden richten, den er verursacht hat, entspricht der Annahme, ein betrunkener Randalierer werde nach einem weiteren kräftigen Schluck die zerschlagenen Scheiben, Möbel und Umstehenden selbstverständlich wieder umfassend instand setzen, wozu er kein weiteres Werkzeug benötigt als den eben schon so trefflich in Anwendung gebrachten Baseballschläger.

Fokussiert man sich aber auf die Politik oder letztlich das von Politikern umgesetzte Agieren des Gemeinwesens zum Umfang mit dem Klimawandel, so kann man grundsätzlich zwei Handlungsfelder unterscheiden:

- Reduzierung und Verzögerung des Klimawandels: Man kann den Klimawandel nicht mehr verhindern. Aber man kann immer noch Sorge tragen, dass er nicht noch viel schlimmer wird oder mindestens über einen längeren Zeitraum eskaliert.

- Erhöhung der Fähigkeit, mit den Effekten des Klimawandels zurecht zu kommen: Dies ist letztlich der Versuch, die allgemeine Resilienz zu erhöhen, also die Existenz der Menschheit bzw. des eigenen Volks, der eigenen Region, Gemeinde, Familie auf der aktuellen oder doch wenigstens auf irgendeiner der oben erwähnten Stufen menschlicher Kultur sicherzustellen.

Eine Erhöhung der Resilienz kann auf verschiedene Arten geschehen: Man kann das Eintreten bestimmter Ereignisse zu verhindern suchen, man kann die Folgen dieses Ereignisses zu minimieren versuchen oder, last but not least, die eingetretenen Folgen zu reparieren versuchen. Das haben Sie eben auf der Chart zum Risikomanagement gesehen. Wenn also z.B. ein Berghang abzurutschen droht, weil der ihn haltende Permafrostboden nach und nach auftaut, kann man natürlich versuchen, den Hang zu stabilisieren. Man kann durch entsprechende Betonmauern im Fall eines Bergrutsches versuchen, dem

stürzenden Berg eine etwas andere Richtung zu geben, weg vom Städt-
chen im nächsten Tal. Man kann frühzeitig die Bewohner dieses Städt-
chens umsiedeln. Und natürlich sollte man für den Fall Vorkehrungen
treffen, dass doch der Berg die Stadt unter sich begräbt und dabei
vielleicht auch Menschen zu Schaden kommen. Das beginnt bei einer
ausreichenden Infrastruktur mit Warnmechanismen, medizinischer
und sonstiger Erstversorgung, Bereithaltung von Räumgerät und Trai-
ning geeigneter Rettungskräfte. Auch damit kann man nicht erst beginnen, wenn der Berg schon fällt. Und schon gar nicht sollte man,
wie 2021 im Ahrtal, erst im Katastrophenfall peinlich berührt feststellen, dass es vielleicht keine gute Idee war, ein stabiles, erprobtes Früh-
warnsystem wie die lokalen Feuerwehrsirenen aus Kostengründen
einzusparen und ganz auf Internet und Handys zu setzen. Die dann
fast als erste wegen Überlastung, dann wegen Kollaps der Infrastruktur nicht mehr zur Verfügung standen.
Das Ahrtal ist auch eine bittere Lehre hinsichtlich der mangelnden
Bereitschaft kurzfristig orientierter Politik, Konsequenzen aus früheren Ereignissen zu ziehen. Die Topologie des Ahrtals hat bereits zuvor
zu schweren Überflutungen geführt, in katastrophaler Dimension vor
allem 1804, 1888, 1910, 1918 und 1920. Insgesamt hat es in der Neuzeit 84 Überflutungen von Teilen des Gebiets gegeben, also eine Überflutung ca. alle sieben Jahre. Aber eine Befragung der Anwohner ergab
nach der Katastrophe von 2021, dass über 80% der Befragten nicht
wussten, in einem besonders gefährdeten Gebiet gesiedelt zu haben.
Die beiden oben genannten Handlungsfelder, aber auch die jetzt bei-
spielhaft genannten Maßnahmen zur Verbesserung der Resilienz stehen offensichtlich in Konkurrenz zueinander. Und das betrifft nicht
nur die beschränkten finanziellen Kräfte. Der Bau von Rettungszen-
tren beispielsweise benötigt dieselben Rohstoffe, vor allem aber dieselben Spezialisten wie der Bau einer Bergmauer. Was, wenn für eine

parallele Umsetzung dieser Maßnahmen Mittel und Ressourcen nicht ausreichen, aber die Zeit bis zum wahrscheinlichen Bergrutsch zu knapp ist, einfach beide nacheinander umzusetzen? Sich für eine von beiden entscheiden? Und wenn ja, für welche? Für die Mauer, in der Hoffnung, dass trotz aller Risiken und Unwägbarkeiten solcher Kalkulationen der Berg diese Mauer nicht einfach mitreißen und als zusätzliche Last ins Dorf schleudern wird? Oder in sicherer Entfernung ein modernes Rettungszentrum bauen, das vielleicht auf Jahre nicht benötigt wird? Und sich den Vorwurf gefallen zu lassen, viel zu früh aufgegeben, das Dorf seiner Zerstörung preisgegeben zu haben? Zudem, nebenbei bemerkt, die nächste Wahl fast mit Sicherheit gegen den zu verlieren, der umgehend die Mauer zu errichten verspricht. Oder auch gegen den, der das alles nur als links-grünen Alarmismus bezeichnet und das Geld lieber für die Renovierung des örtlichen Kindergartens und der zwei Schulen im Ort aufwenden will. Oder für die Bezuschussung einer Industrieansiedlung im lokalen Wassereinzugsgebiet, weil dadurch mehrere hundert neue Arbeitsplätze entstehen sollen.

Den Letztgenannten kann man sicher als wirklichkeitsfremden Narren bezeichnen. Allein, auch solche Leute gewinnen Wahlen. Und was dann?

Aber bleiben wir bei den Maßnahmen zur Bekämpfung des Klimawandels und zur Linderung seiner Folgen. Wenn insbesondere nationale und internationale Politik sich auf eins von beiden fokussieren wollte, welches der beiden wäre das dann?

Aktuell machen die meisten Länder fast nichts, um den Klimawandel nicht ins Uferlose steigen zu lassen. Und überhaupt nichts, um seine Folgen zu lindern.

Gestern hat von diesem Pult aus Frau Dr. Graanz die Frage diskutiert, ob angesichts der aktuellen Dramatik nicht gewaltsamer Widerstand gegen den Kapitalismus und die Industriegesellschaft moralisch geboten ist. Sie hat das aufgrund kantianischer Erwägungen als unentscheidbar zurückgewiesen. Das kann ich natürlich nicht beurteilen. Aber aus meiner Sicht gibt es eine andere Gruppe von Argumenten gegen diese Option, die letztlich nichts weiter darstellt als einen globalen Krieg oder Bürgerkrieg gegen den Kapitalismus und seine Träger:

- Gewalt erzeugt, wie Friedrich Hacker gesagt hat, die Probleme, die zu lösen sie verspricht. Norbert Kandereit hat das heute morgen schon erwähnt. Die ökologischen Folgen eines Kriegs, der durch ihn erfolgende Raubbau an Natur, Ressourcen, Menschen wären ein weiterer Rückschlag im Kampf gegen den Klimawandel.

- Jedem Krieg geht eine Rüstungsspirale voraus – und folgt oft eine nach. Rüstung bindet aber die Kräfte eines Staats, seine Rohstoffe und vor allem viele seiner besten Köpfe. Das erleben wir gerade im Kontext der durch den russischen Angriff auf die Ukraine von der NATO betriebenen Ausweitung ihres ohnehin ungeheuren Waffenarsenals.

- Die weitgehende Gleichgültigkeit gegen die Risiken des Klimawandels liegt auch an einem relativ zeitnahen Horizont. Das ist also nicht nur ein Defizit kapitalistischer Planungsprozesse. In einem Krieg rückt dieser Horizont noch dichter an uns heran. Das gilt geographisch: Am Ende zählen nur noch Familie, Freunde, Kompanie. Das gilt aber auch zeitlich: Was schert mich das Klima in zwanzig Jahren, wenn in zwei Tagen vielleicht schon eine Bombe hier alles zehnmal mehr verwüstet, als der Klimawandel dies je vermöchte?

Mal abgesehen, dass Ökoterrorismus ohnehin nur die Rebellion einer Minderheit bliebe und der veränderungsunwilligen Mehrheit einen formidablen Feind bieten würde, an dem man sich abreagieren darf: Terrorismus dient nicht dazu, einen Feind zu besiegen. Der Feind soll dazu gebracht werden, mit aller Macht zurückzuschlagen. Und erst dies soll dann einen allgemeinen Aufstand der breiten Masse auslösen, weil diese sich unversehens auch von diesen Gegenmaßnahmen drangsaliert findet. Aber erstens hat das nur selten funktioniert. Zweitens richtet sich der Aufschrei der Massen dann gegen Polizeistaat, Überwachung und Unfreiheit. Ein Aufstand für die Natur wäre das jedenfalls nicht.

9.11.   Klimawandel als sozialethische Chance

Wenn man die Fridays-for-Future-Generation nicht hohnlächelnd im Abort kapitalistischer Gier hinuntergespült hätte, wäre hier vielleicht der erste Ansatz eines anderen Umgangs mit dem Klimawandel gewesen. Vernunft trägt nicht sehr weit, wenn sie nicht mit Emotion gepaart ist. Man muss Begeisterung wecken für den Kampf gegen den Klimawandel. Stolz auf schon Erreichtes, zorniger Optimismus angesichts der bevorstehenden Herausforderungen.

Warum eigentlich wollen die Menschen in den reichen Ländern mehr, immer noch mehr? Anders gesagt, warum funktioniert eigentlich ein kapitalistisches System, wenn es dem Menschen weit über den realen Bedarf hinaus Produkte und Dienstleistungen andrehen muss, um nicht zusammenzubrechen?

Manche behaupten, es sei das Gift der Werbeindustrie, was hierfür verantwortlich ist. Das dürfte allenfalls in seltenen Fällen zutreffen, soviel kann man immerhin der Werbewirksamkeitsforschung entnehmen.

Zufriedenheit und Glück sind der schlimmste Feind des Kapitalismus, sobald die Grundbedürfnisse erfüllt sind. Da ist es aus seiner Sicht ein Segen, dass viele Menschen nicht zufrieden sein können, egal wie gut es ihnen geht, wie oft sie ein neues Smartphone in Händen halten oder wie oft sie in Urlaub fliegen. Es bleibt eine fundamentale

Unzufriedenheit, die durch das neue Paar Schuhe, das man eigentlich nicht braucht, das neue T-Shirt, den schnelleren Internet-Zugang höchstens kurzfristig betäubt wird.

Eine in der Sozialgeschichte gelegentlich diskutierte Frage lautet, ob nicht mit der Pestkatastrophe in der Mitte des 14. Jahrhunderts das sinnstiftende Vertrauen des Menschen in den Schöpfergott und seinen Heilsplan unwiederbringlich verloren gegangen ist. Das hat eine Leere hinterlassen, die man durch die Jahrhunderte immer neu zu füllen versucht hat. Nachdem mit dem Ende des Zweiten Weltkriegs sich auch Nationalismus und Faschismus als sinnentleerte Mörderideologien erwiesen haben, ist Konsum, vor allem Konsum jenseits des Benötigten, freudig in diese Lücke gesprungen. Shopping ist heute der die westliche Welt vereinende Generalkonsens, der aber letztlich seine sinnfreie Blödheit kaum verhehlen kann.

Könnte man nicht Sinnstiftung erlangen durch ein emotionalisiertes Aufbegehren gegen den Klimawandel? Gegen die Zerstörung unserer Umwelt, eigentlich unserer Welt durch die Gierwirtschaft und den hohlen, dummen Konsumismus, der aktuell unser aller Religion geworden zu sein scheint? Wohlgemerkt, nicht als Ersatzreligion, auch nicht im Schulterschluss mit Kirchen oder Parteien. Sondern als autonomes Neoparadigma unseres Glaubens, Denkens und Handelns?

9.12. Klimafolgen in lokaler Dimension - Risiken und Gegenmaßnahmen

Das Ganze ist mehr als die Summe seiner Teile. Aber wenn diese Teile fehlen, ist das Ganze mit Sicherheit nichts. Umso mehr fragt sich, ob und in welcher Weise lokale Maßnahmen hinsichtlich des Klimawandels überhaupt vorstellbar sind.

Den Klimawandel zu mindern, seine schlimmsten Eskalationen nicht zuzulassen, kann sicher nur auf nationaler Ebene angegangen werden. Aber dass Menschen dem Klimawandel nicht zum Opfer fallen, liegt in erheblichem Umfang in der Verantwortung der lokalen Kräfte, also insbesondere der örtlichen Politik und Verwaltung.

Hier sind natürlich die Herausforderungen auf jedem Kontinent, in jedem Land, jeder Stadt unterschiedlich. Das Problem abrutschender Berghänge wegen tauenden Permafrostbodens stellt sich nun einmal in Bremen so wenig wie in Manila oder São Paulo. Umgekehrt werden weder Bern noch Kigali sich allzu detailliert mit den Folgen eines steigenden Meeresspiegels befassen müssen.

Daher bedarf es lokaler Planungen, um die Resilienz einer Stadt, einer Region zu steigern. Die klimabedingten Risiken müssen bekannt sein, und dann ist zu prüfen, ob Risiken dieser Art vor Ort gegeben sind.

- Wo Bäche und Flüsse Siedlungsräume durchziehen, ist das Überschwemmungsrisiko zu prüfen und durch entsprechende Maßnahmen zu reduzieren. Das gilt auch, wo Seen, Teiche oder Moore als Auffangbecken für Starkregenereignisse oder Schmelzwasser am Winterende fungieren.

- Städte mit zunehmendem Risiko für Starkregen-Ereignisse und einer extrem versiegelten Oberfläche sollten diese aufbrechen und sich idealerweise vornehmen, die Stadt zu einer Schwammstadt umzubauen. Also die vorhandene Bebauung schrittweise weiterzuentwickeln, sodass Niederschläge nicht einfach in die Kanalisation abgeleitet werden, sondern der Trend zu immer geringerer Verweildauer des Wassers durchbrochen wird. Dazu dienen mehr städtische Grünflächen, vor allem das Pflanzen von Bäumen, aber auch Dach- und Wandbegrünungen, städtische Seen und Teiche und das Aufbrechen geschlossener Flächen sowie die Förderung des privaten Zisternenbaus. Aber selbst Parkplätze können mit ein bisschen Nachdenken in Wasserspeicher verwandelt werden, indem man z.B. statt einer geschlossenen Betonfläche Kiesgrund oder wenigstens Rasensteine oder auf Abstand gesetzte gewöhnliche Pflastersteine verwendet.

- Vor allem Städte mit stehenden Hitzefeldern in heißen Sommern müssen unbedingt für Schattenflächen, zudem vor allem für unentgeltlich nutzbare Trinkbrunnen sorgen. Häufig lassen sich auch durch geringe bauliche Veränderungen Luftstaus vermeiden, ohne dass gleich Risikobereiche für die nächsten Herbststürme entstehen.

- Städtische Grünanlagen, bei entsprechender Förderung vielleicht auch private Gärten, können nach und nach an die neuen Klimaverhältnisse angepasst werden. Dazu werden einzelne, nicht klimafeste Bäume eingeschlagen und durch entsprechend andere Arten ersetzt, welche mit längeren Trockenperioden und Starkregenereignissen besser fertig werden. Flächen, welche nicht ausreichend bewässert werden können, sollte man durch Kiesareale ersetzen, bevor sich hier die ersten Staub- oder Sandstürme gebildet haben. Denn die immer noch beliebten großflächigen Beton- und Asphaltversiegelungen sind zwar pflegeleichter, aber beim nächsten Starkregenereignis auch potenzielle Überflutungszonen.

- Alle Arten von Verkehrsinfrastruktur, vor allem aber der ÖPNV, müssen gegen zahlreiche Arten von Risiken abgesichert werden. Dies dient vor allem dazu, der lokalen Wirtschaft die unabdingbaren Pendler verlässlicher zur Verfügung zu stellen, als Busse und Bahnen, Autobahnen und Radwege das aktuell vermögen. Dabei müssen auch scheinbar exotische Risiken berücksichtigt werden wie Sandstürme, die auf trocken gefallenen Äckern entstehen und binnen weniger Sekunden eine nahegelegene Autobahn faktisch unpassierbar machen können. Hitzeverformungen von Gleisen und Straßenbelägen,

ozonbedingte Fahrverbote, Wald- und Böschungsbrände,
Starkregenereignisse, Stürme und zugehörige Folgeschäden,
vor allem durch Abdeckung straßennaher Dächer und Umbre-
chen straßennaher Bäume sind nur einige der hier zu erörtern-
den Herausforderungen.

- Gesundheitsämter, aber auch Arbeitgeber und Schulen müssen immer wieder über aktuelle Risiken informieren. Das betrifft epidemische Erkrankungen, die bisher in der Region un-
  bekannt waren, genauso wie hitzebedingte Dehydration oder
  übertriebene physische Aktivitäten bei hohen Temperaturen
  oder hoher Luftfeuchtigkeit.

Insgesamt muss lokale Politik nicht notwendigerweise hilflos bleiben
gegenüber den Folgen des Klimawandels. Aber die entsprechenden
Maßnahmen müssen angegangen werden, solange sie noch finanzier-
bar sind. Dann werden sie zwar den Klimawandel nicht aufhalten.
Aber sofern dieser nicht die Menschheit insgesamt vernichtet, kann
man lokal die schlimmsten Folgen sicherlich aufzufangen versuchen.

9.13. Klimawandel und Schule

Eins lässt sich kaum leugnen: Je jünger ein Mensch heute ist, umso
brutaler wird er im Laufe der ihm bevorstehenden Jahrzehnte unter
dem Klimawandel und seinen Folgeeffekten zu leiden haben. Insofern
dürfen wir alle in diesem Vortragsraum uns als Glückspilze schätzen,
weil wir das Schlimmste nicht mehr erleben werden. Allerdings: Auch
unsere Kinder, auch unsere Enkel werden das Schlimmste nicht mehr
erleben.
Der gesamte Bildungsapparat muss akzeptieren, dass die armen Menschen, die da auf viel zu kleinen Stühlen sitzen, auf diese Wirklichkeit
vorbereitet werden müssen. Dass man ihnen zunächst einmal nichts

schönreden darf. Dass sie aber auch lernen müssen, was sie in dem Leben, in das sie ungefragt gestoßen worden sind, benötigen werden. Zugleich darf man sich und ihnen nicht die Augen verschließen vor der psychischen Belastung, die mit dem Wissen um den beginnenden Klima-Albtraum diesen Kindern und Jugendlichen auferlegt ist. Man muss die wesentlichen Mechanismen, damit umzugehen, verstehen und darf diese keinesfalls als pubertäre Wallungen vom Tisch wischen. Die Kinder heute blicken mit entsetzten Augen in ihre Zukunft. Manche flüchten sich aus der Realität, träumen von einer Karriere als Influencer und DJ, andere suchen nach Schuldigen und saugen begierig die Welterklärungen und Sündenbockzuweisungen der rechten Parteien und Bewegungen auf. Und einige engagieren sich nach wie vor politisch, haben aber begreifen müssen, dass die älteren Generationen und insbesondere die Politik dieses Engagement eher als lächerlich, störend und sinnlos betrachtet.

9.14.   Fazit

Klimawandel ist kein Schicksal, das die Menschheit trifft wie Meteoreinschläge oder Vulkanausbrüche. Die wichtigsten Klimaänderungen der letzten 1.000 Jahre sind bereits auf den Menschen zurückzuführen, nämlich die zu Beginn des Hochmittelalters einsetzende warme Periode sowie der Beginn der Kleinen Eiszeit am Ausgang des Mittelalters.

Die aktuell sich beschleunigende Veränderung des Klimas ist in entsprechender Weise menschengemacht, hat aber wahrscheinlich einen Punkt erreicht, von dem an die entsprechenden Prozesse selbsterhaltend geworden sind. Dies betrifft in erster Linie die aufgrund der menschgemachten, letztlich CO_2-induzierten Erwärmung zunehmende Verdunstung von Wasser, die so lange laufen wird, bis die H_2O-Sättigung der Atmosphäre die Sonneneinstrahlung wieder minimieren

wird. Die Verdunstung wie auch ihre Zunahme wird aber vor allem
selbst dann weitergehen, sollte der Mensch als CO_2-generierender
Faktor schlagartig wegfallen. Allenfalls – aber das wäre schon ein großer Gewinn – darf man hoffen, dass relativ zeitnah die Effekte des erdnahen CO_2 weitgehend wegfallen.

Aber auch wenn es gelingen sollte, den Klimawandel einzudämmen,
bedarf es diverser Maßnahmen, um die bereits jetzt absehbaren Folgen des Klimawandels aufzufangen. Einige dieser Maßnahmen haben
nationale, ja multinationale Dimensionen. Aber die meisten müssen
auf die jeweilige Gemeinde oder Stadt zugeschnitten werden oder sind
überhaupt nur in genau dieser lokalen Situation möglich oder sinnvoll. Und so verdienstvoll der Kampf gegen die Klimaveränderung und
ihre durch den Menschen verantworteten Ursachen ist, man würde
sich eine ähnliche Begeisterung auch für die Definition und Umsetzung der Maßnahmen wünschen, die den offensichtlich nicht mehr
vermeidbaren Effekten des Klimawandels gelten. Beides aber scheint
jedenfalls aktuell von anthropologischen, ökonomischen und politischen Gegebenheiten in fast allen Staaten nahezu unmöglich gemacht. Daher gilt es, zunächst vor allem auf diese Problematik eine
Antwort zu finden. Etwa indem man Begeisterung und Emotionalität
für diese Aufgaben mobilisiert, statt nur die nüchterne und langweilige
Vernunft von Akademikern, wie Sie und ich es sind. Und diese Antwort
muss schnell gefunden werden. Denn die Zeit, noch etwas zu retten,
ehe wir in irreversible, selbsterhaltende Mechanismen des Klimawandels geraten, ist beinahe abgelaufen.

Ich danke für Ihre Aufmerksamkeit und übergebe an Nora Schirrmacher, die meine Ausführungen aus psychologischer Sicht ergänzen
wird.

10. Nora Schirrmacher: Wissen und Nicht-Handeln: Mögliche Ursachen für ein weltweites Versagen

Für ihren Beitrag hat sich Colleen Sondershjölm mit Nora Schirrmacher zusammengetan, um aus Sicht der Psychologie einiges zu sagen zu der Frage, warum der verbreiteten Einsicht in die Realität des Klimawandels so wenig aktives Handeln entspringt. Diesen Beitrag finden Sie daher hier im Anschluss an die Ausführungen von Colleen Sondershjölm, auch wenn Nora Schirrmacher dabei den sonst bei uns üblichen Dilettantenstatus sicher in gewissem Maß verlassen hat.

Sehr geehrte TeilnehmerInnen,

der Stand der Forschung ist, Colleen Sondershjölm hat das eben dargelegt, seit den 1960er Jahren detailliert, hier und da auch korrigiert worden. Aber seine Grundtendenz hat sich seit damals kaum verändert: Die Verbrennung von fossilen Energieträgern, die Freisetzung riesiger Mengen von CO_2 und diversen anderen klimaschädlichen Gasen sowie der rücksichtslose Raubbau an der Natur, vor allem an den großen Waldgebieten, wird unausweichlich zu einer sehr raschen und dadurch katastrophalen Erhöhung des weltweiten Temperaturniveaus führen. Die Welt, wie wir sie kennen, die Menschheit und ihre aktuelle Lebensweise sind hiervon akut bedroht.

Es ist auch relativ klar, was man tun muss, um den Klimawandel weniger drastisch ausfallen zu lassen, als er sich bei fortgesetzter Untätigkeit gestalten wird. Es sind auch zahlreiche Maßnahmen bekannt, die man ergreifen müsste, um die Folgen des Klimawandels abzumildern.

Wenn das weltweit akzeptiert und bekannt ist, warum geschieht dann faktisch weltweit nichts? Natürlich, es ist nicht richtig, dass nichts passiert. Aber die ergriffenen Maßnahmen sind so klein, dass man sie leider auf weite Strecken als belanglos bezeichnen muss.

Es gibt mehrere Gründe, warum es entsprechend notwendige Aktivitäten nicht oder jedenfalls viel zu wenig gibt. Diese Gründe kann man grob einteilen in anthropologische, fatalistische, ökonomische und politische Ursachen, auch wenn die Grenzen hier fließend sind und es viele Querbeziehungen zwischen den Gruppen gibt.

10.1.1. Anthropologische Ursachen

Menschen sind Affen. Das wird vielleicht bei dem einen deutlicher bei dem anderen, aber für uns alle gilt, dass wir unser Erbe aus zwei Millionen und mehr Jahren Evolution nicht einfach abstreifen können. Für ein Tier ist es wichtig, den Tag zu überleben. Genug Nahrung zu finden, vor Raubtieren geschützt zu sein, nicht zu frieren, sich zu paaren. Jeder dieser Antriebe hat nur einen sehr kurzfristigen Zeithorizont, oft nur ein par Augenblicke, Stunden, vielleicht Tage. Aber keinesfalls Jahrzehnte oder gar Jahrhunderte. Menschen haben zwar gelernt, diese größeren Zeiträume zu überblicken. Aber eine motivationale Besetzung solcher längeren Zeiträume fällt unseren Affenhirnen sehr schwer. Und Vernunft ohne Motivation ist eine leicht überhörbare Stimme im Hinterkopf.

Zudem wollen Menschen ungern ihre Vorstellungen, Konzepte und Meinungen ändern. Das führt auch zu einer selektiven Wahrnehmung. Wir neigen dazu, aus einer Vielzahl von Meldungen eher die für wichtig zu halten, die unsere aktuelle Meinung bestätigen. Und wir merken uns vor allem Meldungen, die wir für wichtig halten.

Als Affen haben wir auch lernen müssen, dass Einzelgänger eine deutlich geringere Überlebenschance haben. Wir neigen daher dazu, Ansichten und Meinungen zu präferieren, die von einer hinreichend großen Peer-Gruppe oder auch von dominanten Menschen in unserem

Umfeld vertreten werden. Die wenigsten Menschen schwimmen gern gegen den Strom der allgemeinen Meinung. Wir haben aber als Affen gelernt, wie groß eine solche Meinungsgruppe sein sollte, um ausreichend Sicherheit und Schutz der eigenen Meinungsäußerung zu bieten. Das sind für die meisten Menschen zwei bis drei Dutzend Personen. Leider hat dieses Zahlenverhältnis sich auch ins Internet fortgesetzt. Wir ignorieren, dass die Horde, das Dorf, die Gemeinde, in der wir leben, jetzt nicht mehr aus fünfzig Individuen besteht, wo zwei Dutzend eine hinreichende Gruppe für eine Meinung gewesen ist. Die Gemeinschaft besteht im Internet aus Milliarden von Menschen. Eine Ansicht wäre also nur dann hinreichend in einer Gruppe im Internet verankert, wenn sie mehr als eine Milliarde Follower hat. Und umgekehrt findet man zwei Dutzend Follower im Internet immer, für jede noch so abstruse Idee.

Es ist aber für das Tier in der Evolution auch wichtig gewesen, optimistisch in die Welt zu schauen. Unausweichliche Ereignisse, die einige, aber nicht alle treffen werden, als etwas zu betrachten, dass einen selbst mit nur etwas Glück wohl nicht betreffen wird. Pandemien, Erdbeben, Kriminalität, Autounfälle, die Liste lässt sich fortsetzen: Immer etwas, das natürlich schrecklich ist, das aber einen selbst verschonen wird. Diese sogenannte „Optimismus-Verzerrung" war in der Evolution sinnvoll und ist es an vielen Stellen immer noch, aber sie erschwert eine nüchterne Einschätzung dessen, was angesichts der beginnenden Klimakatastrophe zu tun ist.

Zudem steht vernunftgesteuertes Handeln oft in Konkurrenz zu lustgesteuertem Handeln. Wir alle sind genetisch darauf ausgelegt, das zu präferieren, was uns Freude bereitet. Wenn mir ein Steak besser schmeckt als eine Grillkartoffel, dann entscheiden sich die meisten Menschen für das Steak. Erst recht, wenn das einzige Argument für die Grillkartoffel ist, dass sie ökologisch deutlich weniger bedenklich ist als das Steak. Mehr noch, selbst wenn wir wissen, dass auf kurze Sicht etwas uns deutlich mehr Unbehagen zufügen wird, als wir aktuell dadurch an Freude gewinnen, entscheiden wir uns häufig für den momentanen Lustgewinn. Zwar versucht man am nächsten Morgen den Kater dadurch zu beruhigen, dass man sich selbst verspricht, nie wieder so viel zu trinken. Aber solche Vorsätze haben meist erschreckend fragil. Wir handeln hier also nicht anders als die oben erwähnten Unternehmen, die potenzielle Gewinne bzw. Kosten planerisch runterrechnen, je weiter sie in der Zukunft liegen.

Freilich ist Handeln gegen die Ratschläge nüchtern kalkulierender Vernunft auch häufig etwas, das wir als moralisch geboten bezeichnen. So gibt es diverse Stimmen, die eine Seenotrettung von Migranten im Mittelmeer als kontraproduktiv bezeichnen, weil man dadurch Migration ermutigt, nordafrikanische Probleme nach Mitteleuropa verlagert und eine mittelalterliche, antidemokratische, misogyne Kultur in Europa heimisch macht. Abgesehen davon, dass diese Behauptungen nicht hinreichend belegt und häufig schlicht falsch sind, muss man sich fragen, ob man in einem Land leben will, dass mit kalt kalkulierender Vernunft einfach verzweifelte Menschen auf offener See ersaufen lässt. Aber wenn man sagt, dass man das nicht akzeptieren kann, dann entscheidet man sich hier möglicherweise ebenfalls gegen die Vernunft und für eine emotional motivierte Maxime.

Des weiteren kann man häufig den „Spillover-Effekt" beobachten. Hier wird ein kritikwürdiges Verhalten dadurch entschuldigt, dass man ja an anderer Stelle besonders positiv gehandelt habe. Wer viel Fahrrad fährt, rechtfertigt damit die Flugreise auf die Malediven. Wer an Weihnachten für die Dritte Welt gespendet hat, verzichtet im Supermarkt auf den teuren Fairtrade-Kaffee zugunsten der einen Euro günstigeren, seit Kindertagen gern getrunkenen Marke. Das ähnelt ein bisschen dem spätmittelalterlichen Ablasshandel, wo man sich von seinen

Sünden zur Vermeidung der zu erwartenden Höllenstrafe freikaufen konnte. Nur dass uns jedenfalls bisher ein Martin Luther fehlt, der uns diesen Blödsinn um die Ohren haut.

Ein weiteres Phänomen ist das Zuschauerverhalten. Je mehr Menschen mit einer Problemlage konfrontiert sind, desto geringer ist der Druck auf den Einzelnen, hier aktiv zu werden. „Der Klimawandel betrifft Milliarden von Menschen, da wird sich ja wohl jemand kümmern, auch wenn ich das jetzt aktuell leider nicht sein kann." Das hat natürlich auch damit zu tun, dass gelegentliche Phasen politischen Engagements und Aufbegehrens meist an der Beharrlichkeit der Institutionen und dem Widerstand scheitern, den die Profiteure der entsprechenden Umstände hiergegen entwickeln. Das betrifft nicht nur den schon erwähnten Umgang von Politikern, Medien und Gesellschaft mit der Fridays-for-Future-Bewegung, den man nur noch als schäbig bezeichnen kann. Sondern es lassen sich ähnliche Muster etwa in der jüngeren deutschen Geschichte immer wieder beobachten. Die Anti-AKW-Bewegung ist ebenso gescheitert wie die Friedensbewegung der frühen 1980er Jahre, obgleich hinter beiden nachweisbar eine deutliche Bevölkerungsmehrheit stand. Und in unseren Tagen wird trotz großer Vorbehalte der meisten Deutschen eine militärische Unterstützung der Ukraine betrieben und die Bundeswehr massiv aufgerüstet.

10.1.2. Fatalistische Ursachen

Die anthropologisch erklärbare Untätigkeit hinsichtlich des Klimawandels wird durch weitere Faktoren unterstützt, die teilweise mit scheinbar vernünftigen Überlegungen unterfüttert werden. Dabei ist zunächst einmal festzuhalten, dass hinsichtlich der klimabedingten Großereignisse und Katastrophen kein Rückgang des allgemeinen und individuellen Interesses zu verzeichnen ist. Berichte über die vom Klimawandel ausgelösten Ereignisse ziehen wie Flugzeugabstürze,

Erdbeben und Vulkanausbrüche die Aufmerksamkeit auf sich. Aber wie bei diesen wird auch hier immer wieder auf die Machtlosigkeit des Einzelnen oder auch der Menschheit insgesamt verwiesen. Es wird also ein fatalistisches Weltbild herangezogen, obwohl eine allgemeine fatalistische Einstellung in Europa oder den USA nicht verbreitet ist. Hingegen wird kaum mit gottbegründetem Fatalismus argumentiert. Also dass der Klimawandel eben Gottes Wille sei, dem der Mensch sich nicht entgegen stellen dürfe. Wohl aber wird die Natur in diese Rolle gebracht. Das sind Argumente, welche den aktuellen Klimawandel wie jeden anderen der Erdgeschichte auf Wandlungen des Planeten zurückführen, als unausweichlich bezeichnen und als etwas, das dem Leben auf Erden noch nie gefährlich geworden wäre. Alles drei Argumente sind natürlich Unsinn: Der aktuelle Klimawandel ist menschengemacht, nicht die Folge terrestrischer Umgestaltungen, er ist nicht unausweichlich, auch jetzt noch nicht, und es hat auch in der Geschichte schon Klimawandelphasen gegeben, die das Leben insgesamt massiv bedroht haben, aber vor allem ein Massensterben von Milliarden Wesen oder auch das Aussterben zahlloser Tier- und Pflanzenarten bewirkt haben.

Es fällt uns als Menschen aber schwer, uns diese Dimension eines Klimawandels vorzustellen. Lieber verlängern wir das Jetzt in beide Richtungen. Alles war schon immer so, alles wird für immer so sein. Das mag beruhigend sein, hält aber schon einem Blick auch nur auf die letzten hundert Jahre nicht Stand. Für Milliarden von Menschen wird die Zukunft ganz anders als das Jetzt sein. Milliarden von Menschen müssen aber auch drastisch und jetzt sofort dieses ihr Jetzt ändern, damit es nicht so schlimm kommt, wie es sich aktuell abzeichnet.

Die große Zahl der Betroffenen und die große Menge nötiger Einzelmaßnahmen bewirkt allerdings auch eine mehr oder weniger geheuchelte Bescheidenheit. „Was kann mein kleines Bisschen angesichts dieser globalen Herausforderung denn ausrichten? Und umgekehrt, wie belanglos ist denn der Schaden, der entsteht, wenn ich darauf verzichte, diesen winzigen mir möglichen Beitrag zu erbringen?" Sachlich falsch ist das nicht. Der Beitrag eines Einzelnen hat wenig Gewicht, erst recht, wenn es keinen entsprechenden Umbau, besser Stopp ganzer Industriezweige gibt. Aber es gilt hier das alte Märchen vom Netz, in dem der Fisch des Lebens zappelt. Einen Faden durchschneiden, rettet ihn nicht. Trotzdem bleibt keine andere Wahl, als einen Faden zerschneiden. Dann noch einen. Und noch einen. Bis der Fisch wieder frei ist.

Aber natürlich muss man das wollen.

10.1.3. Ökonomische Ursachen

Die das nicht wollen, sind Milliarden von Menschen. Nicht für alle ist der entsprechende Verzicht so einfach, wie er für die Menschen der westlichen Welt wäre. Aber glücklicherweise wäre es völlig ausreichend, wenn diejenigen ihr Leben ändern würden, die sich das auch problemlos leisten können. Europa einschließlich Russland, die USA, China, Indien, Japan, Australien: Wenn diese Regionen aufhören würden, fossile Energieträger in CO_2 zu verwandeln, zusätzlich sich auch weigern würden, den Raubbau an den Wäldern in Kanada, Brasilien und Indonesien zu unterstützen, wäre das ein ungeheurer Fortschritt. Und für die Menschen in diesen Staaten würde sich nichts in katastrophaler Weise änderte. Es gäbe andere Autos, die Ernährung wäre vegetarisch, es gäbe mehr Überlandleitungen, Heizungen würden mit Strom betrieben und im Sommer als Klimaanlagen eingesetzt. Mehr nicht.

Leider sind nicht nur einzelne Menschen diesen Änderungen gegenüber aus den oben genannten Gründen geradezu feindselig eingestellt.

Es gibt nun mal auch ganze Wirtschaftszweige, deren Geschäftsmodell auf dem jetzigen Zustand basiert. Kein Unternehmen ändert sich freiwillig, weil die nötigen Investitionen auf Jahre die Bilanzen verhageln würden. Entsprechend kämpfen insbesondere die Energiekonzerne und die Autobauer seit Jahrzehnten gegen die wissenschaftlichen Erkenntnisse zum Klimawandel. Weil die hieraus abzuleitenden Handlungen diametral gegen die dortigen Interessen gingen.

Der Treibhauseffekt ist durch Joseph Fourer 1824 erstmals beschrieben worden, 1895 von Svante Arrhenius als Risiko einer globalen Erwärmung dargelegt worden. US-Präsident Llyndon B. Johnson wurde von seinem wissenschaftlichen Beirat 1965 informiert, dass eine Fortsetzung des Verbrennens fossiler Energieträger unausweichlich in eine irreversible, wahrscheinlich katastrophale globale Umgestaltung führen würde. Nur wenig später ließ der Exxon-Konzern den Stand der Forschung von eigenen Wissenschaftlern unter Leitung von James Black überprüfen, die aber letztlich die Ergebnisse von 1965 bestätigten und 1977 in einer internen Studie vor einem „Superinterglazial" warten, also einer durch menschenverursachte CO_2-Anreicherung in der Atmosphäre verursachte Warmphase, die alle bisherigen Warmphasen zwischen zwei terrestrischen Eiszeiten weit übertreffen würde. Der Vorstand von Exxon nahm diese Erkenntnisse als unmittelbare Bedrohung der eigenen Geschäfte wahr und gab daher umfangreiche Mittel frei, die so lange wie möglich die öffentliche Rezeption dieser Erkenntnisse verhindern oder sie als zweifelhaft erscheinen lassen sollten. Die mit diesen Geldern gegründeten Think Tanks haben alle bekannten Narrative der heutigen Klimawandelleugner erfunden und weltweit verbreitet.

Allen aufgewendeten Mitteln des Exxon-Konzerns zum Trotz wäre die genannten Bestrebungen aber aussichtslos geblieben, wenn nicht eine große Zahl von Menschen, Firmen, Politikern bereit gewesen wäre, diese Narrative geradezu aufzusaugen. Etliche weitere Konzerne, aber auch Parteien und Politiker verfolgten früher oder später ähnliche Strategien. In Deutschland ist hierbei die einflussreichste Stimme die „Initiative Neue Soziale Marktwirtschaft" (INSM). Vorwiegend von Daimler, Volkswagen, Siemens und BMW finanziert, arbeitet das Institut nicht nur gegen Maßnahmen im Kontext des Klimaschutzes, sondern kämpft im Interesse von Banken und Versicherungsunternehmen u.a. auch für ein privates statt gemeinschaftliches Rentenmodell und gegen staatliche Wirtschaftssteuerung. Hierbei werden neben neoliberalen, monetaristischen und patriarchalen Narrativen auch antisemitische Muster bedarfsweise verwendet. Im Förderverein der INSM ist Friedrich Merz der einflussreichste politische Vertreter, aber es bestehen im politischen Umfeld auch starke Bindungen an Teile der FDP.

Alle diese Kampagnen, Initiativen, Think Tanks usw. wissen um den Klimawandel und zweifeln auch kaum an den früher oder später unausweichlich notwendig werdenden Eingriffen in das Leben jedes Menschen. Sie versuchen nur im Interesse ihrer finanzstarken Auftraggeber diesen Zeitpunkt so weit wie möglich hinauszuzögern, auch wenn die dann in der Zukunft anfallenden unvergleichlich viel höher ausfallen würden und wahrscheinlich zur Vernichtung eben dieser Auftraggeber führen werden statt nur zu einer adjustierten Jahresbilanz.

10.1.4. Politische Ursachen

Der oben als Mitarbeiter im Förderkreis der INSM schon erwähnte Friedrich Merz ist auch ein gutes Beispiel, warum auch zahlreiche Politiker sich den notwendigen Konsequenzen aus dem Forschungsstand zum Treibhauseffekt verweigern. Natürlich kann man hier von ideologischen Festlegungen oder privaten, oft auch wirtschaftlichen Interessen sprechen. Nun sind aber oben die anthropologischen Gründe dargelegt worden, warum Menschen in ihrer großen Mehrheit nichts oder viel zu wenig gegen den Klimawandel bzw. seine Folgen zu tun bereit sind. Ein Politiker, der auf die Stimmen dieser Menschen angewiesen ist, um Wahlen zu gewinnen, kann daher keine sinnvolle Politik gegen Klimawandel und zur Folgenminimierung propagieren. Denn er müsste dann auch die nötigen Veränderungen ansprechen, die sich im täglichen Leben jedes Einzelnen ergeben. Das betrifft das oben schon erwähnte Verbot von Verbrennerfahrzeugen, massive Beschränkungen des Flugverkehrs, ein umfassendes Verbot des Fleischverzehr, die unumschränkte Elektrifizierung aller Heizungen. Zudem müsste der Staat, um seinen Aufgaben nachzukommen, in den oberen Einkommensgruppen die Steuern wieder deutlich erhöhen, nachdem seit etwa vier Jahrzehnten es hier fast ausschließlich Steuererleichterungen gegeben hat.

Ein Politiker, der im Vorfeld einer Wahl diese Maßnahmen propagiert, hätte wohl nur dann eine Chance, wenn kurz vor der Wahl gerade eine ökologische Katastrophe stattgefunden hat. Aber selbst dieser Erfolg würde maximal eine Legislaturperiode überstehen, sofern nicht der Zufall oder die schlichte Häufung solcher Katastrophen die nächste Wahl in ähnlicher Weise überschatten. Ganz sicher aber würde in der Zwischenzeit die eigene Partei bei den diversen sonstigen Wahlen die Zeche für diese neue Politik bezahlen. Daher sind demokratische Staaten wie Deutschland vor besondere Herausforderungen gestellt, wenn sie die unweigerlich langfristigen, Jahrzehnte übergreifenden Projekte eines ökologischen Umbaus von Wirtschaft und Gesellschaft realisieren wollen.

Nun könnte man meinen, dass autokratische Systeme mit solchen Herausforderungen besser zurecht kämen. Das Beispiel des ökologischen Umbaus in China scheint das nahezulegen. Aber tatsächlich stimmt das nicht einmal für das chinesische Beispiel. Denn autoritäre

Regime sind nicht weniger als demokratische gewählte Regierungen auf Zustimmung in der Bevölkerung angewiesen, sondern deutlich stärker. Das zeigen alle Studien zur Geschichte autoritärer Regime, bis hin zum NS-Staat oder zur UdSSR. Vergleicht man z.B. die britische und die deutsche Politik im Zweiten Weltkrieg, so konnte die britische Regierung schon unter Neville Chamberlain, erst recht unter Winston Churchill, gestützt auf ihre demokratische Legitimation, der eigenen Bevölkerung deutlich drastischere Einschränkungen zumuten als die deutsche Regierung selbst noch in den letzten zwei Kriegsjahren. Damit stehen Diktaturen vor einem Dilemma: Man erwartet von ihnen deutlich energischere Schritte, um die Probleme eines Landes zu lösen, aber faktisch sind sie stärker als gewählte Regierungen darauf angewiesen, wichtige Gruppen, einflussreiche Familien usw. bei Laune zu halten und keinesfalls ein landesweites Aufbegehren der Bevölkerung zu riskieren.

Damit sind gewählte Regierungen für die Bewältigung des Klimawandels die deutlich bessere Alternative. Nur sie können notfalls auch drastische Maßnahme ergreifen, müssen aber auch bereit sein, die eigenen Chancen bei folgenden Wahlen dadurch deutlich zu verschlechtern. In den meisten Fällen werden die einmal ergriffenen Maßnahmen von nachfolgenden Regierungen nicht wieder zurückgenommen, allenfalls relativiert, ein Risiko, das man unbedingt eingehen sollte, da es ansonsten gar keinen Fortschritt in diesen Überlebensfragen der Menschheit geben wird. Aber natürlich sind Regierungen, die vor allem anderen auf die eigene Wiederwahl bedacht sind, so ungeeignet, dem Klimawandel zu begegnen, wie die diesbezüglich kaum handlungsfähigen Diktaturen.

Zudem ist natürlich in Demokratien wie in Diktaturen der Einfluss der Industrie und der meist wenigen superreichen Familien eines Landes auf die Politik extrem groß. Und in der Regel haben diese Gruppen aus den oben dargelegten Gründen kein Interesse an einer entsprechenden Politik. Zudem müsste diese durch deutliche Steuererhöhungen bei den obersten Einkommen und Vermögen finanziert werden, was fast unausweichlich weiteren Widerstand generieren wird.

Fast alle Diktaturen, aber auch viele Demokratien stützen sich zudem in erheblichem Umfang auf das Militär des jeweiligen Staats. Und auch dies hat meist wenig Interesse, Maßnahmen gegen den Klimawandel oder seine Folgen zu ergreifen. Allenfalls verwendet man diese Folgen, um weitere Aufrüstung und sonstige militärische Maßnahmen zu begründen. So hat z.B. Kanada angesichts der tauenden Nordküste beschlossen, die eigenen Marinekräfte drastisch zu verstärken, auch wenn aktuell nicht klar ist, welches konkrete Feindszenario dieser Entscheidung zugrunde liegt. Und ohnehin ist aktuell eine entschlossene Politik gegen den Klimawandel und zur Milderung seiner Folgen die beste Sicherheitspolitik. Denn natürlich wird eine Serie von ökologischen Katastrophen die regionale Kriegsgefahr erhöhen, aber auch Millionen von Menschen zur Abwanderung zwingen. Dieser Migration mit militärischen Mitteln zu begegnen, ist nicht nur zynisch. Es hat sich auch in der Geschichte gezeigt, dass mit militärischen Mitteln Migration sich nicht aufhalten, ein Land sich nicht abschotten lässt – ob an der Chinesischen Mauer, am Limes, in den nordamerikanischen Stammesgebieten oder jetzt gerade an der polnischen Ostgrenze, am Rio Grande oder am Übergang zwischen Israel und dem Gaza-Streifen. Dennoch fallen viele Regierungen in Krisenzeiten gern auf militärische Sicherheitskonzepte zurück, so auch aktuell die deutsche Regierung. Das liegt zum einen vielleicht daran, dass militärische Lösungen vertraut, probat und wenigstens im laienhaften Verständnis vieler Politiker vergleichsweise gut planbar sind. Aber eigentlich bewirkt gerade die aktuelle Aufrüstungsspirale nur, dass die ohnehin schwachbrüstig aufgestellten Maßnahmen zum Klimawandel noch schlechter

finanziert sind und ihnen zudem wichtige Köpfe gerade in der nach-
wachsenden Generation verloren gehen. Mal ganz abgesehen davon,
dass Krieg nicht nur eine wieder und wieder durchlittene Mensch-
heitskatastrophe ist, sondern auch ein ökologisches Desaster, das gigantische Mengen an CO_2 erzeugt, ganze Landstriche verwüstet und
das Interesse der Menschen häufig für Jahrzehnte ganz und gar auf
das reine Überleben fokussiert.

10.2.   Fazit

Ich ergänze hier nur, was Colleen als Fazit bereits gesagt hat. Will man
dem Klimawandel begegnen, kann man das nicht gegen die Menschen,
sondern nur mit ihnen tun. Daher sind Demokratien die hierfür am
besten geeignete Staatsform. Allerdings Demokratien, in denen sich
deutlich antikapitalistische Parteien durchsetzen gegen die Banner-
träger dieses weltverwüstenden Monsters Kapitalismus. Denn Demokratie ist auch vorstellbar ohne jede Art von kapitalistischer Wirtschaftsordnung und Machtverteilung.
Aber bei allem darf man die anthropologischen Dispositionen des Menschen nicht außer Acht lassen. Diese sind auf kurzfristige Optimie-
rung und egozentrische Nutzenoptimierung angelegt. Ignoriert man
diese, unser aller Grundnatur, wird man auf dem Weg zum Kampf
gegen den Klimawandel die Menschen nicht mitnehmen können. Und,
wie gesagt: Gegen die Mehrheit wird man hier wie irgendwo nichts
Nennenswertes erreichen können.
Vielen Dank, und dann starten wir jetzt in die Diskussion.

11. Thomas Alpner-Hagemann: Das Reiten toter Pferde

Wir haben uns sehr gefreut, dass Thomas Alpner-Hagemann nicht nur an unserer diesjährigen Tagung teilnehmen konnte, sondern auch einen eigenen Beitrag dort vorzutragen bereit war. Thomas Alpner-Hagemann ist Geschäftsführer einer kleinen Beratungsfirma im Sauerland, die auf der ganzen Welt Regierungen, NGOs und Konzerne in Fragen langfristiger Risiko-Absicherung und Gefahrenprävention berät. Sein Vortrag, den wir in der vor Ort gehaltenen Form wiedergeben, entstand mehr oder weniger spontan auf dem Rückflug aus Phnom Penh. Hier hatte er an einem Round Table Meeting mit Vertretern mehrerer lokaler Stämme teilgenommen, wo es um die besten Methoden von Widerstand gegen die auch dort weitgehend ungehinderte Zerstörung der Waldbestände ging. Die gerade erst erlebten Diskussionen um Machbarkeit und Sinnhaftigkeit diverser möglicher Maßnahmen haben deutlich Einfluss auch auf seinen Tagungsbeitrag genommen, der geradezu perfekt die drastischen Schilderungen von Colleen Sondershjölm und Nora Schirrmacher abrundete.

Meine sehr geehrten Damen und Herren,
es ist dies zwar nicht meine erste Akademietagung, aber doch immerhin das erste Mal, dass ich mich mit einem eigenen kleinen Beitrag hier auf das Podium wage. Zudem einem mehr oder weniger erst entstandenen Beitrag, Arlt Neeskens hat das eben schon gesagt, der entstanden ist, nachdem ich im Kreis von etwa zwei Dutzend Vertretern indigener Stämme aus Kambodscha, Laos und Thailand mir anhören durfte, mit welch antiquierten und nachgewiesen unwirksamen Konzepten die dortigen Regierungen das Problem illegaler Waldrodungen durch große Holzkonzerne in den Griff bekommen wollen.

11.1. Was Indianer so alles behaupten

Der Satz ist bekannt. Wenn du bemerkst, dass du ein totes Pferd reitest, steig ab. Man kann ihn gern ergänzen: Liegt ein totes Pferd vor dir auf Boden, ist es nicht ratsam aufzusteigen.

Natürlich, hinter dir stehen Freunde, Verwandte, Nachbarn, die liebe Familie. Und alle fordern energisch, nun sei es aber Zeit, endlich Geschwindigkeit aufzunehmen. Jahrelang habe man auf der Veranda gesessen und wäre keinen Schritt vorwärts gekommen. Mittlerweile sei es praktisch fünf vor zwölf, bestenfalls. Also hurtig aufgesattelt, und dann die Zügel links, die Gerte rechts, gar so tot sei das Pferd vielleicht ja nicht. Immer noch besser als gar nicht im Sattel.

Oder doch nicht?

Mal vorweg: Die Satz wird gern den Dakota zugeschriebe, kommt aber im angloamerikanischen Sprachraum nur mit Verweis auf deutsche Quellen vor. Auch dort ist das vermeintliche Zitat erst seit wenigen Jahrzehnten nachweisbar, und man belässt es meist bei der unspezifischen Zuweisung zu den Dakota, ohne zu sagen, welchen der wenigstens zwanzig Stämme der Dakota man hier meint. Oder vielleicht einen der fünf Stämme der Westlichen Dakota? Manchmal wird die Zuweisung als Oglala präzisiert, obgleich diese zu den Lakota, nicht zu den Dakota gehören. Und wann genau diese Redensart entstanden sein soll, nachdem die Dakota ja frühestens im 18. Jahrhundert von Hunden als wichtigstem Lasttier auf Pferde gewechselt sind, bleibt ebenfalls unklar.

Man fühlt sich an das berühmte Zitat erinnert, man werde irgendwann feststellen, dass man Geld nicht essen kann. Wird einem Anführer der Suqamish, dem 1866 gestorbenen Si'ahl oder verballhornt Seattle zugeschrieben, der das ebenfalls nie gesagt hat. Er hat zwar 1854 tatsächlich eine mehr oder weniger zweifelhaft überlieferte Rede gehalten. Aber das ihm zugeschriebene Zitat hat 1972 ein früher Vertreter der

Ökologiebewegung frei erfunden und dem wenig bekannten Si'ahl in den Mund gelegt. Mit Indianern kann man's ja machen... Vor allem Leute, die ohne Nachdenken „Indianer" sagen, nicht „Amerindians", „First Nations" oder „Autochthones", ganz abgesehen von der Frage, wie hilfreich angesichts der historischen und kulturellen Heterogenität der präkolumbianischen Völker solche Sammelbezeichnungen überhaupt sein können.

Nun, ob der Satz vom toten Pferd tatsächlich von einem Dakota gesagt worden ist oder doch eher einem hinsichtlich Cultural Appropriation und Kulturimperialismus weitgehend schmerzbefreitem Unternehmensberater eingefallen ist, wissen wir nicht. Ganz falsch scheint er jedenfalls nicht zu sein. Und leider auch in viel zu vielen Fällen nicht bis ins Allerletzte deplatziert.

In diversen Lehrbüchern zu Projektmanagement, Unternehmensführung und Politologie findet man die gleichen Hinweise, was Menschen so alles tun, um nicht abzusteigen. Also zum Beispiel das tote Pferd an einen anderen Ort zu schaffen, als würde es dort zum Leben erwachen. Im Projektmanagement meint man damit die räumliche Verlagerung eines gescheiterten Projekts, ohne gleichzeitig andere Maßnahmen zu ergreifen. Kann funktionieren, ist oft genug aber nur Verschwendung von Zeit und Geld. Oder das Herbeirufen eines Gesundbeters, also eines Unternehmensberaters, Motivationstrainers, Teambuilders, um das tote Pferd durch gutes Zureden wieder ins Leben zu locken.

Indes ist das Reiten toter Pferde nicht nur ein gelegentliches Verhalten von Unternehmen, IT-Projekten oder Bauvorhaben der öffentlichen Hand. Es ist auch etwas, das als unser aller Verhaltensmuster Politik und Gesellschaft immer wieder auf kostspielige und zeitraubende Irrwege lockt.

Ich fürchte, der Grund, warum wir das tun, ist nicht, dass wir sonst auf ein ungeliebtes anderes Pferd aufsteigen müssten. Sondern dass es für unser Sozialgefüge, für Eigenwahrnehmung, Nationalstolz usw. katastrophal wäre zuzugeben, dass das bisherige Pferd tot ist, vielleicht schon seit Jahrzehnten, vielleicht seit Beginn seiner Existenz, wir aber gleichzeitig überhaupt keine Idee haben, wo ein anderes Pferd zu bekommen wäre. Oder welche andere Art der beschleunigten Fortbewegung wir vielleicht an die Stelle der liebgewonnenen Vorstellung setzen könnten, ein stolzes Ross würde uns von dannen tragen. Dass wir vielleicht stattdessen als einzige Alternative die Rückkehr zu Schusters Rappen propagieren könnten, was wir aber schon bei uns selbst kaum akzeptieren wollen, erst recht kaum einem anderen nahezubringen vermögen.

Ich kann Ihnen gern zwei, drei Beispiele für solche Verhaltensweisen nennen.

11.2.   E-Autos gegen den Klimawandel

Der Klimawandel bereitet den meisten Menschen Sorgen. Wir wissen, übrigens schon seit fast sechzig Jahren, dass der Individualverkehr eine wesentliche Ursache hierfür ist. Zugleich hat der Individualverkehr die Gesellschaft drastisch umgestaltet. Das betrifft zum einen die Aufwertung des Lebens auf dem Land. Wer dort wohnt, kann heute so gut Landwirt sein wie Industriearbeiter. Das war früher anders. Und man kann durchaus überlegen, dass auch die Liberalisierung des Denkens seit dem Zweiten Weltkrieg u.a. mit der Automobilisierung zu tun hat.

Der motorisierte Individualverkehr ist also ein lieb gewonnenes Kind der zweiten Hälfte des 20. Jahrhunderts. Und da nun einmal Benzin- und Dieselmotoren zunehmend kritisch gesehen werden, schwenkt die EU, schwenkt auch die deutsche Regierung langsam, vorsichtig, zaghaft, aber nach und nach dann doch auf die Elektromobilität als die neue Basis des Individualverkehrs. Und wieder zurück. Und wieder hin. Jedenfalls nach und nach ein bisschen mehr hin als zurück.

Was genau wirft man eigentlich den bisherigen Fahrzeugen vor? Und lösen Elektrofahrzeuge diese Probleme?

Die Kritik gegen traditionelle Automobile lässt sich auf folgende Punkte zusammenfassen:

- Freisetzung schädlicher Gase im laufenden Betrieb, vor allem CO_2, aber auch CO und NO_x, zudem Xylol, Toluol und Benzol sowie diverse Aldehyde;
- Freisetzung gesundheitsgefährdender Stäube und erheblicher Beitrag zur Smogbildung;
- Einschwemmung von Mikroplastik in die Gewässer und Meere durch von Straßen und vor allem von Autobahnen abgewaschenen Reifenabrieb;
- Verbrauch großer Rohstoff- und Energiemengen für die Fahrzeugherstellung;
- Verbrauch von über 300.000l Wasser für die Herstellung eines Automobils;
- Missverhältnis zwischen Fahrzeuggewicht und Transportgut, nämlich meist etwa 2t Fahrzeug gegen 90kg Insasse;
- Missverhältnis zwischen Fahrzeugvolumen bzw. beanspruchtem Raum und Transportgut, nämlich ca. 130:1, mit Auswirkungen auf Straßenbedarf, Parkräume usw.;
- erhebliche Entsorgungslast im laufenden Betrieb, aber vor allem in der Endabwicklung bzw. Verschrottung;
- große Anzahl von verkehrsbedingten Opfern, vor allem Toten und Verletzten, aber auch von Traumatisierten, auch im Kreis der Hinterbliebenen;

- große Zahl von Opfern der freigesetzten Gase und Feinstäube, ca. das Dreifache der unmittelbaren Verkehrstoten, aktuell allein in Deutschland ca. 12.000 Personen pro Jahr;
- Einschränkung der kindlichen Erfahrungswelt durch Verkehrsrisiken;
- Einschränkung der kindlichen Bewegungsaktivität durch elterliche Fahrdienste;
- dominierender Einfluss von Straßenverkehrserfordernissen auf Bebauungspläne;
- eingeschränkte Umsetzbarkeit von Bauplanungen zu Klimaschutz und Klimafolgenschutz durch dominante Erfordernisse des Straßenverkehrs;
- hohe, durch Automobilverkehr verursachte Sachschäden;
- erheblicher Einfluss auf die Gestaltung urbaner Lebensräume;
- Lärmbelästigung;
- meist letale Unfälle mit Wild- und Haustieren;
- hohe von der Allgemeinheit zu tragende Kosten des Individualverkehrs.

Allein die finanziell abbildbaren Kosten eines Fahrzeugs, welche nicht der Besitzer über Beschaffungskosten, Fahrtaufwände, Versicherung, KFZ- oder Treibstoffsteuer usw. trägt, wurden 2019 von der EU mit durchschnittlich 9 Ct. pro gefahrenem Kilometer beziffert. Wer also pro Jahr 20.000km fährt, bedient sich aus dem Staatsvermögen mit 1.800€ pro Jahr. Aber die langfristigen monetären Kosten des Klimawandels dürften deutlich höher ausfallen. Und die nicht monetär auszudrückenden Kosten, die z.B. der Unfalltod auch nur eines einzigen Kindes bedeutet, stellen die Sinnhaftigkeit des gesamten Ansatzes eigentlich bereits infrage.

Doch welches der oben – ohne Anspruch auf Vollständigkeit – aufgelisteten Probleme wird sich nun durch die Elektromobilität lösen lassen oder mindestens an Bedeutung verlieren? Nach aktuellem Stand eigentlich nur das oberste, also die Freiwerdung klimaschädlicher oder anderweitig problematischer Gase im Fahrbetrieb. Selbst hier ist zu große Euphorie verfrüht, da die meisten Elektrofahrzeuge heute mit konventionell betriebener Energie aus Kohle- und Gaskraftwerken betrieben werden, also nicht einmal im laufenden Betrieb, erst recht nicht in der Gesamtbilanz als CO2-neutral zu werten sind, auch wenn sie in dieser Hinsicht eine Verbesserung gegenüber konventionellen Fahrzeugen darstellen. Aber alle anderen Probleme werden hierdurch nicht einmal angekratzt. Nicht einmal der Verkehrslärm, da bereits heute Fahrtwind und Abrollgeräusch der Reifen deutlich mehr Lärm erzeugen als der Motor eines Fahrzeugs, außer bei geringer Geschwindigkeit. Und hier generieren Elektrofahrzeuge künstlich Motorgeräusche, um Unfallrisiken durch überhörte Fahrzeuge zu minimieren.

Zudem: Nach disruptiven Innovationen wie dem Übergang zur Elektromobilität folgen lange Phasen evolutionärer Innovation. Den nächsten großen Entwicklungssprung wird die individuelle Mobilität also erst in vielen Jahrzehnten, wahrscheinlich erst nach der Jahrhundertwende wagen. Dann dürfte es aber längst zu spät sein, bzw. haben externe Faktoren längst alle evolutionäre Innovation des Individualverkehrs ad absurdum geführt. Auf überfluteten Straßen fährt man keine Elektroautos, deren Rohstoffe aus unerreichbaren Krisenregionen beschafft werden müssten, um in Fabriken gefertigt zu werden, in denen nur ein paar Monate im Jahr gearbeitet werden kann, weil man ansonsten ein hitzebedingtes Massensterben der Mitarbeiter und großer Teile des Maschinenparks riskiert. Arbeiter zudem, die sich diese Fahrzeuge ohnehin kaum noch leisten können. Vielleicht noch nicht mal ihre Chefs.

Trotzdem reitet die Politik verzweifelt dieses tote Pferd Elektromobilität. Weil keiner sich traut, den Menschen zu sagen, dass das Pferd in jeder beliebigen Variante tot ist. Dass die verbleibenden Alternativen bestenfalls Lastfahrräder, ansonsten aber die eigenen Beine sind. Dass man sich besser jetzt schon eine Wohnung nahe der Arbeitsstätte sucht, damit man morgens zu Fuß an den eigenen Arbeitsplatz gelangt. Und dass angesichts zunehmender Regenfälle, Fluten usw. ein Rettungsboot in der Garage deutlich beruhigender ist als ein Achtzylinder.

11.3.   Gefängnisse gegen Kriminalität

Anderes Beispiel. Ich habe hier vorgestern Bertha Graanz gehört. Dabei ist mir ein früherer Beitrag von ihr ins Gedächtnis gekommen, in dem sie sich mit Sinn- und Unsinn von Gefängnissen befasst hat. Lassen Sie mich ihre seinerzeitigen Ergebnisse kurz zusammenfassen und hier und da ein bisschen aus meiner Sicht ergänzen.

Erstens: Kein Gericht der Welt hat jemals ein gerechtes Urteil gesprochen. Das wäre selbst dann der Fall, wenn wir wüssten und uns einig wären, was der Ausdruck „Gerechtigkeit" meint. Aber selbst Gesellschaften, wo die Justiz sich um diese Eigenschaft von Urteilen bemüht, scheitern an einem verbindlichen, alltagstauglichen, langfristig tragfähigen Konsens, was Gerechtigkeit im Allgemeinen, Gerechtigkeit in der Rechtsprechung im Besonderen sein soll. Zudem ist das gesellschaftliche Instrument der Strafgerichtsbarkeit in fast allen Staaten heute und durch die Geschichte fast immer auch in mehr oder weniger großem Umfang ein Mittel der Unterdrückung. Zur Durchsetzung von Unfreiheit. Von oft nicht konsensfähigen Gesetzen oder moralischen Normen. Befriedigung persönlicher Rachegelüste. Rassismus. Gesellschaftlicher Paranoia. Also weit entfernt davon, sich von einer mehr oder weniger diffusen Gerechtigkeitsidee leiten zu lassen.

Zweitens: Die Strafgerichtsbarkeit hat traditionell sechs rechtsphilosophische Begründungen in den verschiedenen Spielarten der Strafzwecktheorie:

- die Befriedigung einer gesellschaftlichen Gerechtigkeits- oder Racheforderung. Doch ist die gesellschaftliche Forderung nach Rache ein schlechter Ratgeber für Gerichte. Zum einen ist dies im Einzelfall kaum herleitbar, will man nicht jeden Hühnerdieb mit einer Volksabstimmung verurteilen. Auch Geschworenengerichte wie in der angloamerikanischen Rechtstradition sind nicht repräsentativ für die Bevölkerung und sollen dies nach allgemeiner Rechtsauffassung auch nicht sein. Sonst müsste in jeder Jury, die über einen Afroamerikaner in South Carolina zu Gericht sitzt, mindestens ein Anhänger des Ku Klux Klan vertreten sein. Aber vor allem sind gesellschaftliche Rachegelüste ebenso wie etwaige Milde oft von Motiven abhängig, die in der Rechtsprechung nichts zu suchen haben. Hierzulande ist dafür das berühmteste Beispiel zweifellos Marianne Bachmeier, die den Mörder ihrer Tochter im Gerichtssaal erschoss, um diesen zu hindern, weiter schmutzige Geschichten über die Ermordete zu erzählen. Es ging ihr also weder um Strafe für die aller Wahrscheinlichkeit nach begangene Tat noch wollte sie die Gesellschaft dauerhaft vor diesem Menschen schützen. Aber eine Mehrheit der damals Befragten sprach sich für einen Freispruch oder doch jedenfalls für ein mildes Urteil aus. Sie wurde letztlich wegen Totschlag nur zu sechs Jahren Gefängnis verurteilt, davon sie drei Jahre absitzen musste.
- die sozialpädagogische Wirkung, indem die Strafe abschreckend auf potenzielle andere Straftäter wirken soll. Hier fragt sich, wer eigentlich abgeschreckt werden soll. Doch offensichtlich nur derjenige, der seine Tat sorgfältig plant und dabei auch das Risiko, vor Gericht zu landen, berücksichtigt. Der dies Risiko als hoch

genug einschätzt und die dann zu gewärtigenden Folgen einer Gefängnisstrafe insgesamt als so wenig erstrebenswert ansieht, dass ihn dies von der Tat abhält. Ich kenne keine Untersuchung, die aussagt, wie viele kriminelle Vorhaben durch solche Risiko-Analysen im Vorfeld bereits abgebrochen worden sind. Viele dürften es kaum sein, denn die meisten Straftaten geschehen unüberlegt und werden nicht selten von Menschen gegangen, die mit entsprechenden Analysen wahrscheinlich überfordert wären. Oder sie werden nach langer Überlegung initiiert, trotz des Risikos, zur Rechenschaft gezogen zu werden, weil man dieses Risiko für hinreichend gering hält oder es in Kauf zu nehmen bereit ist.

- die individuelle Abschreckungswirkung, die den Häftling veranlassen soll, nie wieder straffällig zu werden, um nicht noch einmal im Gefängnis zu landen, wo er eine sehr unschöne Zeit zu durchleben hatte. Diesen Effekt gibt es tatsächlich, auch wenn nicht selten die individuelle Abschreckung die Tat nicht verhindert, sondern den Täter radikalisiert, da er dann sprichwörtlich über Leichen – notfalls auch die eigene – zu gehen bereit ist, um eine erneute Inhaftierung zu vermeiden. Aber die meisten Straftäter – sogar viele, die bereits eine Haftzeit hinter sich haben – gehen im Zuge der Tat nicht davon aus, erwischt zu werden. Und wo existenzielle Not den Menschen zu seiner Tat treibt, schrumpft der Planungshorizont ohnehin auf ein paar Tage zusammen, sodass entsprechende Überlegungen schlicht unmöglich werden.

- der zeitlich befristete oder – im Fall der Todesstrafe – unbefristete Schutz der Gesellschaft vor bekannten Delinquenten durch Inhaftierung oder Tötung derselben. Auch hier gilt, dass Täter im Moment der Tat die Möglichkeit der Strafverfolgung meist außer Acht lassen. Vielleicht ist es sogar so, dass die soziologische Struktur eines Gemeinwesens eine ökologische Nische für bestimmten

Taten eröffnet, welche unausweichlich gefüllt werden wird. Wenn nicht von dem einen, weil er bereits hingerichtet worden ist, dann wird eben ein anderer den gesellschaftlichen Bedarf nach der entsprechenden Tat befriedigen. Staaten, welche die Todesstrafe zeitweilig abgeschafft, dann wieder eingeführt, manchmal erneut abgeschafft haben, mussten meist feststellen, dass das auf die entsprechenden Verbrechenszahlen keinen Einfluss hatte. Und auch in Gesellschaften, in denen die Todesstrafe z.T. seit Jahrhunderten normal ist, werden nicht weniger Morde begangen als in anderen. Wer die allgemeine Kriminalität in einem Land reduzieren will, baut daher nicht auf Strafjustiz, sondern auf soziale Entwicklung, Liberalisierung und eine allgemeine Ächtung von Gewalt und Recht des Stärkeren in allen Erscheinungsformen. Außerdem: Wenn Schutz der Gesellschaft das Ziel ist, dann müsste man jeden Delinquenten so lange gefangen halten, bis sicher ist, dass es allenfalls ein geringes Risiko einer Tatwiederholung gibt. Auf dieser Basis dürften die allermeisten Mörder sofort nach Hause gehen, die allermeisten Ladendiebe nie wieder.

- die charakterliche Besserung des Delinquenten, sodass er das Verwerfliche seiner Tat einsieht und nach Verlauf seiner Haft keine entsprechenden Handlungen mehr vornehmen wird. Zwar ist nicht sicher, was man meint, wenn man von Charakter spricht, erst recht nicht, ob durch bewusstes, gezieltes Handeln derselbe beeinflusst werden kann. Unzweifelhaft verändert sich der Charakter der meisten Menschen im Laufe ihres Lebens. Aber durch therapeutische Eingriffe? Kaum, und wenn, dann nur durch hohen Aufwand, den kein Gefängnissystem der Welt leisten könnte. Und durch schlichtes Wegsperren, was nun mal die Realität der meisten Gefängnisse weltweit ist, womöglich durch die scheußlichen Haftbedingungen, die man in vielen Ländern antrifft?

Keinesfalls. Zudem: Hier geht es letztlich doch darum, den Häftling zu lehren, konfliktfreier in der Gesellschaft zu leben. Wie aber soll man denn das Leben in einer typischen Gesellschaft lernen, wenn man Jahr um Jahr in einer völlig atypischen Gesellschaft zubringt? In Unfreiheit statt Freiheit, fast nur mit Geschlechtsgenossen statt in einer bunten Gesellschaft von Männern und Frauen, Kindern, Erwachsenen, Greisen, Guten und Bösen, Reichen und Armen? Das ist, als sollte man in der Mitte der Sahara schwimmen lernen.

- die lebenspraktische Belehrung des Delinquenten, damit er zukünftig z.B. durch einen während der Haft erlernten Beruf sein Leben gestalten kann. Das freilich funktioniert in fast allen Gefängnissen der Welt. Hühnerdiebe lernen Raubüberfall, Gelegenheitstäter finden Kollegen für eine spätere Berufslaufbahn als Erpresser, Zuhälter, Bankräuber. Zugegeben, in einigen Gefängnissen vor allem in Europa lernt man auch Lesen und Schreiben, Rechnen, manchmal ein Handwerk, hier und da kann man sogar studieren. Das sind unbestreitbar Erfolge, auch wenn sie unter Zwang erreicht worden sind. Aber es scheint zweifelhaft, dass diese geringen Erfolge insgesamt die Praxis von Strafanstalten rechtfertigen.

Um es kurz zu machen, die meisten Begründungen vertragen sich nicht mit den Grundlagen einer modernen, demokratischen Gesellschaft. Das gilt vor allem für die Todesstrafe. Aber schlimmer noch, jedes der Begründung innewohnende Ziel wird durch die Haft des Delinquenten höchst selten erreicht. Und diese seltenen, aber gern zitierten Ausnahmen genügen als Rechtfertigung der Strafjustiz nicht. Manch eine dieser Ausnahmen hält zudem keiner genaueren Prüfung stand.

Es gibt nicht einen einzigen Strafrechtler, Rechtsphilosophen, Forensischen Psychologen, der heute noch eine Sinnhaftigkeit von Strafjustiz, von Strafurteilen behauptet. Denn selbst wenn es Ausnahmen von der Regel gibt, in der Gesamtbilanz fällt das Urteil über derlei Urteile vernichtend aus.

Also warum gibt es dann immer noch Gefängnisse? Warum verantworten Staatsanwälte, Geschworene, Beisitzer, aber vor allem Richter auf der ganzen Welt die Inhaftierung von Menschen, rauben ihnen Jahre eines selbstbestimmten Lebens, wenn doch jedermann weiß, dass das vollkommen sinnlos ist. Die Antwort ist simpel: Weil es keine konsensfähige Alternative gibt. Weil wir uns lieber auf ein totes Pferd setzen, als über alternative Fortbewegungsmethoden nachzudenken. Zwar wird in einigen Ländern bei kleineren Vergehen mit Täter-Opfer-Gesprächen experimentiert. Aber bei Kapitalverbrechen wird das nirgendwo versucht, und die andere Alternative, Korporalstrafen, die Schmerzen verursachen, aber bei Anwendung aktueller Möglichkeiten keinen dauerhaften physischen Schaden, noch nicht einmal Narben erzeugen, sind mit den Grundprinzipien demokratischer Gesellschaften noch weniger vereinbar als Inhaftierungen. Also setzen sich Juristen, aber auch Politiker und Parlamente tagtäglich auf ihr hohes Ross und geben ihm kraftvoll die Sporen. Vorwärts kommen sie auf ihren toten Gäulen auf diese Weise allerdings nicht.

11.4.   Krieg, um Frieden und Freiheit zu erzwingen

Diese aktuelle Tagung steht deutlich unter dem Eindruck der Kriege in der Ukraine und im Nahen Osten. Die sind zwar eigentlich nichts wirklich Besonderes, Kriege hat es auch schon zuvor fast unausgesetzt und überall gegeben. Nach dem Zweiten Weltkrieg zum Beispiel gab es insgesamt 26 Tage ohne Krieg. Tage, nicht Jahre.

Trotzdem markieren diese beiden neuen Konflikte eine Zäsur, und sie haben auch die NATO einmal mehr vor die Sinnfrage gestellt. Denn was wird man in Brüssel, in Berlin, vor allem aber in Washington als Alternativen erwägen, wenn die russischen Truppen demnächst nicht mehr in Kiew aufmarschieren, sondern in Riga, in Vilnius oder in Tiraspol; das ist die Hauptstadt von Transnistrien.

Die Ukraine hat sich im Februar 2022 mit Rückendeckung durch die NATO für eine Fortsetzung und Ausweitung ihres langjährigen Konflikts mit Russland entschieden, statt den Aggressor freundlich hereinzuwinken und seinen – wohl ohnehin dadurch kaum zu stillenden – Appetit mit der Krim, dem Donbas und der Schwarzmeerküste zu füttern. Verständlich. Nachvollziehbar. Aber auch richtig? Und wenn die NATO selbst angegriffen wird: Wird man wegen Transnistrien einen Krieg riskieren, wo leicht Bomben in New York fallen könnten? Oder in London und Paris? In Washington?

Man kann die Frage anders stellen. Die meisten Menschen werden unter den richtigen Voraussetzungen zu Befürwortern von Kriegen. Die Nazi-Bande der Hamas zerschlagen. Die Rettung der Ukraine. Befreiung der afghanischen Frauen. Verhinderung eines Genozids im Kosovo. Entmachtung der islamistischen Banden in Somalia. Die Diktatur in Libyen stürzen und das Land in eine Demokratie westlicher Prägung verwandeln. Südvietnam gegen den Kommunismus verteidigen. Ob die Ukraine gerettet werden kann, ist noch nicht entschieden. Und ob im Kosovo wirklich ein Genozid gedroht hat, ist strittig. Der als Beleg hierfür oft angeführte sogenannte Hufeisenplan der serbischen Führung jedenfalls ganz offensichtlich eine Fälschung des bulgarischen Geheimdiensts. Für alle anderen Beispiele gilt, dass sie ihr Ziel nicht erreicht haben.

Schlicht gesagt, es gibt eine unglaubliche Fülle von Kriegen durch alle Jahrhunderte der Menschheitsgeschichte. Die meisten hatten unverblümt Ziele, die wir heute als inakzeptabel bezeichnen würden. Eroberung, Völkermord, Versklavung, Ausplünderung. Viele dieser Kriege waren ausgesprochen erfolgreich. Aber Ziele, die in ihrem Kern den Ideen von Freiheit, Demokratie, Selbstbestimmtheit usw. verpflichtet sind, lassen sich durch ein Instrument, welches all diesen Ideen diametral entgegen gesetzt ist, nur in Einzelfällen verwirklichen. Das ist nicht überraschend: Mit einer Abrissbirne baut man keine Häuser. Trotzdem nehmen die Ukraine und die NATO den russischen Fehdehandschuh auf und führen einen Krieg auf dem Drahtseil, um Russland aus der Ukraine zu vertreiben, aber eine Eskalation des Krieges und eine Ausweitung auf die NATO zu vermeiden. Und Israel erstürmt den Gaza-Streifen, bald vielleicht auch den Südlibanon, obwohl man von vornherein weiß, dass man, sofern man nicht militärisch verliert, sondern gewinnt, genau dadurch politisch verliert. Die NATO marschiert in Afghanistan ein und schafft es in zwanzig Jahren nur, die verhassten Taliban zur Volksbefreiungsarmee umzudefinieren, welche als Speerspitze des Volks gegen die fremdländischen Besatzer gesehen wird.

Auch hier gibt es für die einen keinen Gaul, den man anstelle des hingeschiedenen Kleppers satteln könnte. Die anderen sehen zwar durchaus entsprechende Pferde, trauen sich aber nicht, den Menschen der Ukraine, den Angehörigen der niedergemetzelten Israelis bedauernd zu sagen, dass Gewalt nun einmal die Probleme nicht lösen, sondern verschlimmern wird und die einzige Alternative in passivem Widerstand, zivilem Ungehorsam und einer mühseligen, langwierigen Annäherung an die bisherigen Feinde zu sehen ist. Wenn überhaupt. Der Spagat in der Ukraine zwischen Verteidigung und Vermeidung von Eskalation verlängert den Krieg zwar und sichert die Einnahmen der Rüstungsindustrie, aber auch der Gasproduzenten in Norwegen und den USA. Allein, auf diesem Weg ist noch nie ein Krieg gewonnen worden. Und ein ewiger Krieg ist nur ein Synonym für ewiges Leid und schrittweise Verwüstung.

11.5.   Warum machen wir das?

Vielleicht ist die Frage falsch gestellt. Vielleicht muss man fragen, warum wir überhaupt glauben, man könne auf schäumenden Hengsten Probleme in Grund und Boden reiten. Den jedes der dargelegten Beispiele – viele weitere ließen sich problemlos finden – demonstriert, wie verzweifelt wir versuchen, gänzlich neuartige Probleme mit bekannten Methoden zu lösen. Das ist vielleicht auch Nachweis unserer Denkfaulheit und Ideenlosigkeit. Zum einen ist es natürlich für die meisten Politiker keine gute Idee, mit dem Finger auf das tote Pferd zu zeigen, dass sie selbst, ihre Partei, ihre Amtsvorgänger usw. über Jahre, Jahrzehnte gefüttert, gestriegelt und trotz Verwesungsgeruch ab und an zwischen die Schenkel geklemmt haben. Aber vor allem zeigt sich, dass wir Angst vor dem Faktischen haben. Der Klimawandel, die Rückkehr faschistischer Gewalt unter den Fahnen Russlands oder der Hamas, die Sinnlosigkeit von Gefängnisstrafen verlangen eigentlich, jetzt vom Pferd abzusteigen und das Lösen von Problemen durch normative Gewalt insgesamt infrage zu stellen. Aber etwas nicht mehr zu machen, was man schon so lange gemacht hat, ist selbst dann viel verlangt, wenn man sich in ruhiger, stabiler, angstfreier Gesamtlage befindet. In der befinden wir uns aber mindestens aktuell nicht, und genau deshalb ist unsere Innovationsfähigkeit am kleinsten, wo zugleich der Innovationsbedarf in Denken und Handeln am größten wäre.

Dieses Problem umgrenzt als Würgeschlinge die meisten unserer aktuellen Probleme. Nehmen Sie den Klimawandel. Wir müssten rasch drastische Schritte gehen, um wenigstens das Allerschlimmste noch zu verhüten. Colleen Sondershjölm hat uns das gerade noch einmal sehr deutlich dargelegt. Aber was geschieht? Nichts. Das hat nach Colleen Sondershjölm Nora Schirrmacher bedrückend plausibel erläutert. Ein wenig Kosmetik hier, ein bisschen Greenwashing dort, und ansonsten ständig weiter steigende CO_2-Emissionen. Ist das Dummheit? Ist das Faulheit? Ist das Geldgier? Gleichgültigkeit gegenüber dem Leben späterer Generationen? Hilflosigkeit, etwas für das Morgen zu tun, wo man kaum das Heute halbwegs zu überleben vermag? Oder eine mehr oder minder vollständige Durchmischung dieser Dinge, gepaart mit dem verzweifelten Wunsch, wieder in ein Spiel zu kommen, das man, wo schon nicht gewinnen, jedoch wenigstens nicht katastrophal verlieren wird. Das Blöde ist nur, es gibt heute keine fünf Hochzeiten, wo man tanzen könnte. Es gibt genau eine, und die wird mehr und mehr zur Trauerfeier.

Der Ausdruck ist seit der Corona-Pandemie scheußlich kontaminiert, aber eigentlich brauchen wir Querdenker. Sie kennen vielleicht die Karikatur von dem kleinen Jungen, der vor der aufgeklappten Motorhaube steht, seinen Hammer in der Hand, der Motor qualmt bis hoch zum Fenster, aus dem die entsetzten Eltern starren. Und der kleine Junge ruft ihnen zu: „Macht euch keine Sorgen! Ich und mein Hämmerchen, wir haben euer Auto kaputt gekloppt, wir kloppen's auch wieder heile!"

Es war eine unheilige Dreiheit von Kapitalismus, Ingenieurskunst und Wohlstandsstreben, die inzwischen unser aller Kultur und Lebensweise, vielleicht die Spezies Mensch, vielleicht das Leben auf diesem Planeten innerhalb von nicht mal hundert Jahren an den Rand eines Abgrunds geführt hat. Warum sollen wir eigentlich glauben, dass die gleiche Dreiheit auch den Weg heraus finden wird? Weil des kleinen Jungen Hämmerchen inzwischen doppelt so groß ist? Er sein bisheriges Handeln zutiefst bedauert? Wäre es nicht viel besser, dem Kleinen den Hammer wegzunehmen, damit er nicht noch mehr Schaden macht? Und noch einmal und fundamental zu fragen, welche politischen, sozialen, wirtschaftlichen, naturwissenschaftlichen Ideen jetzt wirklich benötigt werden. Denn eins ist klar: Das alte Pferd ist tot. Was da jetzt galoppiert, sind die untoten Gäule der vier apokalyptischen Reiter. Und die sollten wir nun wirklich nicht auch noch füttern.

11.6.   Fazit

Das Reiten toter Pferde kann viele Ursachen haben. Es macht mitunter vielleicht sogar Spaß. Nur eines macht es nie: Sinn. Wenn etwas Sinn macht, dann abzusteigen. Sich das Pferd, auf dem man so lang gesessen ist, sorgfältig anzuschauen. Und besser zu Fuß weiterzugehen, als auf einem verfaulenden Kadaver nach und nach selbst zu Aas und Unrat zu werden.

Um das zu tun, muss man allerdings die Scheuklappen von den Augen, die Klammer von der Nase, die Stöpsel aus den Ohren nehmen. Die sind da vielleicht schon festgewachsen in all den Jahren. Aber selbst wenn Blut spritzt, weil man sie abgerissen hat, ein klarer Blick auf unsere Welt kann auch Freude machen. Versuchen Sie's ruhig mal.

Vielen Dank.

12.   Arlt Neeskens: Schlussbemerkung

Thomas Alpner-Hagemann hat gerade erst uns allen klar gemacht, dass die meisten Pferde in unseren Luxusställen inzwischen nicht mehr als morbide Kadaver sind. Auf die wir mit heiligem Schauern, Liebe, manchmal mit Entsetzen, doch stets mit erschlafften Händen sehen. Als sei unser Denken in der Hinwendung zu diesen Pferden erstarrt.

Norbert Kandereit hat uns gezeigt, wie geflissentlich wir jahrzehntelang die omnipräsente Gewalt in ihren zahlreichen Formen ignoriert haben. Und dass dies nun nicht mehr möglich ist.

Aber wie hilft man unserem Denken, aber auch unserem Fühlen aus dieser Erstarrung heraus?

Zunächst einmal: Ein Appell an die Vernunft bellt den falschen Baum an. Sehr viele Menschen haben den Weckruf ihrer Vernunft in Sachen Klimawandel, gesünderer Ernährung, sportlicher Betätigung längst gehört. Und sofort ein dickes Kissen auf den ruhelosen Störer gedrückt. Dort müssen wir ansetzen. An diesem Kissen. Und daran, dass man immer wieder neue Kissen vom Sofa klaubt.

Das Kissen, das Vernunft und Pflichtbewusstsein zudeckt, kann man zerfleddern. Mit Argumentation, mit Information vielleicht. Aber man muss es auch mit Spott, Ironie, Satire, also mit emotionalen Vorstößen angehen. Denn Vernunft und Verstand allein werden unsere Probleme nicht lösen, wenn sie sich nicht der Gefühlswelt als ihres stärksten Verbündeten versichern.

Ich weiß, dieses Vorgehen hat dazu geführt, dass Greenpeace mit dem Sattelrobbenbaby Furore gemacht hat, nicht mit dem eigentlich viel wichtigeren Wattwurm. Ich danke Walther Heckes für dieses eindringliche Beispiel. Aber sei's drum, Hauptsache, es geht überhaupt voran. Viel zu viel stockt, viel zu viel steht. Vernunft durchbricht keine

Mauern. Trotz tut das. Liebe tut das. Begeisterung tut das. Aber statt die Begeisterung einer ganzen Generation für unsere Welt und das Leben darin zu nutzen, verspottet man die Gretas und Luises dieser Welt so lange, bis sich die nächste Generation schon wieder nur für einen Lebensplan als Influencer interessiert.

Vor zehn Jahren hat Deutschland einen Plan gemacht, das Land gegen Überschwemmungen zu wappnen, die mit dem Klimawandel unausweichlich viel häufiger werden. Nicht einmal 15% der auf diesem Plan beruhenden Projekte ist bisher auch nur begonnen. Dutzende stecken in endlosen Planungen fest, sind nicht oder nicht hinreichend finanziert oder am Widerstand von Hotelbesitzern, Landwirten und ab und an auch von Naturschützern gescheitert. Wenn man Deiche verbreitern will, muss nun einmal links und rechts Land geopfert werden. Links, wo die Deichstraßen und die Hotelparkplätze sind. Rechts, wo der Naturschutzpark Wattenmeer beginnt.

Man weigert sich auch, den Umbau des Lands über Schulden zu finanzieren, nachdem man schon nicht bereit ist, die Wohlhabenden mit deutlich höheren Steuern zu belasten. Offiziell will man späteren Generationen keine Schuldenberge hinterlassen. Und ignoriert dabei geflissentlich, dass unsere Untätigkeit späteren Generationen eine Zehnerpotenzen höhere Last aufbürdet, die sie dann nicht mehr werden bezahlen können. Aber natürlich, eigentlich will man nur nicht riskieren, dass die Altersrücklagen der oberen Mittelschicht, die in aktuellen Anleihen stecken, durch eine Flut neuer Staatsanleihen an Wert verlieren oder womöglich insgesamt gefährdet sind.

Und, machen wir uns nichts vor: Während wir hier drei Tage beisammen saßen, großartigen Vorträgen zuhören, uns in spannenden Diskussionen ergehen durften, liefen sowohl der Krieg in der Ukraine als auch im Gaza-Streifen ungerührt weiter. Ein Ende ist in beiden Fällen nicht abzusehen, erst recht nicht, wie dies denn wohl aussehen könnte. Eins scheint aber offensichtlich: Eigentlich sind durch den Klimawandel die scheinbar festgefügten Lebensentwürfe, Gesellschaftskonzepte, Generationenverträge usw. der Menschen in den westlichen Gesellschaften längst ad absurdum geführt. Aber die Dimension und Komplexität dieser Szenarien machen es vergleichsweise leicht, hier wenigstens für eine Weile noch die Augen zu verschließen. Der russische Überfall auf die Ukraine und das Pogrom vom 07.10.2023 hingegen machen unmissverständlich klar, dass diese Vorstellungen überholt sind, ja auf weite Strecken auf bequemen, aber von Beginn an zweifelhaften Wunschvorstellungen beruhten.

Alle westlichen Gesellschaften müssen sich mit drei Fragen befassen:

- Ist Follow-the-Money ein hinreichender Erklärungsansatz für Krieg und Gewalt in der Welt? Oder ist es nicht so, dass Kriege auch dann und dort geführt werden, wenn und wo es denen, die sie auslösen, in materieller Hinsicht nichts nützt? Muss man dann folglich die eigene Außen- und Sicherheitspolitik nicht um eine eigenständige Berücksichtigung dieser bisher als antiquiert angesehenen Problemfelder wie Nationalismus, Fanatismus, Rassismus, Faschismus usw. ergänzen? Und muss die eigene Außen-, Sicherheits- und vielleicht auch die eigene Rüstungspolitik dem stärker als in der Vergangenheit Rechnung tragen?

- Ist der angebliche Grundkonsens aller westlichen Gesellschaften als liberal, antirassistisch, anti-antisemitisch, emanzipatorisch usw. etwas, das tatsächlich über kurz oder lang alle Völker der Welt übernehmen werden? Schlimmer noch, ist die Annahme wirklich berechtigt, dass dieser Grundkonsens innerhalb der westlichen Gesellschaft von annähernd allen gesellschaftlichen Gruppen, Parteien, Organisationen, Kirchen, Bildungsinstituten, bis hin zu Einzelpersonen getragen wird? Und wenn das offensichtlich gar nicht gegeben ist, wieso hat man sich das so lange gegenseitig eingeredet? Und was muss getan werden, um diese essenziellen Grundlagen westlicher Demokratien auf einem deutlich breiteren Konsens aufruhen zu lassen, als dies jedenfalls im Moment der Fall zu sein scheint?

- Ist das Völkerrecht eine normative Kraft, welche der Westen gegen alle zweckrationalistischen Überlegungen unterstützt? Oder ist es nur von Fall zu Fall eine willkommene Argumentationshilfe, die auch die westliche Wertegemeinschaft sofort über Bord wirft, wenn die Implikationen den eigenen Zwecken nicht dienlich erscheinen?

An dieser Stelle formuliere ich gern diese Gedanken, Fragen und Wünsche, ohne hierauf Antworten zu haben. Wenn ich die Vorträge der letzten Tage vor meinem inneren Auge, oder eher Ohr, noch einmal Revue passieren lasse, so sind uns in vielen Beiträgen – und ich fürchte auch in meinen letzten Ausführungen – beunruhigende Fragen gestellt worden. Sei es Colleen Sondershjölms Statusbericht zur aktuellen Klimakatastrophenforschung, seien es Walther Heckes Ausführungen zur gesellschaftlichen Bedeutung von Künstlicher Intelligenz oder Florian Degeners erschreckende Gesamtschau auf die Geschichte der republikanischen Präsidenten der USA. Ich könnte die Reihe fortsetzen, aber ich verweise Sie stattdessen auf ein kleines Zitat von Bertolt Brecht, dem wir ja auch bereits das Motto der diesjährigen Tagung verdanken:

„Wir stehen selbst enttäuscht und sehn betroffen
den Vorhang zu und alle Fragen offen…“

In diesem Sinne kann ich Ihnen nur meinen Dank für Ihr Hiersein aussprechen, und sehr gern meine Hoffnung auf ein Wiedersehen spätestens im Rahmen unserer nächsten Akademie-Tagung. Denn natürlich werden wir wieder zusammenkommen. Und beim nächsten Mal vielleicht auch einen etwas optimistischeren Ausgang unseres Beisammenseins finden.

Vielen Dank, vielen Dank auch an unsere Gastgeber, und einen guten Heimweg.